Bernd

Athleten und Trainer der Welt

Rob Sleamaker

Systematisches Leistungstraining
Schritte zum Erfolg

Meyer & Meyer Verlag

Originaltitel: „SERIOUS Training for SERIOUS Athletes“
Rob Sleamaker

Übersetzung Jürgen Schiffer, Mechernich-Satzvey

Die Deutsche Bibliothek – CIP-Einheitsaufnahme

Sleamaker, Rob:
Systematisches Leistungstraining : Schritte zum Erfolg / Rob Sleamaker.
[Übers.: Jürgen Schiffer]. - 2., überarb. Aufl. - Aachen : Meyer und Meyer, 1996
(Athleten und Trainer der Welt)
Einheitssacht.: Serious training for serious athletes <dt.>
ISBN 3-89124-347-2

2., überarbeitete Auflage 1996
Titelfoto: Horstmüller, Düsseldorf
Umschlaggestaltung: Walter Neumann, N & N Design-Studio, Aachen
Satz: TYPO DUO, Satz + Design, Alsdorf
Umschlagbelichtung: frw, Reiner Wahlen, Aachen
Druck: Druckerei Queck, Jüchen
Printed in Germany
ISBN 3-89124-347-2

Systematisches Leistungstraining
Schritte zum Erfolg

INHALTSVERZEICHNIS

Kapitel 9: Ernährung für optimale Leistungen 139

Kapitel 10: Erholung als ein wesentlicher Bestandteil des Trainingsprozesses 163

Kapitel 11: Wie man alles zusammenfügt: Techniken des effektiven Trainingsmanagements 177

VORWORT

In *Systematisches Leistungstraining – Schritte zum Erfolg* gibt Rob Sleamaker wertvolle Anregungen und Informationen zur präzisen Planung und Gestaltung des Trainings und, was noch wichtiger ist, er zeigt Ihnen, wie Sie Ihr Training im Verlaufe eines Jahres analysieren und auswerten können. Sein strukturiertes Programm unterscheidet sich von anderen Trainingsprogrammen dadurch, daß es völlig von Ihnen selbst gestaltet werden kann und sich an Ihre täglichen Belastungen und Veränderungen, mit denen Sie konfrontiert werden können, anpassen läßt. Um mit Robs Worten zu sprechen: „Der Trainingsplan ist nur so gut wie die Arbeit, die in seine Entwicklung sowie Pflege und Anpassung an neue Bedingungen investiert wird."

Ich lese selten ein Buch mit einem Notizblock in der Hand, aber die Fülle von Informationen, der Sie in diesem Buch begegnen, wird in Ihnen diese Versuchung aufkommen lassen. Systematisches Leistungstraining beschreibt sehr detailliert und Tag für Tag ein progressives Trainingsprogramm. Die höchste Hürde, die Sie nehmen müssen, um dieses Programm so zu strukturieren, daß es zu Ihrem eigenen wird, ist eine objektive Kritik Ihrer vergangenen Trainingsgewohnheiten. Rob macht es Ihnen leicht, wichtige Informationen über Ihren Trainingshintergrund und Ihre Ziele zu sammeln, und er hilft Ihnen, das, was Sie lernen, dazu zu verwenden, einen präzisen Jahres-Trainings- und Wettkampfplan zu entwerfen.

Alle Ausdauerathleten stellen die gleiche Frage: Soll ich härter oder leichter trainieren? Was macht eine Trainingseinheit zu einer harten Trainingseinheit – Schnelligkeitstraining, Zeitkontrolläufe, Training im Bereich der aeroben Schwelle – oder alle drei Komponenten? Soll ich einen Ruhetag einlegen? Wie soll ich mein Training während der Wettkampfsaison verändern? Soll ich verstärkt im Wettkampftempo trainieren, oder mehr Intervall- oder Überdistanzarbeit absolvieren? In diesem Buch werden diese Fragen ausgiebig diskutiert, und es werden klare Antworten unter Berücksichtigung Ihrer speziellen Sportart und Ihres Programms gegeben.

Ich lese sehr viele Bücher über Physiologie, sportliche Leistungsfähigkeit und Trainingsmethoden in der Hoffnung, einen Vorteil gegenüber meinen Konkurrenten zu gewinnen, indem ich die in diesen Büchern enthaltenen neuen Ideen aufnehme und in mein eigenes Triathlon-Trainingsprogramm integriere. Normalerweise entnehme ich jedem Buch nur einige Tips, aber bei *Systemati-*

sches Leistungstraining ist dies anders – diesem Buch konnte ich Unmengen von Informationen entnehmen. Lassen Sie mich nur einige wesentliche anführen:

Rob definiert „systematisches Training“ und beschreibt die Trainingszyklen im Verlauf eines Jahres. Die meisten Sportler überlasten den Körper, bis es zu einem Leistungseinbruch kommt, und vergessen, einen Zyklus zur körperlichen wie auch psychischen Regeneration einzulegen. Wenn Sie das Konzept eines monatlichen „Periodisierungszyklus“ anwenden, lernen Sie, Ihren Fortschritt über ein stufenförmiges Programm zu verfolgen, d.h., Sie ermöglichen Ihrem Körper jeweils in der vierten Woche, sich von den Belastungen der vorangegangenen drei Wochen zu regenerieren. Rob erklärt die physiologischen und psychologischen Grundlagen dieses Trainingsschemas und gibt hilfreiche Anleitungen zur Auswertung der Leistungsplateaus, mit denen Sie im Verlaufe eines Jahrestrainingsprogramms konfrontiert werden können.

Unabhängig von Ihrer Trainingserfahrung können Sie dieses Periodisierungskonzept effektiv zur Entwicklung von Parametern für jede Trainingsstufe anwenden. Rob beschreibt zahllose Beispiele von Ausdauersportarten, auf die sich sein Periodisierungssystem anwenden läßt; es funktioniert, gleichgültig, ob Ihr Trainingsziel ein 5-km-Lauf, ein 30-km-Skilanglauf oder ein Ironman-Triathlon ist.

Rob vermittelt Ihnen in seinem detaillierten Buch nicht nur ein besseres Verständnis der verschiedenen Trainingsarten und ihrer physiologischen Grundlagen, sondern er hilft Ihnen auch, diese Informationen in Ihren eigenen Trainingsplan zu integrieren. Komplexe physiologische Fakten werden in allgemeinverständlicher Sprache wiedergegeben und unter Berücksichtigung zahlreicher Beispiele auf systematische Trainingsverfahren angewandt.

Im Zentrum des Buches steht ein persönliches Trainingsprogramm, das bis auf die letzte Minute einer Trainingseinheit durchstrukturiert werden kann, aber dennoch denjenigen, die es wünschen, genügend Variationsmöglichkeiten und kreativen Spielraum läßt. Sie lernen in diesem Buch, Ihren Trainingsplan kritisch auszuwerten und ein persönliches Arbeitsblatt zu entwerfen. *Systematisches Leistungstraining* ist daher ein ideales Werkzeug zur Überwindung motivationsarmer Trainingsphasen.

Gleichgültig, ob Sie Ausdauersportarten auf regionaler Ebene betreiben, oder ob Sie Weltmeister werden wollen: *Systematisches Leistungstraining* ist eine ausgezeichnete Hilfe zur Analyse, Evaluation und Kritik Ihres eigenen Trainingsprogramms. Dieses Buch ist eine Pflichtlektüre für alle systematisch trainierenden Ausdauersportler. Ich habe sicherlich Glück gehabt, es eher als meine potentiellen Konkurrenten lesen zu können.

Dave Scott
Davis, California

EINLEITUNG

Als Sportphysiologe, Wissenschaftler, Trainer, Sportler und Schriftsteller habe ich meine Karriere der wissenschaftlichen Erforschung des Trainings sowohl für Ausdauersportler wie auch für Menschen, die lediglich aus ihrem Fitneßtraining das Beste herausholen wollen, gewidmet. Seit 1980 arbeite ich mit Spitzenläufern, Skilangläufern, Radsportlern, Triathleten und Biathleten zusammen. Es dauerte nicht lange, bis ich feststellte, daß einige Sportler intelligenter und effektiver trainierten als andere. Das trifft besonders auf skandinavische, deutsche, Ostblock- und neuseeländische Sportler zu sowie auf amerikanische Sportler, die die Methoden dieser ausländischen Athleten anwenden.

Ich verdanke mein Grundinteresse an den Geheimnissen, die den Erfolgen dieser Athleten zugrundeliegen, meinem Freund Peter Hoag, einem zweifachen Olympiateilnehmer im Biathlon. Im Sommer 1984 verbrachten er und ich sehr viel Zeit zusammen mit Training und Diskussionen über Training. Ich machte mir umfangreiche Notizen, nahm die Zeiten bei seinem Intervalltraining, kontrollierte seinen Puls, entwarf mit ihm zusammen seinen Trainingsplan und sprach ausgiebig mit ihm über das Training ausländischer Sportler. Peters Neugier und seine ungeheure Wißbegierde motivierten mich, die Trainingsmethoden der erfolgreichsten Sportler der Welt zu erforschen.

Ich lernte, daß ihre Erfolge auf sehr viele Faktoren zurückzuführen sind. Die Länder, aus denen die von mir untersuchten Sportler stammten, verfügen in der Regel über ein sehr hohes Potential guter Sportler, eine ausgezeichnete finanzielle Förderung von Spitzenathleten und effiziente Sport-Entwicklungsprogramme. All diese erfolgreichen Programme durchzieht ein gemeinsamer roter Faden: eine systematische Trainingsplanung und -organisation, und zwar auf allen Entwicklungsstufen – vom Schulkinderalter bis hin zum Höchstleistungsalter.

Ich machte die Beobachtung, daß die Entwicklung eines Trainingsprogramms auf Basis bruchstückhafter Informationen aus Fachzeitschriften, Büchern, Vorlesungen und eigenen Erfahrungen zu einem unausgereiften Training führen kann. Ein systematischer Ansatz ist eindeutig effektiver. Das systematische Training zeichnet sich aus durch: eine logische, leicht verständliche Methode, eine Planung jedes Trainingstages im Hinblick auf Trainingsinhalte, Trainingsintensitäten und -methoden sowie eine detaillierte Trainingsprotokollierung.

Es fiel mir auch auf, daß Sportler und Trainer auf jeder Leistungsebene wissen müssen, wie sie nützliche wissenschaftliche und technische Entwicklungen am besten in ihre Trainingspläne integrieren. Der systematische Trainingsansatz, der in diesem Buch beschrieben wird, macht dies mit einer flexiblen, aber gutdefinierten Struktur möglich.

Ich verfolge mit diesem Buch zwei Ziele: Erstens möchte ich Sie als Sportler (gleichgültig, ob Sie Freizeit- oder Leistungssportler sind) mit einem vollständigen, modernen System bekannt machen, daß Ihnen hilft, physiologische Konzepte zu verstehen, und Ihnen eine systematische Trainingsplanung, -durchführung und -kontrolle ermöglicht. Zweitens hoffe ich, daß Sie, nachdem Sie die grundlegenden Konzepte eines systematischen Trainings gelernt haben, nach Wegen suchen werden, dieses System Ihren eigenen Bedingungen anzupassen, und daß Sie die Fähigkeit erwerben, dies auf eine logische, wissenschaftlich fundierte Weise zu tun.

Zum Gebrauch dieses Buchs

Jedes Kapitel dieses Buchs steht mit allen anderen Kapiteln in engem Zusammenhang, so daß die vermittelten Informationen ein komplettes Trainingssystem darstellen. In den Kapiteln 1 und 2 werden Ihnen die Grundlagen der Entwicklung eines systematischen Trainingsplans vermittelt. Das Entwerfen eines systematischen Trainingsplans bedeutet, das Jahr in Trainingszyklen aufzuteilen, wobei Sie jedem Zyklus einen Prozentanteil des Jahres-Gesamt-Trainingsumfangs zuordnen und innerhalb jedes Zyklus auf eine saubere wöchentliche Trainingsprogression achten. In Kapitel 3 wird ein Überblick über die physiologischen Grundlagen des Ausdauertrainings gegeben. Kapitel 4 beschäftigt sich mit der Trainingsintensität. Sie lernen, wie Sie Ihre Trainingsintensität anhand Ihrer Herzfrequenz und subjektiver Gefühle kontrollieren können. In den Kapiteln 5 und 6 lernen Sie den systematischen Trainingsansatz kennen, der Ihnen hilft zu verstehen, wie die verschiedenen Trainingskomponenten sich in einen systematischen Plan einfügen lassen.

Trainingsprotokolle und -bücher sind ein wesentlicher Bestandteil eines erfolgreichen systematischen Trainings. In Kapitel 7 werden die zahlreichen Vorteile eines gut geführten Trainingsprotokolls oder -buchs beschrieben. Das Muster eines Trainingsprotokolls wird vorgestellt, und die wichtigsten Komponenten werden aufgeführt. Sie erfahren, wodurch sich eine gute Trainingsprotokollführung auszeichnet und wie Ihnen ein Trainingsprotokoll helfen kann, Ihr Training im Sinne eines kontinuierlichen Prozesses zu kontrollieren und eventuell zu korrigieren.

Kapitel 8 beschäftigt sich mit richtigem Aufwärmen, Dehnen und Abwärmen und ihrem Zusammenhang zur Ausdauerleistung. Als nächstes wird in Kapitel 9 auf Ernährung und Flüssigkeitszufuhr eingegangen. Sie erfahren, welche

Nahrungsmittel als „Brennstoff" für Ausdauersportarten dienen können. Die Koordinierung der Nahrungs- und Flüssigkeitszufuhr mit den energetischen Anforderungen Ihres Trainingsplans ist ein wichtiger Aspekt dieses Kapitels. In Kapitel 10 wird erklärt, wie Sie Erholung und Regeneration systematisch in Ihren Trainingsplan einbauen können. Verschiedene Regenerationstechniken und -methoden werden vorgestellt. Ferner werden Hinweise zur Belastungsvariation und zum gezielten Einbau von Ruhephasen gegeben. Zum Abschluß werden in Kapitel 11 Fähigkeiten des effektiven Trainingsmanagements vorgestellt. Sie erfahren, wie man Trainingshilfen wirksam einsetzt, wie man sich systematisch auf Wettkämpfe vorbereitet und welche Strategien positiver Korrekturen im Trainingsplan existieren.

Wie Sie Ihr Leistungspotential ausschöpfen

Immer mehr Menschen betreiben Ausdauersportarten, wobei die Motive unterschiedlich sind. Einige interessieren sich für Wettkämpfe auf internationaler Ebene. Andere wollen durch den Sport ihre Persönlichkeit entwickeln. Sie suchen Herausforderungen und Abwechslung. Wieder andere sind an Fitneß und Gesundheit interessiert und stellen fest, daß sich über Ausdauersportarten sowohl die kardiovaskuläre Fitneß wie auch die Kraft und Beweglichkeit verbessern lassen. Unabhängig von Ihren persönlichen Zielen müssen Sie einen festen Plan verfolgen. Leider ist es häufig noch immer so, daß einige Leute sich erst fünf Minuten bevor sie mit dem Training beginnen für einen Plan entscheiden. Der in diesem Buch vorgestellte systematische Ansatz hilft Ihnen, Ihre Ziele zu organisieren, und gibt Ihnen Anleitungen zur Planung eines Trainingsprogramms, mit dem Sie Ihre Ziele erreichen.

DANKSAGUNGEN

Ich möchte allen Menschen für die Informationen danken, die es mir letztlich ermöglicht haben, dieses Buch zu schreiben. Vor allem danke ich Peter Hoag dafür, daß er mein Interesse und meine Neugier weckte, nach besseren Methoden des Ausdauertrainings zu suchen. Ferner bin ich den Sportlern der US-Biathlonmannschaft zu Dank verpflichtet; Jack Murray und den Mitgliedern des Sportmedizinischen Rats der US-Biathlonmannschaft; sowie Wissenschaftlern, Ärzten und Trainern in der ganzen Welt, die mir Informationen zukommen ließen und mir ihre Erfahrungen und Gedanken mitteilten.

Ich möchte auch Les Legett dafür danken, daß er mich ermutigte, „die Sache in Angriff zu nehmen, denn wenn Du es nicht tust, wirst Du es eines Tages bereuen", und Jim Clapp, der mir beibrachte, wie wichtig es ist, sich selbst gegenüber ehrlich zu sein und hinter seiner Arbeit zu stehen. Dank gilt auch Ned Frederick für seine Unterstützung und seinen Rat; Bud Symmes für seine Orientierungshilfen und Freundschaft; Sigvart Bjontegaard, Lyle Nelson, Willie Carow, Skip Hamilton und Tim Dahlberg ebenfalls für ihre Freundschaft und ihre Rückmeldungen; Jack Wilmore dafür, daß er mir mit fester, aber gleichzeitig behutsamer Hand half, „gehen zu lernen"; Donna Mae Miller dafür, daß sie mir die Grundlagen der Philosophie beibrachte und einer der besten Menschen ist, die ich kenne; Paula Kneeland für ihre Freundschaft und Ihre Bereitschaft, als Photomodell zu wirken; Alan Jakubek für seine hervorragenden Photographien; Sue Mauck von Human Kinetics für ihre freundliche Art und ihre ausgezeichneten redaktionellen Fähigkeiten; Debbie und Steve dafür, daß sie die beste Schreibumgebung schafften, die man sich vorstellen kann; Jim Miller und Pat Bannerman für ihre Unterstützung; Carly Geer für ihre kritische Durchsicht des Kapitels über Ernährung; und allen Sportlern, mit denen ich zusammengearbeitet habe – es hat mir sehr viel Freude bereitet. Und schließlich gilt mein Dank meinen Freunden und meiner Familie, die mich auf meinem Lebensweg unterstützt haben.

Rob Sleamaker
Williston, Vermont

1

WARUM IM TRAINING SYSTEMATISCH VORGEHEN?

Meine Augen wurden ganz groß und mein Mund stand offen. Auf dem Boden vor mir lagen ein Dutzend sorgfältig geführter Büchlein. Sie enthielten Faltblätter und farbige Graphiken. Sigvart Bjontegaard, Cheftrainer der US-Biathlonmannschaft und ehemaliger norwegischer Biathlonmeister, erklärte, daß er diese Trainingsbücher seit seinem Teenageralter führte (Abbildung 1.1). Als wir jede einzelne Graphik studierten, nannte er die Daten eines jeden Jahres einschließlich seiner Bestleistungen, was er gelernt hatte, indem er neue Trainingsarten ausprobiert und seinen Trainingsumfang erhöht hatte usw.

Der Norwegische Skiverband hatte die Trainingsbücher zur Verfügung gestellt, während Sigvarts Trainer mit ihm gearbeitet hatten, um für jedes Jahr ein Trainingsprogramm zu entwickeln. Sigvart Bjontegaard war in einer Kultur aufgewachsen, in der der Skilanglauf als ein natürlicher Bestandteil des Lebens gilt, als so wichtig für die Entwicklung eines Menschen wie die Schule, Religion und Politik. Diese Trainingsbücher waren Ausdruck der Planung, der Tests, Datenerhebung und der Lernprozesse, durch die sich alle norwegischen Leistungs-Skilangläufer auszeichnen. Sigvart war ein Meister der Planung und Auswertung seiner eigenen Trainingsprogramme. Dies verdankte er der Struktur und der Erziehung, die er von früh an durch das systematische Trainingssystem, dem er unterworfen war, genossen hatte.

Seit 1977 habe ich Trainingsprogramme und Trainingsmethoden ausländischer und amerikanischer Trainer und Athleten studiert und beobachtet. Es gibt

Abbildung 1.1: Der Trainer der US-Biathlon-Olympiamannschaft Sigvart Bjontegaard (links) und der Autor studieren die Trainingsbücher und Leistungsgraphiken, die Bjontegaard während der zwölf Jahre, in denen er in Norwegen auf nationaler Ebene Leistungssport betrieb, säuberlich geführt hat.

viele Wege der Planung und praktischen Umsetzung von Trainingsprogrammen für Ausdauersportler, aber sie unterscheiden sich alle voneinander. Viele Sportler und Trainer glauben und praktizieren fast alles, was sie hören oder lesen. Ein derartiges Vorgehen kann verwirrend und frustrierend sein. Ich begegne oft Athleten und Trainern, die Methoden anwenden, die zufällig und unvollständig sind und sich durch eine mangelnde Kontinuität auszeichnen. Häufig wird ein Trainingsplan für die gesamte Mannschaft entwickelt. Für alle Sportler gelten der gleiche Trainingsumfang, die gleiche Trainingsintensität und die gleichen Trainingsintensitäten unter vollkommener Vernachlässigung individueller Unterschiede.

Die Sprachbarriere im Training

Training hat eine eigene Sprache. Wie alle gesprochenen Sprachen umfaßt diese Sprache Hunderte von „Dialekten“. Jeder dieser Dialekte hat seine eigenen Nuancen und Fachbezeichnungen für allgemeine Trainingsphänomene. Es ist daher nicht überraschend, wenn es bei Gesprächen über Training manchmal zu Mißverständnissen kommt. So verwenden einige Trainer die Bezeichnung Schnelligkeitsarbeit z.B. für verschiedene Trainingsarten unterschiedlicher Länge und Intensität, einschließlich 8sekündiger Antritte, 5minütiger Intervalle und Trainingsbelastungen im Wettkampftempo. Ein anderer Trainer könnte unter Schnelligkeitsarbeit etwas ganz anderes verstehen, z.B. 200-m-Läufe zur Verbesserung der Schrittfrequenz. Die Beispiele ließen sich beliebig fortsetzen.

Wenn ein Sportler an einem Trainingslager oder einem Seminar teilnimmt und die Zusammenarbeit mit einem neuen Trainer beginnt, kann diese Sprachbarriere zu einem ernsthaften Problem werden. Der betreffende Sportler muß wertvolle Energie und Zeit aufbringen, um den „Trainingsdialekt", der in der betreffenden Umgebung gebraucht wird, zu verstehen, wodurch sich der Lernprozeß erheblich verlangsamt. Stellen Sie sich nur einmal vor, wie schnell Sportler lernen könnten, wenn jeder die gleiche Trainingssprache verwenden würde.

In Skandinavien, Deutschland und der Sowjetunion sind die Trainer u.a. in den wissenschaftlichen Disziplinen Physiologie, Psychologie, Biomechanik und in anderen sportwissenschaftlichen Gebieten gut ausgebildet. Typischerweise gibt es in diesen Ländern ein nationales Trainingssystem, und die Terminologie ist sowohl innerhalb jeder Sportart wie auch von Sportart zu Sportart weitgehend einheitlich. Dies erleichtert es einem Skilangläufer, sich mit einem Läufer zu unterhalten und von diesem zu lernen, denn beide sprechen die gleiche Trainingssprache. Kinder, die in einem derartigen System aufwachsen, lernen schnell und beherrschen rasch die Trainingformen, -methoden und -inhalte ihrer jeweiligen Sportart. Der systematische Trainingsansatz schafft also eine gemeinsame sprachliche Grundlage, auf der jeder beliebige Trainingsplan entwickelt werden kann.

Mein Ziel ist, Ihnen einige Informationen über die verschiedenen Komponenten eines Ausdauertrainings zu geben und Ihnen die grundlegenden Methoden des systematischen Trainings zu vermitteln. Aber wir wollen zunächst Ihre Bedürfnisse und Ziele bei der Lektüre dieses Buchs und der Anwendung des systematischen Trainings diskutieren.

Verschiedene Sportler, unterschiedliche Bedürfnisse

Die in diesem Buch vermittelten Informationen gelten für eine Vielzahl von Ausdauersportarten. Der systematische Trainingsansatz läßt sich bei Anfängern und Spitzensportlern gleichermaßen gut anwenden. Die Prinzipien sind in beiden

Fällen gleich, obwohl sich die Inhalte der eigentlichen Trainingspläne den verschiedenen Adressaten entsprechend voneinander unterscheiden.

Anfänger werden auf eine leicht nachvollziehbare Weise und Schritt für Schritt daran herangeführt, ihre Fähigkeiten und Ziele zu bestimmen und ein sinnvolles Trainingssystem zu formen, das als Sprungbrett für eine gesteigerte Fitneß und Erfolg in den Ausdauersportarten dienen kann.

Sportler, die trainieren, um ihre körperliche und psychische Gesundheit durch Cross-Training zu verbessern oder beizubehalten, werden den systematischen Ansatz als hilfreich empfinden, um ihre Körper auf sichere und vernünftige Weise auf ein höheres Fitneß- bzw. Konditionsniveau zu bringen.

Fortgeschrittenere Amateur-Leistungssportler verwenden die systematische Methode zur klaren Trainings- und Wettkampfplanung über einen Zeitraum von mehreren Monaten im voraus, wobei sie auf vergangene Erfahrungen und Trainingswissen zurückgreifen.

Ernsthafte Ausdauersportler der Spitzenklasse können ebenfalls von dem systematischen Trainingsansatz profitieren, denn er ermöglicht ihnen eine Vorausplanung von Leistungsverbesserungen über Jahre hinweg. Mit Hilfe dieser Methode läßt sich jedes Detail planen, von täglichen Trainingseinheiten über Trainingslager bis hin zu nationalen Meisterschaften. Spitzensportler können den systematischen Ansatz einsetzen, um ein Gesamtprogramm zu planen und zu kontrollieren, wobei sie sicherstellen müssen, daß dieses Programm ihren individuellen Bedürfnissen und Bedingungen entspricht.

Trainer können leicht ihre eigenen Trainingserfahrungen und -philosophien in den systematischen Ansatz einfließen lassen, wodurch sie ein organisiertes, effizientes und handhabbares Programm für ihre Athleten schaffen. Die Bedürfnisse jedes einzelnen Athleten können berücksichtigt und eingeplant werden, während die Integrität des Gesamttrainingsprogramms beibehalten wird. Auf diese Weise kann der Trainer den Fortschritt jedes einzelnen Athleten wie auch der gesamten Mannschaft detailliert und präzise steuern. Neue Trainingstheorien und -ideen, die den Trainer ständig herausfordern, können innerhalb des systematischen Ansatzes getestet und angewandt, und die Auswirkungen können in jedem einzelnen Fall genau bestimmt werden.

Was ist systematisches Training?

Ein Wörterbuch definiert ‚systematisch' folgendermaßen: „systematisch beschreibt ein System, dem eine reguläre Methode oder Ordnung zugrundeliegt; methodisch in der Durchführung." Ich definiere systematisches Training als das Schaffen eines Trainingsrahmens, der auf fundierten physiologischen und psychologischen Prinzipien basiert, als ein Training, das sinnvolle Variationen innerhalb dieses Rahmens erlaubt. Beim Studium der Trainingspläne skandinavischer, deutscher, sowjetischer und neuseeländischer Ausdauersportler stellte ich fest, daß der systematische Ansatz jedes dieser Programme eine Grundlage und einen Rahmen darstellt, von dem ausgehend jeder beliebige Trainingsplan entwickelt werden kann. Genauso wichtig ist vielleicht die Möglichkeit, sowohl den Trainingsfortschritt als auch die diesem Fortschritt zugrundeliegenden Belastungen zu kontrollieren.

Wie planen Sie gegenwärtig Ihr Training? Planen Sie sechs bis zwölf Trainingsmonate im voraus, wobei Sie einen Leistungshöhepunkt und eine Wettkampfperiode planen? Wie bewältigen Sie neue Erkenntnisse der Trainingswissenschaft, und wie bauen Sie sie in Ihren Trainingsplan ein? Planen und trainieren Sie nach Gefühl?

Wie kontrollieren Sie Ihren Trainingsfortschritt und die damit verbundenen Belastungen und Erholungsphasen? Verbessert sich Ihr Konditionszustand durch Ihren Trainingsplan in dem Tempo, wie Sie es wünschen?

Ein systematischer Trainingsplan hilft Ihnen, diese Fragen zu beantworten, so daß Sie wirklich wissen, wo Ihr Training hinführt, warum Sie so trainieren, wie Sie es tun, und ob das Training Ihnen etwas nützt oder nicht.

Vorteile eines systematischen Trainings

Ein systematisches Training hat mehrere Vorteile:

Klarer, prägnanter Plan

Am wichtigsten ist, daß das systematische Training sich durch ein prägnantes, leicht umzusetzendes Programm auszeichnet, in dem die Trainingsziele eines jeden Tages, die Trainingsinhalte, die Trainingsintensitäten und die Gesamtdauer der Trainingseinheit aufgeführt sind. Wenn das Programm einmal steht, erübrigen sich die sonst üblichen täglichen Fragen nach Trainingsinhalt und Trainingsintensität. Derartige Details werden im Vorfeld geklärt.

Fundierte Prinzipien der Sportwissenschaft

Für den Sportler ist es am hilfreichsten, wenn sein Training ihm zu einem hohen körperlichen und psychischen Wohlbefinden verhilft und auf Prinzipien basiert, die zu einer verbesserten Gesamtleistungsfähigkeit und Fitneß führen. Ein systematisches Training enthält ausreichend Kontrollen und ist ausgewogen genug, um dies zu gewährleisten.

Ein komplettes System

Systematische Trainingspläne decken ein ganzes Jahr ab, indem sie es in einzelne Zyklen mit unterschiedlichen physiologischen Zielen und Merkmalen unterteilen. Das Tages-, Wochen- und Monatstraining wird systematisch geplant und läßt sich im Hinblick auf Leistungsfortschritt, Erholung und Trainingsbelastungen leicht kontrollieren.

Variierbare Merkmale

Wenn der Plan einmal entwickelt ist, bereitet es keine Probleme, Veränderungen und Anpassungen vorzunehmen. Die Gesamttrainingszeit pro Jahr kann leicht gesteigert oder reduziert werden, ohne daß die Integrität des Gesamtplans gestört wird. Der Trainingsumfang innerhalb der monatlichen Zyklen kann problemlos angepaßt werden. Die Wirkungen sind leicht zu erkennen und können bei der Planung der anderen Monate berücksichtigt werden. Der jährliche Fortschritt kann kontrolliert und der Plan geändert werden, um notwendige Anpassungen vorzunehmen. Kurz gesagt, bei einem systematischen Plan beeinflußt jede Anpassung den Gesamtplan, aber dennoch sind derartige Veränderungen und ihre Auswirkungen klar und leicht zu berücksichtigen.

Gelegenheit, vom Plan zu lernen

Wenn Sie einen systematischen Trainingsplan entwickeln, können Sie viel über Ihr vorangegangenes Training lernen, und Sie können neueste Informationen über Training auf diesen Plan anwenden. Ein systematisches Training versetzt Sie in die Lage, Stärken und Schwächen klar zu erkennen und Strategien zur Verbesserung dieser Bereiche zu entwickeln. Der Prozeß des Entwickelns, Umsetzens und Protokollierens Ihres Trainings vermittelt Ihnen einen besonderen Einblick in die Reaktionen Ihres Körpers auf Training. Immerhin ist es größtenteils der Prozeß und nicht unbedingt das eigentliche Wettkampfergebnis, dem man seine Persönlichkeitsentwicklung verdankt; und diese Persönlichkeitsentwicklung schlägt sich auch in anderen Lebensbereichen positiv nieder.

Abwechslung und Motivation

Bei entsprechender Planung läßt sich mit Hilfe des systematischen Trainings eine große Vielfalt innerhalb der Trainingseinheiten erreichen. Aufgrund der Vielfalt und der Tatsache, daß Sie selbst den Plan geschaffen haben, ist es wahrscheinlich, daß Ihre Motivation sehr hoch ist.

Planung der Erholung und Berücksichtigung von Verletzungen

Das wöchentliche Muster des geplanten Programms erlaubt es Ihnen, die Erholung gezielt zu planen. Ebenfalls können Verletzungen, Hindernisse und logistische Überlegungen, wie z.B. zur Verfügung stehende Anlagen und Berufsbelastungen, im Plan berücksichtigt werden.

Einbeziehung der persönlichen Trainingsphilosophie

Aufgrund seiner flexiblen Struktur bietet der Plan Ihren eigenen Erfahrungen, Theorien und Ihrer Trainings- und Wettkampfphilosophie oder der Ihres Trainers genügend Raum zur Entfaltung.

Ein Trainingsansatz, der funktioniert

Der systematische Ansatz hat sich für Athleten und Trainer auf der ganzen Welt als erfolgreich herausgestellt. Diese umfassende Mehtode ist für Ausdauersportler aller Leistungsklassen, vom Anfänger bis zum Spitzenathleten gleichermaßen geeignet. Das systematische Training hat viele Vorteile, z.B.

- Vielseitigkeit,
- ausführliche Planung,
- Möglichkeit der individuellen Anpaßbarkeit,
- Berücksichtigung individueller Bedürfnisse und Unterschiede.

Die Struktur stellt einen Rahmen dar, um den herum ein fundierter, physiologisch korrekter Plan geschaffen werden kann. Am wichtigsten ist vielleicht, daß das systematische Training eine gemeinsame Sprachbasis schafft. Sie und Ihr Trainer kommunizieren auf der gleichen sprachlichen Ebene, wodurch sich der Lernprozeß beschleunigt und Ihre Chance, von anderen Sportarten zu lernen, wächst. Wenn Sie wissen, wie lang eine Trainingseinheit ist, wie hoch die Intensität ist und was die zur Anwendung kommenden Aktivitäten sind, haben Sie einen guten Eindruck vom physiologischen Wert der Trainingseinheit, und Sie werden in der Lage sein, diesen Wert zu Ihren bisherigen Erfahrungen in Bezug zu setzen.

Egal wie Sie es wenden, Sie (und alle anderen Athleten) verfolgen irgendeinen Plan. Manchmal entscheiden Sie sich für diesen Plan fünf Minuten bevor Sie zur Tür hinauslaufen, ohne Berücksichtigung dessen, was Sie am Tag zuvor getan haben oder am folgenden Tag tun werden. Manchmal entwickelt der Trainer den Plan am Montag für den Rest der Woche, aber der Plan wiederholt sich im Grunde Woche für Woche und wird von jedem Sportler des Teams angewandt, unabhängig von individuellen Unterschieden.

Ich möchte eine persönliche Aufforderung an Sie richten: Lesen Sie dieses Buch, und eignen Sie sich Wissen über das systematische Training an. Schaffen Sie einen systematischen Trainingsplan für sich selbst oder für die Athleten, die Sie trainieren. Wenn Sie Trainer sind, bringen Sie Ihren Athleten bei, wie das System funktioniert und wie sie ihre eigenen Trainingsprogramme entwickeln können. Unabhängig davon, ob Sie alleine oder mit anderen arbeiten, führen Sie genau Buch über das, was Sie planen und über das tatsächlich aus der Planung resultierende Training. Wenn Sie diese Dinge tun, werden Sie die für Sie besten Trainingsarten herausfinden und letztlich die erfolgreichsten im Hinblick auf den Wettkampf. Ein erfahrener Radsportler und Skilangläufer, für den das systematische Training neu war, gelangte zu der Erkenntnis: „Nach nur drei Wochen Befolgen des systematischen Trainingsplans wurde mir bewußt, daß die Methode, die ich vorher verfolgt hatte, gravierende Fehler aufwies... ich freue mich jeden Tag darauf, Einträge in meinem Trainingsprotokoll vorzunehmen."

2

KOMPONENTEN DES SYSTEMATISCHEN TRAININGS

Fast alles, was wir tun, verläuft nach irgendeiner Art von Plan. Wenn uns allen auf einer Karte der gleiche Bestimmungsort genannt würde und wir aufgefordert würden, diesen Ort aufzusuchen, würden sowohl die Strecke wie auch die Dauer der Fahrt von Person zu Person unterschiedlich sein. Einige würden ihre Fahrt sorgfältig planen, sie würden den direktesten Weg wählen; andere würden Informationen über die besten Straßen erfragen und ihren Wagen in den besten technischen Zustand bringen. Wieder andere würden sich erst während der Fahrt für bestimmte Straßen entscheiden, wieder umkehren, weil sie eine Abbiegung verpaßt haben, oder ihnen würde aufgrund der schlechten Planung sogar das Benzin ausgehen. All dies könnte dazu führen, daß sie zu spät an ihrem Bestimmungsort eintreffen. Mit der Planung von Trainingsplänen kann es ähnlich sein. Das Ziel kann eine Steigerung der Fitneß und Spaß am Sport sein, oder es kann das Erreichen von Weltklasseleistungen sein. Die Wege, die wir einschlagen, bestimmen letztendlich über unseren Erfolg bzw. das Erreichen dieser Ziele (Abbildung 2.1).

Abbildung 2.1: Ein Trainingsplan ist mit einer Straßenkarte vergleichbar. Es ist eine gute Idee, Ihre geplante Route mit jemandem zu besprechen, der bereits „dort war".

Training kann als ein Werkzeug angesehen werden, das – wenn es richtig eingesetzt wird – bestimmte physiologische und psychische Reaktionen hervorruft. Ausdauersportler benötigen vielleicht eher als andere Athleten individualisierte Trainingspläne, die auf ihre jeweiligen speziellen Bedürfnisse unter Berücksichtigung der dem Erfolg in einer bestimmten Sportart zugrundeliegenden Richtlinien zugeschnitten sind. Das Ziel besteht darin, die Fähigkeit des Körpers zu verbessern, die Muskeln und neuromuskulären Funktionen zu kräftigen bzw. zu optimieren. Die systematische Planung ist eine effektive und objektive Methode, mit deren Hilfe Ihr Trainer und Sie selbst persönliche Erfahrungen, aktuelle wissenschaftliche Ergebnisse, moderne Trainingspraktiken und innovative Ideen in einen Trainingsplan integrieren können. Wenn ein derartiger Plan einmal „steht", muß sorgfältig Buch geführt werden, um den Plan mit dem tatsächlich realisierten Training zu vergleichen. Auf diese Weise können von Monat zu Monat und von Jahr zu Jahr Veränderungen vorgenommen werden unter Bezug auf den ursprünglichen Plan und unter Berücksichtigung der Komponenten, die sich bewährten und derjenigen, die der Verbesserung bedürfen. Der Plan erstreckt sich über ein ganzes Jahr und beinhaltet jede einzelne Wettkampfphase, wenn das Jahr mehr als eine Wettkampfsaison enthält.

Dieses Kapitel hilft Ihnen, die Ziele eines ein- bis vierjährigen Plans zu bestimmen, und zeigt Ihnen die grundlegende Struktur, die Sie bei der Entwicklung eines systematischen Trainingsplans berücksichtigen müssen. Die Besonderheiten, auf die Sie bei der Erstellung Ihres eigenen systematischen Trainingsplans achten müssen, werden in Kapitel 6 in Gestalt eines Arbeitsblattes umrissen.

Ziele des Trainingsplans

In Abhängigkeit von Ihrer Sportart und Ihrem Engagement können die Ziele eines Trainingsplans für einen Zeitraum von einem bis zu vier Jahren festgelegt werden (Tabelle 2.1). Bei der Gesamtplanung sind sechs Grundkategorien zu berücksichtigen:

Die erste Kategorie ist Leistung. Sie müssen die Zeiten und Rangplazierungen, die Sie in Ihren Wettkampfdisziplinen erreichen wollen, bestimmen. Es ist wichtig, daß Sie bei der Festsetzung dieser Leistungsziele realistisch sind.

Die zweite Kategorie ist die körperliche Vorbereitung. Es ist notwendig, daß Sie Ihre gegenwärtigen konditionellen Stärken und Schwächen genau einschätzen und über eine sinnvolle Trainingsprogression Bescheid wissen, wenn Sie Ihre Ziele innerhalb dieser Kategorie festlegen. So ist es z.B. für einen Ausdauersportler notwendig, daß er zunächst über einen Zeitraum von mehreren Monaten hinweg eine gute aerobe Kapazität entwickelt, denn nur auf dieser Basis kann er eine hohe anaerobe Kapazität ausbilden.

Die dritte Kategorie ist die psychische Vorbereitung. Auch hier muß eine genaue Bestimmung der vorhandenen psychischen Fähigkeiten und der Bereiche, an denen gearbeitet werden muß, erfolgen. Erst nach Erstellen dieser Diagnose können die Ziele zur Verbesserung dieser Bereiche und zur Ausprägung der psychischen Fähigkeiten festgelegt werden.

Die vierte Kategorie ist die technische Vorbereitung. Hierzu gehört u.a. das Lernen der richtigen Körperhaltung sowie einer effektiven Schrittgestaltung entsprechend den Anforderungen der jeweiligen Sportart.

Die fünfte Kategorie ist die taktische Vorbereitung. Hierunter fällt vor allem die Wettkampfstrategie.

Schließlich müssen Testziele und Normwerte ausgearbeitet werden. Während des gesamten Trainingsjahres wird die tatsächliche Leistung an bestimmten Standardwerten gemessen. Dies dient der periodischen Kontrolle der Effektivität des Trainingsplans.

Tabelle 2.1:
Zur Planung von Trainingszielen über einen Vierjahreszeitraum

Sportler: RHS Disziplin: 10 km

	Ziele	
	Jahr 1	Jahr 2
Leistung (Zeit)	35:20	35:00
Körperliche Vorbereitung	Allgemeine körperliche Vorbereitung Entwicklung der aeroben Ausdauer	Verbesserung des allgemeinen konditionellen Zustandes Entwicklung der Muskelausdauer Verbesserung der aeroben Ausdauer Entwicklung der anaeroben Ausdauer
Psychische Vorbereitung	Entwicklung des mentalen Bewußtseins und der resultierenden Konsequenzen Versuch, das o.g. zu modifizieren	Entwicklung der mentalen Bewußtheit Entwicklung eines Selbstkonzepts
Technische Vorbereitung	Korrekte Armführung Korrekte Kopfhaltung	Effektive Schrittlänge Minimales vertikales Federn
Taktische Vorbereitung	Gleichmäßiges Tempo im Verlauf des gesamten Rennens	Schneller Start über die ersten 400 m Gleichmäßiges Tempo im Mittelabschnitt des Rennens
Tests und Normwerte	VO_2max = 3,7 Liter	VO_2max =3,7 Liter

Ziele Jahr 3	Jahr 4
34:30	34:00
Verbesserung der speziellen körperlichen Leistungsfähigkeit Verbesserung der muskulären Ausdauer Perfektionieren der aeroben Ausdauer Verbessserung der anaeroben Ausdauer	Perfektionieren der speziellen körperlichen Leistungsfähigkeit Perfektionieren der aeroben Ausdauer Perfektionieren der anaeroben Ausdauer
Identifizieren der Ängste und Stressoren und Lernen, diese in den Griff zu bekommen Entspannungstechniken	Identifizieren der Ängste und Stressoren und lernen, diese in den Griff zu bekommen Entspannungstechniken
Entspanntes Laufen Effektiver Bewegungsablauf	Entspanntes Laufen Effektiver Bewegungsablauf
Einnehmen einer aussichtsreichen Position vor dem Finish Perfektionieren des Starts	Bewältigung unterschiedlicher Strategien Perfektionieren des Zieleinlaufs
VO_2max = 4,1 Liter	VO_2max bis 4,5 Liter

Dieses Buch behandelt vor allem die körperliche Vorbereitung. Ein systematischer Trainingsplan liefert jedoch ebenfalls die Basisstruktur für das Umsetzen und Messen der anderen Vorbereitungskategorien.

Das Trainingsjahr

Bei der systematischen Trainingsplanung wird von 52 Trainingswochen im Jahr ausgegangen. Die Trainingsarten, die in jeder dieser Woche eingesetzt werden, hängen von der Anzahl der Wettkampfperioden, der jeweiligen Sportart sowie von der saisonalen Lage der Wettkampfperioden ab. So bestreiten Skilangläufer ihre Wettkämpfe klassischerweise von Dezember bis März. Im Spitzenbereich nehmen Skilangläufer in den Sommermonaten nicht an ernsthaften Wettkämpfen teil. Im Gegensatz dazu können Hobby-Skilangläufer im Sommer durchaus an Lauf-, Rad- oder Triathlonwettkämpfen teilnehmen. Radsportler und Triathleten bestreiten typischerweise von März bis einschließlich Oktober Wettkämpfe. Läufer trainieren häufig für einen Marathonlauf oder ein 10-km-Rennen im Frühjahr, oder sie bereiten sich auf eine Wettkampfsaison im Herbst vor. Unabhängig davon, wie oft Sie an Wettkämpfen teilnehmen wollen und in welchen Sportarten, kann jede Woche innerhalb des Trainingsjahres unter Berücksichtigung der zur Verfügung stehenden Trainingszeit und der jeweiligen Trainingsstätten effektiv geplant werden.

Fünf Trainingsetappen

Idealerweise besteht die Vorbereitung bei wettkampfmäßig betriebenen Ausdauersportarten aus fünf Etappen: Schaffen der Grundlage (Grundlagenetappe), Steigerung der Trainingsintensität (Intensitätsetappe), Erarbeiten und Erreichen der Topform (Etappe der Topform), Wettkampfetappe (Rennen) und Erholungsetappe. Die Anzahl der für jede Etappe reservierten Wochen hängt von der Anzahl der pro Jahr geplanten Wettkampfperioden sowie Ihrer Erfahrung und Ihrer Kondition ab. Der physiologische Zweck der fünf Trainingsetappen wird detailliert in Kapitel 3 erläutert. An dieser Stelle ist es nur wichtig zu verstehen, daß es bedeutende physiologische Entwicklungsprozesse gibt, die in den Wochen und Monaten vor dem Wettkampf progressiv in Etappenform stattfinden. Abbildung 2.2 stellt die fünf Trainingsetappen für einen Sportler, der eine einzige Wettkampfperiode geplant hat dar (einfache Periodisierung). Es ist hilfreich, wenn man bei der Planung aktuelle Wettkampftermine, Trainingslager, Seminare sowie im Verlaufe des Jahres beabsichtigte medizinische und physiologische Tests berücksichtigt.

Trainingszyklen

Die 52 Trainingswochen pro Jahr (falls nur eine einzige Wettkampfperiode geplant ist) werden in mehrere kürzere Trainingszyklen unterteilt. Am häufigsten

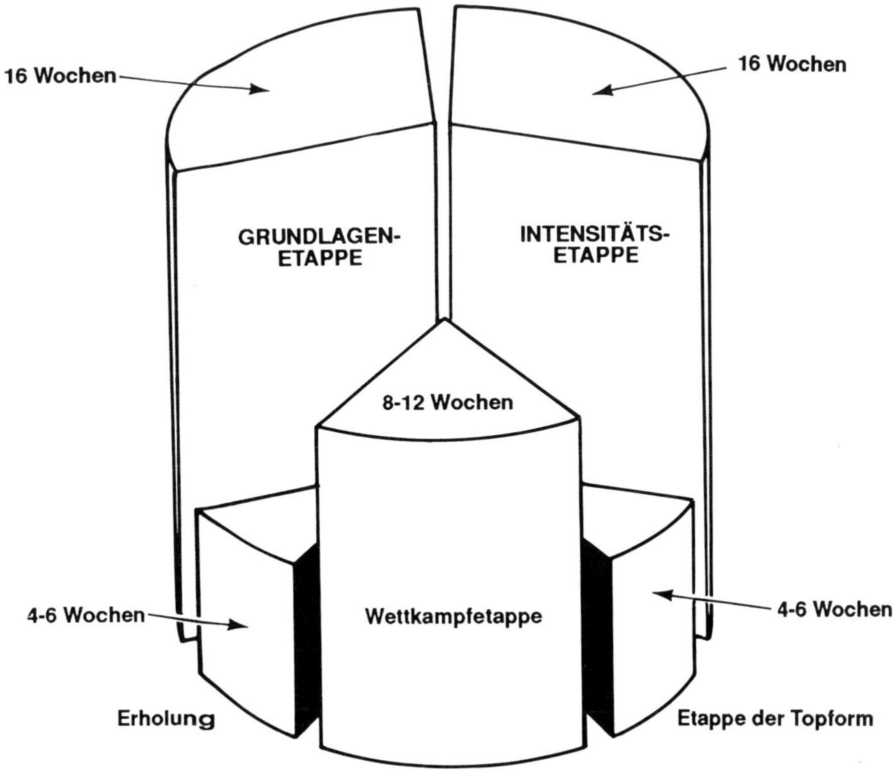

Abbildung 2.2: Die fünf Trainingsetappen des Jahres

sind vierwöchige Zyklen, aber einige Sportler und Trainer arbeiten mit Zyklen unterschiedlicher Länge. In Abhängigkeit von der jeweiligen Etappe im Jahresverlauf hat jeder dieser Zyklen seine eigene Charakteristik, so daß die der jeweiligen Etappe entsprechende Trainingsreaktion hervorgerufen wird.

Unabhängig von Ihrer Erfahrung, der Anzahl der Wettkampfperioden pro Jahr und der insgesamt für das Training zur Verfügung stehenden Zeit (Jahrestrainingsstunden) bezieht sich jeder Trainingsplan auf 100 % der im Jahr zur Verfügung stehenden Trainingszeit. Jeder 4-Wochen-Zyklus stellt daher einen gewissen Prozentsatz dieses Gesamtwertes dar. Dies wird in Tabelle 2.2 erläutert. Verschiedene Faktoren bestimmen über den jedem 4-Wochen-Zyklus zugeordneten Prozentsatz des Gesamtjahresumfangs.

Tabelle 2.2:
4-Wochen-Trainingszyklen als Prozentsatz des Jahres-Trainingsumfangs

Zyklus	Etappe	% der Jahresstunden
1	Grundlage	6
2	Grundlage	7
3	Grundlage	8
4	Grundlage	9
5	Intensität	9
6	Intensität	10
7	Intensität	11
8	Intensität	9
9	Topform	8
10	Wettkampf	7
11	Wettkampf	7
12	Wettkampf	6
13	Erholung	3
	Ingesamt	100

Zunächst muß der jeweilige Jahresabschnitt berücksichtigt werden. Typischerweise ist das Training während der Grundlagenetappe von geringer Intensität und von niedrigem bis mäßig hohem Umfang. Im Laufe der Zeit nehmen sowohl der Trainingsumfang als auch die Anzahl der hochintensiven Trainingstage pro Woche zu.

Die Intensitätsetappe ist durch eine progressive Zunahme der Trainingsintensität wie auch des Trainingsumfangs gekennzeichnet. Charakteristischerweise ist der Trainingsumfang pro 4-Wochen-Zyklus in dieser Etappe im Vergleich zu den übrigen Trainingsetappen im Jahr am höchsten.

Die Etappe der Topform ist durch einen geringeren Trainingsumfang, aber hochintensive, „scharfmachende" Trainingseinheiten gekennzeichnet. In der Wettkampfetappe ist die Trainingsintensität hoch, der Trainingsumfang ist jedoch in allen Zyklen erheblich reduziert. Die Erholungsetappe zeichnet sich durch einen sehr niedrigen Trainingsumfang und durch kompensierende bzw. alternative Trainingsinhalte aus.

Bei der Steigerung des Trainingsumfangs von einem 4-Wochen-Zyklus zum nächsten sollte man sehr vorsichtig vorgehen, vor allem während der Intensitätsetappe. Ein zu schnell erreichter hoher Trainingsumfang kann zu einem Übertraining führen.

Wie bereits an früherer Stelle erwähnt, hat jeder 4-Wochen-Zyklus seine eigene Charakteristik bzw. Struktur zur Erzeugung der gewünschten physiologischen Trainingsreaktion. Die Planung dieses Aspekts des Zyklus ist wichtig, denn jeder Zyklus muß den Sportler auf den nächsten vorbereiten; es ist hilfreich, wenn die Gestaltung der Struktur eines jeden Zyklus auf Basis einer Erfahrung mit erfolgreichen Trainingsplänen erfolgt. Grundsätzlich bedeutet dies zuerst die Entscheidung bezüglich der einzusetzenden Trainingskategorien sowie ihrer relativen Intensität. Obwohl auch andere Kategorien verwendet werden können, sind die in diesem Buch eingesetzten Trainingskategorien

- Schnelligkeitstraining,
- Ausdauer- und Überdistanztraining,
- Wettkampf- und Tempotraining,
- Intervall- und Vertikalmethoden und
- Krafttraining.

(Diese Kategorien werden in Kapitel 4 definiert.) Als nächster Schritt wird der Prozentanteil jeder Trainingskategorie in einem bestimmten Zyklus festgelegt, unter Berücksichtigung der Jahresetappe, der persönlichen Erfahrung und Trainingsgrundlage sowie der jeweiligen Sportart. Wenn es Ihnen z.B. an Kraft mangelt, muß ein größerer Prozentsatz des Gesamttrainingsumfangs der Verbesserung dieser Komponente gewidmet werden.

In Abbildung 2.3 ist der Prozentsatz jeder Trainingskomponente in einem beispielhaften Trainingszyklus dargestellt. In Kapitel 3 werden die physiologischen Grundlagen einer derartigen Planung detailliert erläutert. Später werden Sie Gelegenheit haben, Ihre eigenen Ideen und Erfahrungen in diese Planungsphase einfließen zu lassen.

Das Wochenmuster eines 4-Wochen-Zyklus

In physiologischer Hinsicht wird eine optimale Trainingsreaktion durch Trainingszyklen hervorgerufen, deren Wochenmuster die folgenden Überlegungen zugrundeliegen:

Vorhersagbare Struktur

Zunächst ist es wünschenswert, daß die Trainingsstruktur sich von Woche zu Woche ähnelt und folglich vorhersagbar ist. So lassen sich z.B. Überdistanz- bzw. ÜD-Trainingseinheiten (langer, langsamer Dauerlauf) am besten an Samstagen oder Sonntagen absolvieren. Auch die letzten Tage vor einem Wettkampf sind

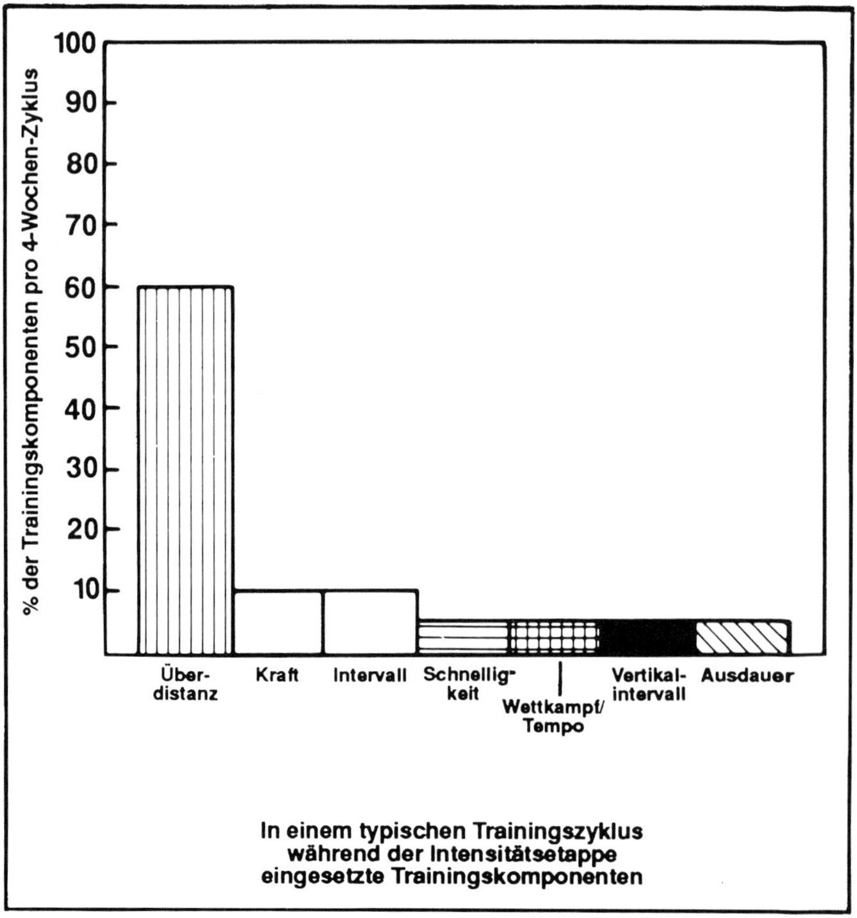

Abbildung 2.3: Prozentsatz der Trainingskomponenten in einem 4-Wochen-Zyklus

wichtig und müssen entsprechend gestaltet werden. Die Gestaltung des Musters hängt von den Berufs- oder Schulbelastungen, Ihren persönlichen Vorlieben (wie z.B. der Tageszeit, an denen das Training absolviert wird, Wochentagen, an denen bestimmte Anlagen zur Verfügung stehen, Anzahl der pro Tag absolvierbaren Trainingseinheiten usw.), dem Mannschaftstrainingsplan und Wettkampfkalender ab. Es kann sein, daß Sie mehrere Wochenmuster ausprobieren müssen, um das für Sie beste herauszufinden. Es ist klug, hinsichtlich des Wochenmusters flexibel zu bleiben, so daß Sie unvorhergesehene familien-, berufs- oder schulbedingte Ereignisse durch Änderungen im Plan auffangen können.

Intensität

Es ist wichtig, bei der Gestaltung der Wochenstruktur die Intensität jeder Trainingseinheit zu berücksichtigen. Auf eine harte Trainingseinheit sollte stets eine lockere Trainingseinheit folgen. Dieser Rhythmus wird bereits seit längerer Zeit von Sportlern und Trainern befolgt. Viele Sportler brauchen jedoch nach einer harten Trainingseinheit zwei lockere Trainingstage. Wiederum müssen Sie und Ihr Trainer sich bei der Entscheidung dieser Frage auf Erfahrungswerte beziehen.

Triathleten haben in bezug auf das Hart-Leicht-Muster eine neue Trainingsdimension erreicht. Viele Triathleten führen ein "Cross-Training" durch, d.h. sie absolvieren eine hochintensive Trainingseinheit in einer Teildisziplin und im Anschluß hieran mäßige bis harte Trainingseinheiten in einer anderen Teildisziplin. Dennoch erreichen sie dadurch nicht den Ermüdungsgrad, den sie bei einer Aufeinanderfolge harter Trainingseinheiten unter Einbeziehung identischer Muskelgruppen erreichen würden.

Erholung

Das Wochenmuster sollte zwischen den Trainingseinheiten eine ausreichende Erholung gewährleisten. Einige Trainingsarten fördern sogar die Regeneration im Anschluß an hochintensive Trainingseinheiten. Ein Training mit niedriger Intensität und mäßiger bis langer Dauer fördert die Durchblutung und beschleunigt die Entfernung von Stoffwechelschlackenprodukten sowie den Transport von Nährstoffen zum beschädigten Gewebe. In Kapitel 10 werden Theorien und Methoden der Regeneration detailliert diskutiert.

Verfügbare Zeit

Schließlich muß der gewünschte Umfangprozentsatz jeder Trainingskomponente in die zur Verfügung stehenden wöchentlichen Trainingseinheiten eingearbeitet werden. Ich plane nie mehr als ein oder zwei Trainingseinheiten pro Tag. Sportler, die extrem hohe Trainingsumfänge absolvieren (mehr als 750 Stunden pro Jahr), müssen vielleicht drei Trainingseinheiten pro Tag planen, um alle Trainingsarten einbauen zu können. Die meisten Amateur- oder Hobbysportler werden jedoch durch ihren Beruf, die Schule, ihre Familie und andere Verpflichtungen eingeschränkt. Viele sind imstande, an Wochentagen einmal täglich und am Wochenende eventuell zweimal täglich zu trainieren. Dies muß bei der Planung berücksichtigt werden.

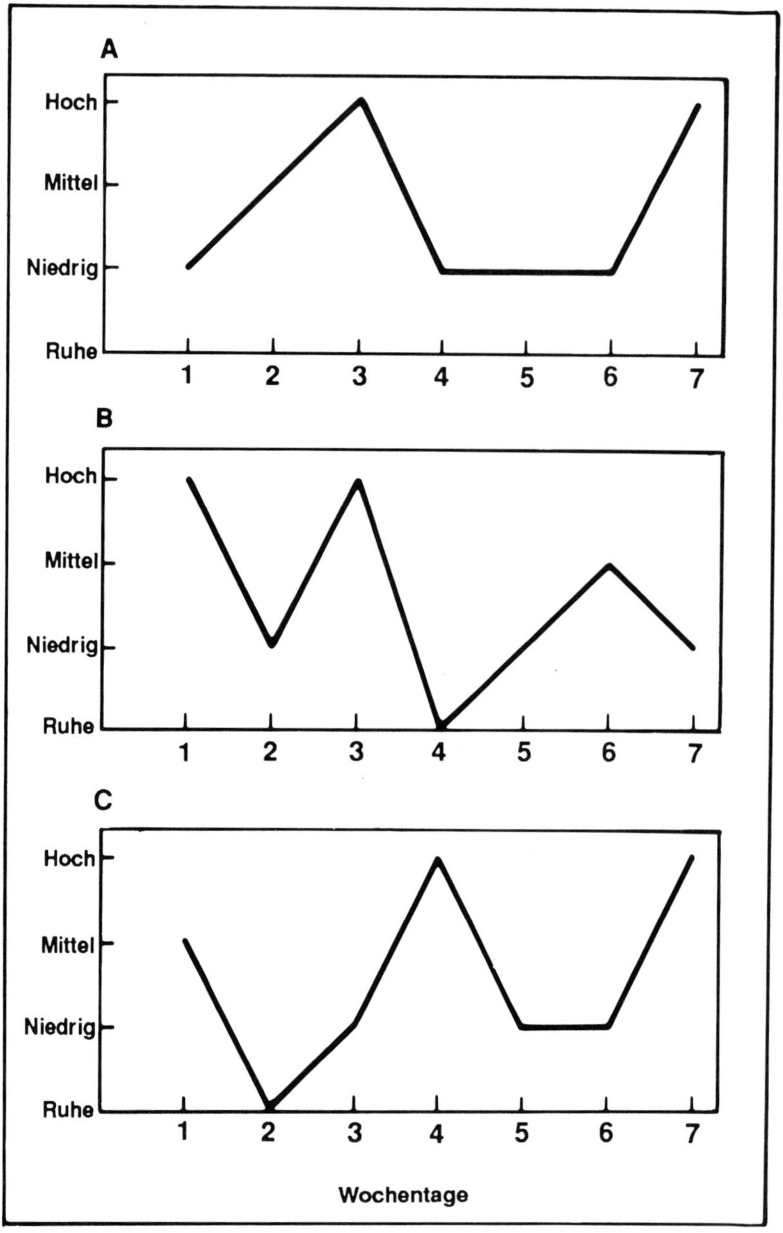

Abbildung 2.4: Beispiele unterschiedlicher Wochenmuster und damit zusammenhängender Trainingsbelastungen

In Abbildung 2.4 werden drei unterschiedliche Wochenmuster vorgestellt. Die Möglichkeiten der Variation sind zahlreich, je nachdem welcher Zeitraum im Jahr zur Debatte steht und was das für Sie beste zu sein scheint. Im allgemeinen empfehle ich, daß das wöchentliche Trainingsmuster für die einzelnen Wochen eines 4-Wochen-Zyklus identisch und von Zyklus zu Zyklus zumindest einigermaßen einheitlich ist. Natürlich sind kleine Veränderungen im Trainingsmuster notwendig, um so eher, je mehr man sich der Wettkampfperiode nähert. Der grundlegende Rahmen des Wochenmusters kann jedoch weitgehend unverändert bleiben. So können z.B. Überdistanztrainingseinheiten das ganze Jahr über an Sonntagen absolviert werden; Krafttrainingstage können immer dann durchgeführt werden, wenn die Anlagen zugänglich sind; an Tagen, an denen während der Etappe der Topform und der Wettkampfetappe Trainingseinheiten im Renntempo absolviert werden, können während der Intensitätsetappe hochintensive Intervall- oder Tempotrainingseinheiten durchgeführt werden.

Feststehende Wochenmuster können die Erholung zwischen den Trainingseinheiten fördern; sie können den psychischen Streß, der durch ständig veränderte Pläne hervorgerufen werden kann, reduzieren; und sie können den Körper ganz allmählich auf die Wettkampfperiode vorbereiten. Vorherbestimmte Trainingsmuster ermöglichen eine wohlorganisierte, vernünftige und allmähliche Progression von Trainingsreizen. Ein ungeplantes und ungeregeltes Training kann mit dem Klang von Orchesterinstrumenten während der Einspielphase verglichen werden – ein ungleichmäßiges, inhaltsleeres Geräusch. Die Gegenwart eines die Musiker leitenden Dirigenten bewirkt, daß sich die Geräusche aller einzelnen Instrumente zu einer angenehmen Melodie vereinigen.

Sie sollten jedoch stets daran denken, daß die ideale Situation gestört werden kann, daß Sie flexibel sein müssen, und daß Sie das Wochenmuster gelegentlich überarbeiten müssen, um es durch den Beruf, Krankheit oder andere Faktoren hervorgerufenen Veränderungen anzupassen.

Die Periodisierung des Trainings in jedem 4-Wochen-Zyklus

Unter Periodisierung versteht man die Strukturierung der objektiven bzw. äußeren Trainingsbelastung in einem bestimmten Zyklus dergestalt, daß ein progressiver Anstieg der subjektiven bzw. inneren Belastung (Umfang und Intensität) erzielt wird. Die Trainingsprogression erfolgt in den ersten drei Wochen stufenförmig; im Anschluß hieran wird der Trainingsumfang während der 4. Woche des Zyklus stark reduziert, um eine ausreichende Erholung und Trainingsanpassung, die durch die ersten drei Aufbauwochen ausgelöst wurde, zu erreichen. In Abbildung 2.5 wird dieser „Treppeneffekt" dargestellt.

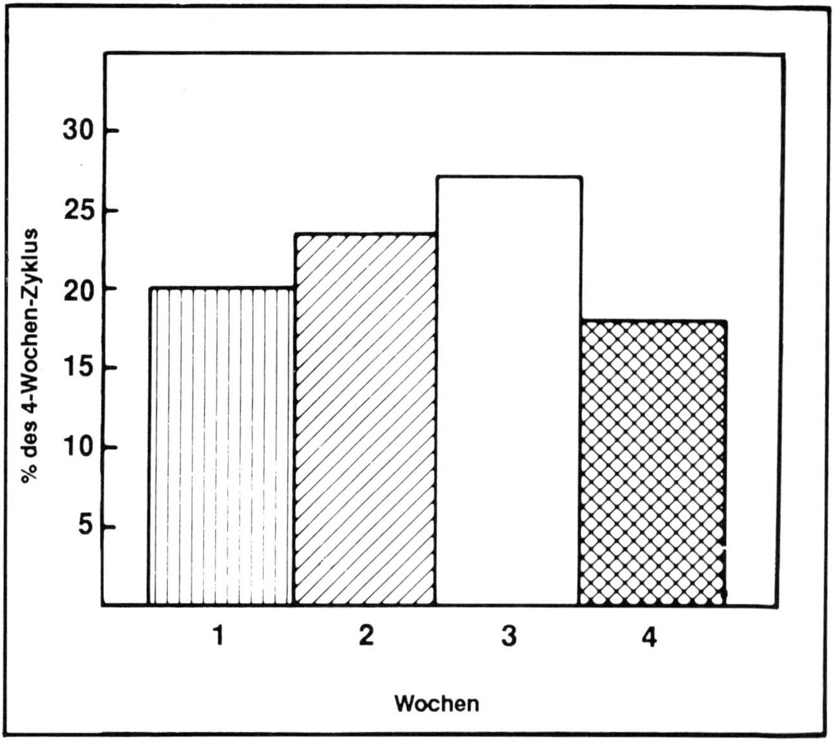

Abbildung 2.5: Periodisierung innerhalb eines 4-Wochen-Zyklus

Natürlich sieht diese Periodisierung etwas anders aus, wenn Sie Trainingszyklen verwenden, die kürzer oder länger als vier Wochen sind. Die entscheidenden Punkte bei der Periodisierung sind

- die Wahl des richtigen Anstiegs der Trainingsbelastung von Woche zu Woche und
- das zeitlich korrekte Einschieben von Ruhewochen mit niedrigem Trainingsumfang.

Die meisten Athleten und Trainer verwenden 4-Wochen-Zyklen. Häufig planen Spitzensportler und -trainer die letzte Woche eines derartigen Zyklus so, daß auf andere Trainingsinhalte (z.B. Spiele und ähnliche Aktivitäten) zurückgegriffen wird, daß die Trainingsumgebung gewechselt wird oder daß zusätzliche Massagen durchgeführt werden. Eine Skimannschaft reiste z.B. nach einem dreiwöchigen Aufbautraining an die französische Riviera, um ein wenig warme Sonne zu tanken, den Strand zu genießen und locker zu trainieren. Auch so etwas erscheint mir sehr sinnvoll!

Es ist plausibel, daß ein 4-Wochen-Zyklus auch ein anderes Periodisierungsmuster als das oben beschriebene haben kann. So kann man z.B. die erste Woche als harte Woche mit einem höheren Trainingsumfang planen, die zweite Woche als eine lockere Woche mit geringerem Umfang, die dritte Woche wie die erste, und die letzte Woche des Zyklus wie die zweite Woche. Es gibt viele Wahlmöglichkeiten. Entscheidend ist, daß man mit den Periodisierungsmustern experimentiert und dabei die jeweilige Trainingsetappe berücksichtigt.

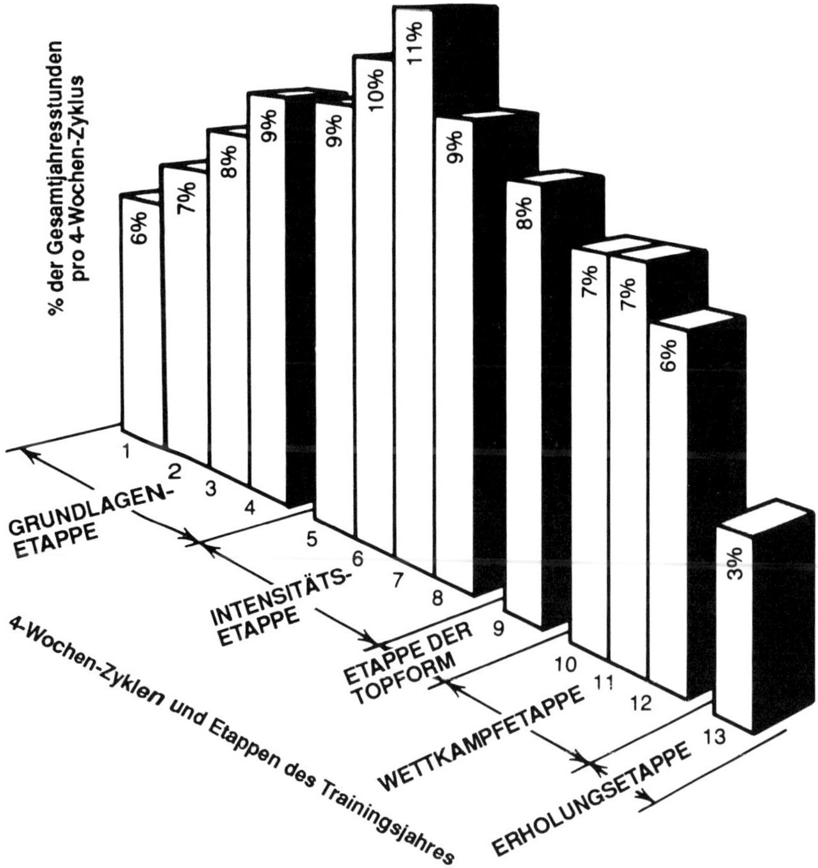

Abbildung 2.6: Periodisierungsverteilung zwischen Trainingszyklen

Periodisierung kann auch von Zyklus zu Zyklus stattfinden. Mit anderen Worten: Der Trainingsumfang im ersten Zyklus des Jahres kann etwas niedriger sein als im zweiten Zyklus und so fort, bis der höchste Umfang im letzten Zyklus der Intensitätsetappe erreicht wird. In Abbildung 2.6 ist die Periodisierung von Zyklus zu Zyklus im Verlaufe eine Jahrestrainingsprogramms dargestellt.

In der Vergangenheit wurden viele Trainingsprogramme entworfen, ohne die Notwendigkeit der Periodisierung zu berücksichtigen. Es ist nicht ungewöhnlich, Athleten zu treffen, die Woche für Woche im Hinblick auf Intensität wie Umfang das gleiche Training absolvieren. Es gibt auch Fachleute, die vorschlagen, jede Woche den Trainingsumfang um 5 bis 10 % zu steigern. Das Problem hierbei ist, daß keine Erholungswoche eingeplant wird, in der der Körper sich an die gesteigerten Anforderungen der vorangegangenen Wochen anpassen kann. Für viele Sportler ist daher die Folge einer derartigen Vorgehensweise entweder ein Übertraining oder eine Verletzung, die sie letztendlich zwingt, eine Erholungspause einzulegen. Periodisierung bietet den Vorteil, die Trainingsbelastung jede Woche zu variieren, so daß die subjektive Belastung in einer Woche hoch, in der anderen niedrig ist.

Die Struktur der Periodisierung innerhalb eines 4-Wochen-Zyklus hängt von Ihren eigenen Erfahrungen, von Spitzensportlern und -trainern erprobten Methoden und von der jeweiligen Jahresetappe ab. So kann z.B. während der Grundlagenetappe eine 23-, 26-, 29-, 22-%-Periodisierung am besten sein. In der Intensitätsetappe ermöglicht jedoch eine 21-, 27-, 33-, 19-%-Periodisierung ein effektiveres Muster der inneren Belastung und Erholung. Ein Erholungszyklus vor einem Rennen könnte eine 32-, 27-, 23-, 18-%-Periodisierung aufweisen, wobei das Rennen in der 4. Woche des Zyklus geplant ist.

Trainingsumfang in Stunden pro Jahr

Der Körper kann Steigerungen des Trainingsumfangs und der -intensität verkraften und sich anpassen, wenn diese Steigerungen allmählich erfolgen. Wenn zu früh zu umfangreich oder intensiv trainiert wird, fordert der Körper Ruhe – oder schlimmer – es kommt aufgrund von Verletzungen, Müdigkeit oder einer allgemeinen Lethargie zum Zusammenbruch. Das Phänomen Übertraining wird im allgemeinen darauf zurückgeführt, daß ein noch anpassungsunfähiger Körper zu hoch belastet wird.

Wieviel Training ist ausreichend? Dies ist eine gute Frage, und es gibt einige interessante Antworten hierauf. Lassen Sie mich zunächst festhalten, daß die häufigste Methode zur Bestimmung des Trainingsumfangs das Messen der zurückgelegten Distanz und manchmal der Intensität, mit der diese Distanz zurückgelegt wird, ist. Aufgrund meiner Erfahrungen bin ich dieser Methode gegenüber skeptisch geworden. Es ist schwierig, die Qualität einer Trainingseinheit lediglich in Form der zurückgelegten Distanz auszudrücken. Wie intensiv war die betreffende Trainingseinheit im Hinblick auf die prozentuale Ausnutzung der maximalen aeroben Kapazität? In wieviel Minuten wurde die Distanz zurückgelegt? Wurde eine vorherbestimmte Zeit für das Zurücklegen der betreffenden Distanz ungeachtet der äußeren Bedingungen eingehalten, und wie war das subjektive Gefühl des Sportlers? Was hatte die Trainingseinheit für eine psychologische Zielsetzung?

Stellen Sie sich z.B. einen Läufer vor, der sich auf ein 10-km-Rennen vorbereitet und der nach einem Plan trainiert, innerhalb dessen ein 10-km-Lauf in einem 3:45er Schnitt pro km als relativ lockeres Training gilt. Wenn dieser Sportler gegen einen heftigen Wind anläuft oder wenn die Luftfeuchtigkeit 90 % beträgt und er kämpfen muß, um den Lauf in der festgesetzten Zeit zu beenden, verändert sich die gesamte Charakteristik des Laufs, und die durch den Lauf hervorgerufene physiologische Belastung unterscheidet sich völlig von dem, was ursprünglich beabsichtigt war. Derartige Faktoren müssen in Betracht gezogen werden.

Ich befürworte generell und in diesem Buch ganz besonders, den Trainingsumfang in Form von Jahrestrainingsstunden auszudrücken. Hierunter verstehe ich die insgesamt absolvierte Trainingzeit pro Jahr. Nach der Strukturierung des Trainingsprogramms ist das Bestimmen des korrekten Trainingsumfangs in Jahresstunden wahrscheinlich die wichtigste Entscheidung, die ein Trainer fällen muß. Es gibt mehrere Richtlinien, die Ihnen bei der Auswahl des richtigen Jahresumfangs helfen können.

Erfahrung

Die Anzahl der Trainingsjahre in Ausdauersportarten, vor allem in Ihrer Spezialsportart, ist ein wichtiger Aspekt. Ein Sportler, der auf zwölf Trainings- und Wettkampfjahre zurückblickt, ist in der Lage, einen höheren Trainingsumfang und eine ausgeprägtere jährliche Trainingssteigerung zu bewältigen, wenn er dies wünscht. Umgekehrt wäre es wenig sinnvoll für einen Anfänger, sogleich mit einem hohen Trainingsumfang zu beginnen.

Fitneßgrad

Ihr aktueller Fitneßgrad beeinflußt die Wahl des Trainingsumfangs. Wenn Sie während des Winters so gut wie nicht trainiert haben, sind Probleme vorprogrammiert, falls Sie das Training mit der Intensität wiederaufnehmen, die Sie im Herbst, als Ihr Fitneßgrad nach einer harten Wettkampfsaison sehr hoch war, erreicht hatten. Tabelle 2.3 soll Ihnen bei der Bestimmung des richtigen – entweder notwendigen oder gewünschten – Anstiegs des Trainingsumfangs eine Hilfe sein. Die Entscheidung basiert auf Ihrem vergangenen Training und Ihrem gegenwärtigen Fitneßgrad. Denken Sie einen Moment über Ihren aktuellen Fitneßgrad nach. Sie können diesen bestimmen, indem Sie sich Ihre Erfahrung zunutze machen. Kennzeichnen Sie Ihren Fitneßgrad mit einer Ziffer zwischen 1 und 10, wobei 1 für einen ausgesprochen schlechten und 10 für Ihren besten Fitneßgrad steht. Verwenden Sie sodann Tabelle 2.3, und setzen Sie die Anzahl Ihrer letztjährigen Trainingsstunden in Bezug zu Ihrem gegenwärtigen Fitneßgrad. Die im Schnittpunkt der von beiden Werten ausgehenden Geraden stehende Zahl ist der Prozentsatz, um den Sie Ihre Trainingsstunden in diesem Jahr erhöhen müssen. Addieren Sie diesen Betrag zu den letztjährigen Trainingsstunden, und Sie erhalten die jetzt zu absolvierende Anzahl von Trainingsstunden.

Tabelle 2.3:
Empfohlener prozentualer Anstieg der diesjährigen Trainingsstunden

Letztjährige	Aktueller Fitneßgrad									
Jahresstunden	1	2	3	4	5	6	7	8	9	10
<200	3	3	3	4	4	5	6	7	7	8
210-300	3	3	3	4	4	5	6	7	7	8
301-400	–	4	4	4	5	6	7	8	9	10
401-500	–	–	–	–	7	8	9	10	11	12
501-600	–	–	–	–	–	10	11	12	13	14
601-700	–	–	–	–	–	12	13	14	15	15
701-800	–	–	–	–	–	–	10	10	10	10
801-900	–	–	–	–	–	–	–	5	5	5
900-1000	–	–	–	–	–	–	–	–	–	–
>1000	–	–	–	–	–	–	–	–	–	–

Wenn Sie z.B. im vergangenen Jahr 300 Trainingsstunden (einschließlich aller Trainingsarten und Sportarten) absolviert haben und Ihren gegenwärtigen Fitneßgrad mit 7 beziffern, sollten Sie Ihren Trainingsumfang in diesem Jahr laut Tabelle 2.3 um 6% steigern. Die aktuelle Anzahl der Trainingsstunden beträgt also 318.

Es ist auch möglich, den Trainingsumfang grundsätzlich von Jahr zu Jahr um 10 bis 25 % zu steigern. Dies funktioniert ganz gut bei Sportlern, die in unmittelbarer Vergangenheit zwar nicht viel trainiert haben, aber wissen, daß Ihr Körper einen derartigen Anstieg problemlos verkraften kann. Ich empfehle jedoch niemandem, der mehr als 400 Stunden pro Jahr trainiert, den Umfang von einem Jahr zum anderen um mehr als 15 % zu steigern.

Zeitbegrenzungen

Eine dritte Methode zur Bestimmung der Jahrestrainingsstunden – vor allem wenn Ihnen pro Woche nur eine begrenzte Zeit zum Training zur Verfügung steht – ist, die Ihnen wöchentlich zur Verfügung stehende Trainingszeit mit 52 Wochen zu multiplizieren, um die Anzahl der Jahrestrainingsstunden zu errechnen. Da Sie sich an Zeitrichtlinien halten müssen, besteht keine Notwendigkeit zur Steigerung der Trainingszeit. Diese Methode funktioniert nur dann gut, wenn die Ihnen zur Verfügung stehende Trainingszeit Ihren Trainingsumfang des Vorjahres um nicht mehr als 10% übersteigt.

Andere Verpflichtungen, wie z.B. Schule oder Beruf, Familie, soziale oder politische Aktivitäten, spielen bei der Festlegung Ihrer Trainingsbelastung ebenfalls eine Rolle. Es ist eine gute Idee, eine Prioritätenliste dieser Verpflichtungen aufzustellen und dann zu sehen, wie das Training in diese Liste eingepaßt werden kann. Es wäre z.B. unrealistisch, das Training vor den Beruf und die Familie zu stellen, wenn diese Aktivitäten Zeit beanspruchen, die für das Training einfach nicht zur Verfügung steht.

Trainingsumfänge von Spitzensportlern

Eine andere Überlegung bei der Bestimmung des richtigen Trainingsumfangs ist der in der betreffenden Sportart von Spitzenathleten erreichte Standardtrainingsumfang. Wenn Spitzenläufer über die 10-km-Distanz nur 500 Stunden pro Jahr trainieren, wäre es wahrscheinlich unangemessen und nicht leistungsförderlich für einen unerfahrenen Sportler, mehr zu trainieren (es sei denn, das Training ist Selbstzweck, und Wettkämpfe sind zweitrangig). In Kapitel 6 werden Trainingsumfänge für verschiedene Stufen des Engagements und der Erfahrung in allen Ausdauersportarten vorgestellt, so daß Sie ein angemessenes oberes Limit Ihrer Jahrestrainingsstunden festsetzen können. Ausdauersportler, die auf zehn oder mehr Trainingsjahre zurückblicken, können ihre Gesamt-Jahrestrainingsstunden etwas zurückdrehen und dafür den Prozentsatz hochintensiven Trainings erhöhen. Es kann jedoch durchaus sein, daß dies nicht auf alle erfahrenen Sportler zutrifft; jeder muß dies individuell für sich herausfinden.

Wenn Sie Trainer sind, kann die hier vermittelte Information die Grundlage jedes von Ihnen gestalteten Trainingsplans sein. Ein Vorteil bei der Planung nach dieser Methode ist, daß jede Variable, wie z.B. Ziel der jeweiligen Trainingseinheit, Prozentsatz der Jahrestrainingsstunden pro Trainingseinheit, Wochenmuster, Periodisierung innerhalb eines Zyklus und die Gesamtzahl der Jahrestrainingsstunden, jederzeit anderen Sportlern oder Trainingszielen angepaßt werden kann, und Sie können deutlich sehen, wie diese Änderungen das Gesamtprogramm verändern. Wenn ein Sportler z.B. ein Trainingsprogramm mit 550 Jahrestrainingsstunden beginnt und nach zwei Monaten zu der Erkenntnis gelangt, daß dieses Ziel aufgrund seiner familiären Verpflichtungen unrealistisch ist, können die Jahresstunden, ohne das Konzept des Gesamtprogramms zu zerstören, geändert werden.

Der richtige Inhalt für jede Trainingseinheit

Die nächsten Schritte zur Vervollständigung des Trainingsplans beinhalten die Auswahl des passenden Inhalts und der richtigen Intensität für jede geplante Trainingseinheit. Hierbei müssen mehrere Variablen berücksichtigt werden. Wie Sie eine bestimmte Trainingseinheit absolvieren, ist von folgenden Faktoren abhängig:

1. Ihrer Trainingsphilosophie,
2. Ihrem Erfahrungshintergrund,
3. vorhandenen Trainingsanlagen,
4. Verletzungen oder Behinderungen,
5. Ihrem aktuellen psychischen Zustand,
6. Ihrer Regeneration nach vorangegangenen Trainingseinheiten und
7. der Spezifizität sowie den technischen Anforderungen der betreffenden Trainingseinheit.

Das systematische Training gibt Ihnen die Möglichkeit, innerhalb eines vorgegebenen Rahmens kreativ zu sein. Dies kommt Ihrer persönlichen Trainingsphilosophie und Ihren Vorstellungen von den übergreifenden und spezifischen Aspekten des Plans entgegen. Wenn Sie mit einem bestimmten Krafttrainingsprogramm gute Erfahrungen gemacht haben, dann spielt dies bei der Entscheidung, welche Arten und Methoden des Krafttrainings Sie in Ihren Plan aufnehmen, eine wichtige Rolle. Ebenfalls kann es sein, daß Sie keinen Zugang zu Krafttrainingsanlagen oder -geräten haben und daher mit einem Circuittraining bei sich zu Hause vorlieb nehmen müssen.

Verletzungen und Behinderungen bestimmen über die Art der Trainingsbelastungen in einer bestimmten Saison. So ist ein Läufer mit einer Zerrung im Bereich der hinteren Oberschenkelmuskulatur gut beraten, im Wasser zu trainieren, wobei er eine für das Laufen im Wasser speziell konstruierte Auftriebsweste tragen sollte.

Eine Vielzahl von Inhalten bzw. Aktivitäten, die zum richtigen Zeitpunkt im Trainingsprozeß eingesetzt werden, können verhindern, daß es zu Langeweile oder einem psychischen Ausbrennen kommt. So ist es z.B. sinnvoll, nach einer besonders anstrengenden Trainingswoche eine Aerobic-Einheit einzulegen, ein

Wasserballspiel durchzuführen oder an einer Panoramawanderung teilzunehmen. Training sollte Spaß machen und abwechslungsreich sein.

Eine weitere Überlegung bei der Planung jeder Trainingseinheit ist die Erholung nach vorangegangenen Trainingseinheiten. Hin und wieder kann es notwendig sein, zwischen zwei harte sportartspezifische Trainingseinheiten eine nichtsportartspezifische Trainingseinheit einzuschieben, um eine völlige Erholung zu erreichen.

Schließlich müssen die Trainingseinheiten die Notwendigkeit der Spezifität des Trainings für eine bestimmte Sportart reflektieren. So kann ein Skilangläufer einige Trainingseinheiten auf Rollerskiern absolvieren und während anderer Einheiten laufen. Es ist am besten, für jede Trainingseinheit eine spezielle Aktivität oder Bewegungsart zu planen; Abweichungen vom ursprünglichen Plan sollten aufgezeichnet werden, um für die spätere Planung genutzt werden zu können. Es gibt viele Wege, ein Trainingsziel zu realisieren, und gerade hierin liegen das Kreativitätspotential und die Möglichkeit, neue Informationen umzusetzen.

Intensität

Im Hinblick auf die Zuordnung von Intensitätsgraden ist der wichtigste Punkt, den Sie verstehen müssen, daß jede Trainingseinheit ein spezifisches physiologisches Ziel hat, das von der Intensität abhängt. So müssen z.B. Überdistanz- bzw. ÜD-Trainingseinheiten mit einer Intensität zwischen 55 und 65 % der maximalen aeroben Kapazität (VO_2max) absolviert werden. Die Intensität einer ÜD-Trainingseinheit kann anhand der Herzfrequenz oder Ihrer subjektiven Belastungswahrnehmung kontrolliert werden. Es ist wichtig, die Bedeutung der Intensität für jede Trainingseinheit zu verstehen und sich an die jedem Intensitätsgrad zugrundeliegenden Regeln zu halten. (Die Intensität wird in den Kapiteln 4 und 5 detaillierter erläutert.)

Eine gute Grundlage

Es ist notwendig, das Trainingsjahr unter dem Aspekt von Zielen wie z.B. Leistung, körperliche Vorbereitung, technische Vorbereitung, Taktik, psychische Vorbereitung sowie Tests und Normwerten zu sehen. Die systematische Planung des Trainingsjahres ermöglicht Ihnen die Anwendung fundierter physiologischer Prinzipien in Verbindung mit vorangegangenen Erfahrungen, so daß Sie einen Weg planen, der zur für Sie bestmöglichen Fitneß und einer verbesserten Leistung führt. Die in diesem Kapitel dargelegten Schritte dienen als grundlegende Struktur jedes von Ihnen zu entwickelnden systematischen Trainingsplans. Das systematische Training beinhaltet auch ein Format oder eine Schablone zur Messung und Korrektur der Ergebnisse eines bestimmten Trainingsplans. Die folgenden Kapitel helfen Ihnen, die Lücken zu füllen, indem Informationen über die grundlegenden physiologischen Prinzipien sowie Methoden der Kontrolle der von Ihnen entwickelten Trainingspläne vorgestellt werden. Kapitel 6 wurde nach dem Vorbild eines Arbeitsbuchs geschrieben, so daß Sie unter Anwendung dieser Richtlinien Ihre eigenen Trainingspläne entwickeln können.

3

PHYSIOLOGISCHE PRINZIPIEN DES SYSTEMATISCHEN TRAININGS

Systematisches Training ist am effektivsten, wenn man sich an bestimmte physiologische Prinzipien hält. In Kapitel 2 wurde die Basisstruktur eines systematischen Trainingsplans umrissen. Dieses Kapitel wird Ihnen helfen, die Beziehungen zwischen verschiedenen Schlüsselfaktoren zu verstehen, die bei der Planung des Gesamtplans zu berücksichtigen sind.

Jahrestrainingsetappen

Ich habe mich entschieden, den systematischen Trainingsplan für jede Wettkampfsaison in fünf Etappen zu gliedern. Das Konzept der fünf Trainingsetappen ist ideal, wenn Sie sich auf eine oder zwei Wettkampfetappen pro Jahr vorbereiten. Wenn Sie jedoch eine kürzere Trainingssaison als Vorbereitung für eine Wettkampfphase planen, sollten Sie ebenfalls das Konzept der fünf Trainingsetappen übernehmen und auf Ihre Pläne übertragen.

Bei den fünf Etappen handelt es sich um die Grundlagenetappe, die Intensitätsetappe, die Etappe der Topform sowie die Wettkampf- und die Erholungs-

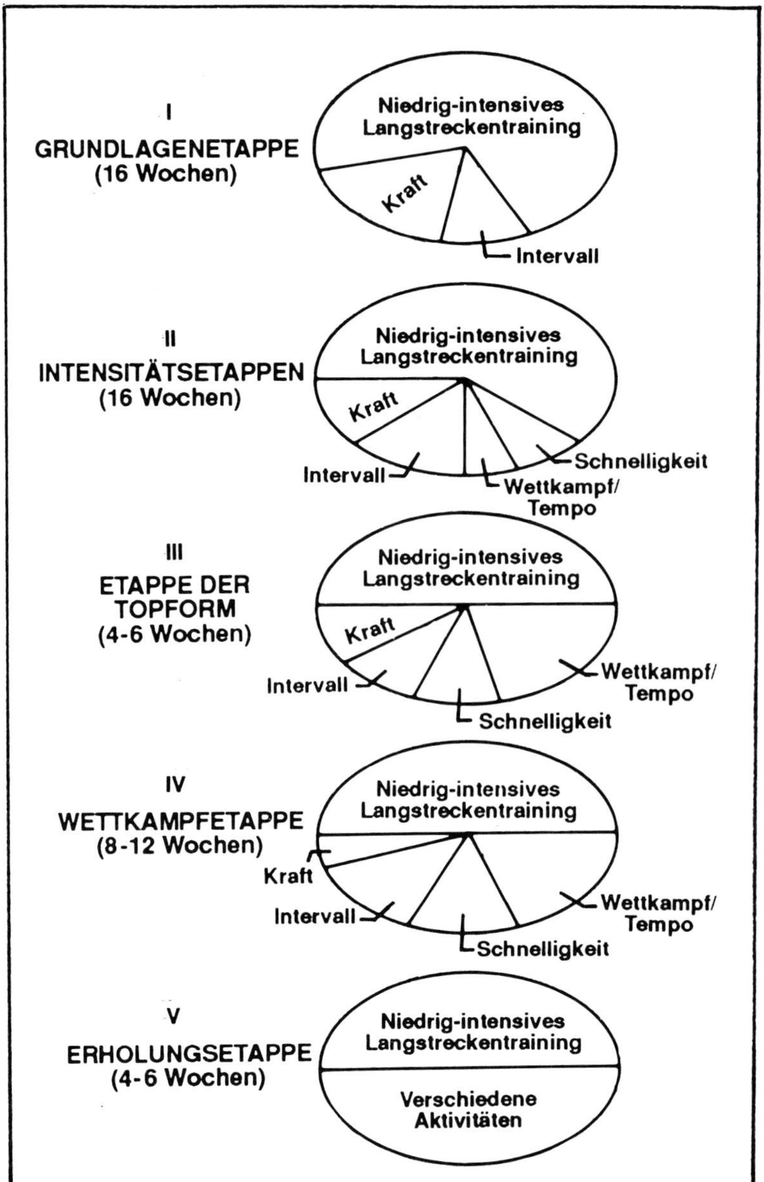

Abbildung 3.1: Während der fünf Trainingsetappen des Jahres im Mittelpunkt stehende Trainingskomponenten

etappe. Jede Etappe stellt unterschiedliche physiologische, neuromuskuläre und psychologische Entwicklungsphasen dar, die für die systematische Entwicklung Ihrer Kondition notwendig sind. In Abbildung 3.1 werden die Charakteristika jeder Etappe in Form des Prozentsatzes jeder Trainingskomponente vorgestellt. Idealerweise besteht ein feiner Unterschied zwischen aufeinanderfolgenden Etappen, wobei der Trainingsumfang und -schwerpunkt sich von Trainingszyklus zu Trainingszyklus verändern.

Im folgenden wird ein Überblick über die fünf Trainingsetappen gegeben. Wenn Sie sie verstehen, wird dies Ihnen helfen, sich für die notwendigen Trainingskomponenten jeder Etappe Ihres Plans zu entscheiden. Darüber hinaus können Sie die in diesem Zusammenhang verwendete Terminologie übernehmen und auf diese Weise Ihr Trainingsvokabular erweitern.

Etappe I: Grundlage (aerobe Aufbauphase)

Die Grundlagenetappe sollte 20 Wochen umfassen, wenn Sie eine Wettkampfsaison pro Jahr planen, acht bis zehn Wochen, wenn Sie zwei Wettkampfperioden planen, und etwa vier Wochen, wenn Sie ein kürzeres Trainingsprogramm oder mehrere Kurzprogramme pro Jahr planen. Die dominierenden Merkmale der Grundlagenetappe sind die Ausbildung der aeroben Kapazität mit einem hohen Prozentsatz an Überdistanz- und Ausdauerarbeit sowie ein allgemeines und sportartspezifisches Krafttraining. Während der ersten 75 % dieser Etappe spielen Training im Renntempo, Intervallarbeit und Schnelligkeitstraining entweder gar keine oder eine nur unbedeutende Rolle. Erst im Verlaufe der letzten Woche dieser Etappe wird der Prozentanteil dieser Trainingskomponenten allmählich erhöht.

Aerobe Ausbildung

Die wichtigsten Gründe für das Schaffen einer soliden aeroben Grundlage in dieser Etappe sind die Verbesserung der Mechanismen der Energiebereitstellung und des Sauerstofftransports. Es wird empfohlen, einen hohen Prozentsatz (60 bis 70 %) des Gesamttrainingsumfangs während der Grundlagenetappe dem ÜD- und lockeren Ausdauertraining zu widmen. Hierauf wird detailliert in Kapitel 4 eingegangen. Koivisto, Hendler und Nadel (1982) haben gezeigt, daß eine Verbesserung der Fettverbrennung durch ein regelmäßiges Training im Bereich von 55 bis 60 % der VO_2max zu erreichen ist. Ein Training von derartiger Intensität und Dauer führt ebenfalls zu einer Steigerung der Muskelkapillardichte sowie der Mitochondrienzahl und -effizienz. Diese Veränderungen bewirken, daß der Sauerstofftransport sowie die Energieausnutzung auf Zellebene verbessert werden. Diese Anpassungen werden im Detail ebenfalls in Kapitel 4 erläutert.

Kraft

Die Grundlagenetappe bietet die Möglichkeit, ein allgemeines sowie sportartspezifisches Krafttraining durchzuführen. Abhängig von Ihren persönlichen Voraussetzungen sollten etwa 10 bis 20 % des Gesamttrainingsumfangs in dieser Etappe dem Krafttraining gewidmet sein.

In den meisten Sportarten spielt die Muskelkraft nur eine untergeordnete Rolle. Eine grundlegende Anforderung aller Ausdauersportarten ist die Fähigkeit der Muskeln, sich während eines Rennens in rascher Folge kraftvoll und schnell zu kontrahieren. Schwerer fällt die Antwort jedoch auf die Frage nach Umfang und Art des Krafttrainings im Gesamtplan.

Das primäre Ziel des Krafttrainings während der Grundlagenetappe ist, die Muskeln so dosiert zu belasten, daß es zu einer Anpassungsreaktion kommt. Wenn es zu einer Anpassung gekommen ist, müssen die Belastungen erhöht werden. Charakteristischerweise wird die Muskelkraft verbessert, wenn die Belastungen höher sind als zwei Drittel der Maximalkraft.

Es gibt viele Methoden zur Steigerung der Kraft. Krafttrainingsmaschinen, Hanteln, körperbildende Übungen, Plyometrie (reaktives Krafttraining) sowie das Training mit Gummibändern tun gute Dienste. Generell kann gesagt werden, daß die meisten Krafttrainingsübungen die Wettkampfbewegungen simulieren sollten, wobei es zu einer Kräftigung der sportartspezifischen Muskeln und des Bindegewebes kommt. In der Grundlagenetappe ist es jedoch nicht so wichtig, daß die Kraftübungen sportartspezifisch sind. Physiologische Aspekte des Krafttrainings werden detaillierter in Kapitel 4 erläutert. Konkrete Krafttrainingseinheiten und Empfehlungen für jede einzelne Sportart werden im Anhang A aufgeführt. Lesen Sie hier nach, wenn Sie sich über sportartspezifische Krafttrainingsprogramme informieren wollen.

Etappe II: Intensität

Die Intensitätsetappe sollte 16 Wochen lang sein, wenn Sie eine Wettkampfperiode einplanen, vier bis acht Wochen, wenn Sie zwei Wettkampfperioden pro Jahr planen, und nur vier Wochen, wenn Sie ein kürzeres Programm planen.

In dieser Etappe werden die Trainingsbelastungen sowohl im Hinblick auf den Umfang (in Stunden) als auch hinsichtlich der Intensität in Form von spezifischem Schnelligkeitstraining, Intervalltraining, Training im Renntempo und Vertikalintervallbelastungen erhöht. Es wird empfohlen, einen hohen Prozentsatz des

Gesamttrainingsumfangs dieser Etappe (50 bis 60 %) als aerobes Training mit niedriger Intensität zu planen (Überdistanz- und lockeres Ausdauertraining), um die früher erarbeitete aerobe Grundlage zu erhalten. Grundsätzlich gilt jedoch für diese Etappe, daß hochintensivem Training mehr Zeit gewidmet wird als in der Grundlagenetappe. Intervalltraining, Training im Renntempo und Schnelligkeitstraining verbessern die Fähigkeit des Körpers, hochintensive Belastungen über längere Zeiträume zu tolerieren, was eine Grundanforderung von Ausdauerwettkämpfen ist. Der Umfang dieser hochintensiven Komponenten muß in dieser Etappe allmählich erhöht werden, so daß der Körper sich entsprechend anpassen kann. Diese Trainingskomponenten werden eingehender in Kapitel 4 besprochen.

Leichtes Schnelligkeitstraining gewöhnt den Körper an ein hohes Tempo und versetzt den Läufer allmählich in die Lage, sich in einem Tempo, das höher als sein Wettkampftempo ist, koordiniert zu bewegen. Intervallarbeit in flachem sowie hügeligem Gelände ermöglicht Ihnen, ein subjektives Gefühl von der „Schwelle" (siehe hierzu Näheres in Kapitel 5) auszubilden und in einem hohen Intensitätsbereich zu trainieren, ohne jedoch die Kontrolle zu verlieren und die Schwelle zu überschreiten. Im weiteren Verlauf der Intensitätsetappe werden zunehmend Trainingseinheiten im Renntempo und Vorbereitungsrennen in das Programm aufgenommen. Diese Kontrollbelastungen bilden den Maßstab zur Messung des Leistungsfortschritts und geben dem Trainer Hinweise zur Beseitigung technischer und psychologischer Mängel lange vor Beginn der Wettkampfsaison.

Wichtig ist, daß die Belastung bei Tempotrainingseinheiten während der Intensitätsetappe nicht maximal ist. Sie sollten vielmehr versuchen, diese Trainingseinheiten unter Anpassung an Ihren aktuellen Fitneßstand zu absolvieren und sowohl psychisch wie auch emotional die Kontrolle über sich zu behalten. Zu viele Läufe mit hoher Intensität zu Beginn der Saison können zu einem verfrühten Leistungshöhepunkt und Ausbrennen führen. Tempotrainingseinheiten mit einem spezifischen Zweck, wie z.B. dem Ausprobieren einer neuen Taktik der Flüssigkeitseinnahme während des Laufs, eines neuen Aufwärmprogramms oder dem Testen neuer Ski, sind eine gute Vorbereitung für die kommende Wettkampfsaison.

Etappe III: Etappe der Topform

Im amerikanischen Sprachgebrauch wird diese Etappe von Trainern und Athleten mit *peaking*, *tapering* oder *sharpening* bezeichnet. All diese Begriffe sind synonym. Diese Etappe (normalerweise vier bis acht Wochen lang) ist durch eine Abnahme des Trainingsumfangs, verglichen mit der Intensitätsetappe, gekennzeichnet. Die Intensität bestimmter Trainingskomponenten, wie z.B. Schnelligkeitstraining, Intervalltraining und ein bis zwei Tempotrainingseinheiten, ist charakteristischerweise sehr hoch, um die Bewegungstechnik und die Energiebereitstellung bei hohen Geschwindigkeiten zu verfeinern. Gleichzeitig sind etwa 50 % des Gesamttrainingsumfangs aerobe Belastungen mit niedriger Intensität (ÜD- und lockeres Ausdauertraining), um die aerobe Grundlage zu behalten. Ein weiterer Schwerpunkt der Etappe der Topform ist eine ausreichende Wiederherstellung bzw. Regeneration, so daß der Organismus völlig ausgeruht ist und sich die Energiespeicher vor harten Wettkämpfen komplett wiederauffüllen können. Die Wiederherstellung wird ausführlich in Kapitel 10 erläutert.

Etappe IV: Wettkampfetappe

Idealerweise wurde der Plan erfolgreich ausgeführt, und Sie sind in dieser Etappe in optimaler Wettkampfform. In Abhängigkeit von Ihnen selbst und dem Design Ihres Trainingsplans dauert die Etappe der Top-Wettkampfform und der Top-Wettkämpfe zwischen acht und 16 Wochen. In einigen Sportarten, wie z.B. dem Radsport, kann die Wettkampfsaison etwas länger dauern, was sich im Gesamtplan niederschlagen muß. Etwa 50 % der Gesamttrainingszeit in dieser Etappe sind ÜD-Training, um die aerobe Grundlage beizubehalten und eine aktive Erholung zu gewährleisten. Intervalltraining macht weitere 10 bis 15 % des Gesamttrainings aus, Schnelligkeitstraining 10 %, und die restliche Zeit ist Wettkämpfen gewidmet. Die Rennen sind physiologisch sehr anspruchsvoll. Dies zusammen mit dem Reisestreß, den Ernährungsveränderungen und den psychischen Umstellungen stellt eine extreme Belastung für Sie dar. Es ist daher sehr wichtig, daß Sie während dieser Etappe sehr viel Wert auf ein aktives Erholungs- und Wiederherstellungsprogramm legen. (In Kapitel 10 finden Sie spezifische Hinweise zu geeigneten Erholungsmethoden.)

Etappe V: Erholungsetappe

Es wird empfohlen, nach einer Wettkampfperiode vier bis acht Wochen der aktiven Erholung zu widmen. Diese Etappe ist charakterisiert durch einen reduzierten Trainingsumfang und eine niedrige Belastungsintensität. Der Schwerpunkt liegt auf alternativen Trainingsmethoden auf unterschiedlichem Terrain. Von Vorteil ist es auch, von Zeit zu Zeit einige Mannschaftssportarten in das Programm aufzunehmen, wie Fußball oder Volleyball, um die Routine aufzulockern. Diese Vorgehensweise ist besonders für junge Athleten sehr geeignet. Entscheidend ist, daß das Training in dieser Etappe weniger strukturiert und variantenreich ist.

Trainingsspezifität

Jede Sportart setzt den Körper unterschiedlichen physiologischen, biomechanischen und psychologischen Anforderungen aus. Ausdauersportarten wie Laufen, Triathlon, Radfahren, Schwimmen, Aerobic, Wandern und Skilanglauf stellen hohe Anforderungen an einen effizienten aeroben und anaeroben Stoffwechsel sowie die Kraft und die neuromuskuläre Koordination, die für eine effiziente Technik notwendig ist. Jede Sportart stellt unterschiedliche technische oder biomechanische Anforderungen, denen Sie gerecht werden müssen, um eine hohe Bewegungsökonomie zu entwickeln.

Bei der Auswahl der sportlichen Aktivität für Ihre Trainingseinheiten müssen Sie mehrere Faktoren gleichzeitig berücksichtigen: Technik, Kondition, Erholung, Verletzungsprophylaxe und psychische Frische. Die von Ihnen gewählte Trainingsart sollte der für Ihre Wettkampfdisziplin charakteristischen Tätigkeit sehr ähnlich sein. Ist dies der Fall, führen Zeit, Tempo und Geschwindigkeit der Trainingsaktivität zu sportartspezifischen Resultaten im Bereich der eingesetzten Stoffwechselbahnen und Energiesysteme, der rekrutierten Muskelfasertypen sowie der verschiedenen für die betreffende Aktivität eingesetzten Organe und Systeme. Wenn Sie z.B. ein Top-Triathlet werden wollen, aber nie im Wettkampftempo schwimmen, werden sowohl Ihre Zugmechanik als auch Ihre schwimmspezifische Kondition unterdurchschnittlich bleiben.

Es muß jedoch ein Gleichgewicht erreicht werden zwischen sportartspezifischem Konditions- und Techniktraining auf der einen und ausreichender Erholung, Verletzungsprophylaxe und Frische auf der anderen Seite. So setzt sich z.B. ein Läufer, der täglich auf hartem Asphalt trainiert, einem erhöhten Verletzungsrisiko und der Gefahr des Motivationsverlustes aus. Wenn der gleiche Läufer hin und wieder radfahren, skilanglaufen oder im Wasser laufen würde, würde er keine Kondition verlieren, aber seine laufspezifische Muskulatur und das Bindegewebe würden sich erholen, und der betreffende Sportler würde neue Motivation zur Erfüllung seines Trainingsplans sammeln. Cross-Training, unter dem man den Einsatz einer Vielfalt aerober Trainingsaktivitäten versteht, ist bei Ausdauersportlern sehr beliebt geworden. Triathleten haben erkannt, daß es von Vorteil ist, in drei Sportarten gleichzeitig ein hohes Fitneßniveau aufzuweisen, und viele behaupten, daß die Vielfalt der Trainingsaktivitäten die Trainingsbelastung sozusagen im Gleichgewicht hält und motivationssteigernd wirkt. Skilangläufer gestalten bereits seit langem ihr Training sehr vielseitig, indem sie während der schneefreien Zeit auf andere Aktivitäten als das klassische Skilaufen zurückgreifen (siehe Abbildung 3.2).

In der Grundlagenperiode fahren viele Spitzenläufer Fahrrad, laufen im Wasser, schwimmen oder betreiben Skilanglauf, um ihre „Laufmuskeln" zu re-

Abbildung 3.2: Rollerskitraining ist fast ebenso trainingswirksam wie das sportartspezifische Training im Schnee.

generieren, ihre allgemeine Ausdauer und Muskelkraft zu verbessern und ein psychisches Ausbrennen zu verhindern.

Auch unter Berücksichtigung dieser Faktoren ist es sehr wichtig, daß ein bestimmter Prozentsatz des Trainings hinsichtlich der Wettkampfanforderungen in der gewählten Sportart sehr spezifisch ist. Allgemein kann gesagt werden, daß es am besten ist, umso sportartspezifischer zu trainieren, je näher die Wettkampfsaison rückt, wobei die Sportartspezifität in der Intensitätsetappe am höchsten ist. Das aerobe Training der sportartspezifischen Muskulatur wird intensiviert. Vielleicht noch wichtiger ist die Verbesserung der neuromuskulären Koordination unter Berücksichtigung der sportartspezifischen Technik. In allen Ausdauersportarten, besonders im Radsport, Skilanglauf und Schwimmen, ist eine effiziente Technik entscheidend für die Verbesserung der Wettkampfleistung. Für den Skilangläufer heißt das beste Training: Skilaufen, Skilaufen und noch einmal

Skilaufen. Auch der Radfahrer sollte soviel Zeit auf dem Fahrrad verbringen wie nur eben möglich, besonders mit mehreren zusammen, um das Fahren in einer Gruppe zu erlernen und zu verfeinern. Schwimmer und Triathleten müssen die Biomechanik des Schwimmens verbessern, um ihre Effizienz zu steigern. Entscheidend ist, daß man ein intelligentes Cross-Training absolviert, wobei man die sportspezifischen Ziele stets im Auge behält und in der betreffenden Sportart unter Berücksichtigung der oben genannten Variablen so viel trainiert, wie angebracht erscheint.

Anpassung

Trainingsbelastungen führen zu um so subtileren Veränderungen, je mehr sich der Körper an diese Belastungen anpaßt. Zu diesen Trainingsanpassungen gehören eine verbesserte Durchblutung, Atem- und Herzfunktion, eine gesteigerte Muskelausdauer, -kraft und -schnellkraft sowie ein festeres Bindegewebe und stärkere Sehnen, Bänder und Knochen. Sportler, die gleich zu Beginn zuviel oder zu intensiv trainieren, erhöhen ihr Krankheits- und Verletzungsrisiko, indem sie ihren Körper überlasten, ohne daß dieser sich anpassen kann.

Physiologische Überlastung

Der Körper wird leistungsstärker, wenn die Organsysteme einer richtig dosierten äußeren Belastung ausgesetzt werden. Je mehr sich der Körper an das Training anpaßt, desto eher ruft eine gesteigerte Belastung weitere konditionelle Verbesserungen hervor. Dies bezieht sich auf die allmähliche Steigerung der Belastungsdauer und -intensität im Verlaufe der Grundlagen- und Intensitätsetappe, deren Ziel darin besteht, den Körper ausreichenden Anforderungen auszusetzen, um eine Leistungssteigerung hervorzurufen. Physiologische Ausdauer-Überlastungen ermöglichen den energiebereitstellenden und Sauerstofftransportsystemen, sich anzupassen. Im Falle physiologischer Kraft-Überlastungen vermehrt sich das kontraktile Protein in den Muskeln.

Progression und Periodisierung

Der Körper paßt sich physiologischen Überlastungen gut an, wenn die Belastungsprogression stimmt. Wenn allerdings die Trainingsbelastung zu schnell zu sehr gesteigert wird, kann der Organismus sich nicht anpassen und leistungsfähiger werden – im Gegenteil, er wird schwächer, bis es letztendlich zu einem

Zusammenbruch kommt. Bei der Wahl der richtigen Progression müssen mehrere Faktoren berücksichtigt werden. Das wöchentliche Trainingsmuster und die Anzahl der Trainingseinheiten pro Woche, der in einem bestimmten Zyklus eingesetzte Prozentsatz des jährlichen Gesamttrainingsumfangs, die Lage der Wettkampfsaison, das prozentuale Verhältnis zwischen niedrig- und hochintensiven Trainingseinheiten und das Periodisierungsmuster eines bestimmten Zyklus – all dies beeinflußt die Anpassungsfähigkeit des Körpers.

Die Progression von Woche zu Woche und von Zyklus zu Zyklus braucht kein stetiger Anstieg der Trainingsdauer und -intensität zu sein. Beim Periodisierungsmuster eines bestimmten Zyklus sollte es sich um eine stufenförmige Progression handeln, wobei der Körper während der ersten drei Wochen physiologisch überlastet wird und sich hieran eine Woche mit verringertem Trainingsumfang und reduzierter Trainingsintensität anschließt (siehe Abbildung 3.3).

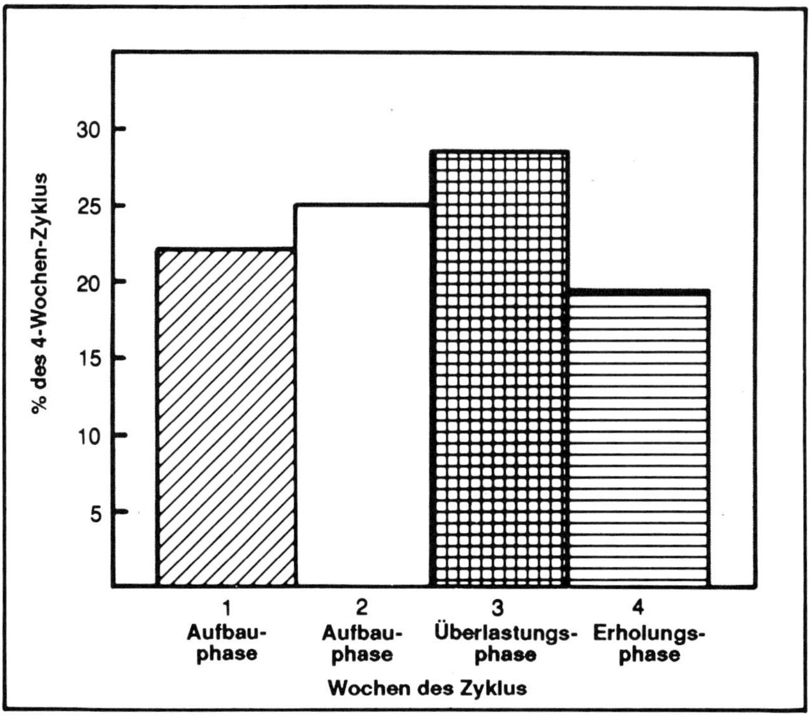

Abbildung 3.3: Periodisierung der Aufbau-, physiologischen Überlastungs- und Erholungsphase in einem vierwöchigen Trainingszyklus

Auch sollte eine Progression des Trainingsumfangs und der Trainingsintensität von Zyklus zu Zyklus stattfinden, wobei die Organsysteme ganz allmählich einer physiologischen Überlastung ausgesetzt werden. Die Anwendung der Progression im Training bedeutet, sich ein wenig mehr Zeit für den allmählichen Aufbau der Kondition zu nehmen, aber es fällt dem Körper bei dieser Vorgehensweise erheblich leichter, sich anzupassen, als dies bei einem aggressiven Vorgehen der Fall wäre.

Sportler, denen nur eine begrenzte oder stets gleichbleibend lange Trainingszeit zur Verfügung steht, sollten das Periodisierungsmuster innerhalb eines Zyklus verändern. Wenn Sie z.B. pro Woche eine bestimmte Trainingszeit einfach nicht überschreiten können, trainieren Sie z.B. jede zweite Woche oder in der letzten Woche des betreffenden Zyklus etwas weniger umfangreich, um eine angemessene Erholung zu gewährleisten.

Eine langfristige, mehrere Jahre umfassende Trainingsprogression führt zu beträchtlichen Leistungsverbesserungen. Die meisten Ausdauersportler der Spitzenklasse erreichen ihr höchstes Leistungspotential erst nach mehreren Trainings- und Wettkampfjahren. Eine allmähliche physiologische Entwicklung, eine Verfeinerung der technischen Fertigkeiten, eine taktische Ausbildung sowie eine Persönlichkeitsentwicklung und Reifung sind Voraussetzungen für eine sich über Jahre hinziehende stetige Leistungsverbesserung. Die heutigen weltbesten Ausdauerathleten haben nicht mit einem Training von 700 Stunden pro Jahr begonnen. Sie begannen vielmehr ihr Training in jungem Alter und steigerten ihren Trainingsumfang um 5 bis 10 % pro Jahr, so daß die Entwicklung und Anpassung allmählich und damit positiv verlief.

4

EIN MODELLHAFTES SYSTEMATISCHES TRAININGS-PROGRAMM

Wie bereits in Kapitel 1 erwähnt, gibt es eine eigenständige Trainingssprache, die viele unterschiedliche Wörter, Phrasen und Definitionen enthält. Was das Training in den Ausdauersportarten anbelangt, so existieren viele unterschiedliche Dialekte. So kann z.B. der Begriff Intervalltraining für den einen etwas ganz anderes bedeuten als für den anderen.

Das systematische Planen und Durchführen von Trainingsprogrammen hat eine universale Übersetzerfunktion, obwohl dennoch leicht unterschiedliche Dialekte fortbestehen können (Abbildung 4.1). Der Grund hierfür ist, daß jeder geplanten Trainingseinheit eine spezifische Dauer und Intensität zugewiesen ist. Diese beiden Komponenten, kombiniert mit dem Wissen über die in der betreffenden Trainingseinheit eingesetzte Aktivität oder Sportart, rufen eine spezifische physiologische Reaktion hervor. Das Standardisieren von Trainingseinheiten durch die Angabe der Zeit und Intensität erlaubt Ihnen oder Ihrem Trainer auch eine Einschätzung des relativen Werts der betreffenden Trainingsmethode oder des eingesetzten Technikmusters. Umstellungen im Trainingsplan können schnell und auf einer sicheren Grundlage entweder während einer bestimmten Trainingsetappe bzw. einer -saison oder zu Beginn einer neuen Planungsphase erfolgen.

Abbildung 4.1: Trainingspartner diskutieren häufig über Trainingsmethoden. Manchmal scheinen sie jedoch unterschiedliche Sprachen zu sprechen. Das systematische Trainingssystem kann hier als Verbindungsglied dienen.

Obwohl das systematische Training selbst ein effektiver Übersetzer ist, wird die Sprache noch klarer, wenn die eigentlichen Trainingskomponenten definiert und die Gründe für ihren Einbau in den Trainingsplan während verschiedener Etappen des Jahres erläutert werden. Bei den Trainingskomponenten handelt es sich um

- Schnelligkeit,
- Ausdauertraining bzw. lockeres Training über lange Distanzen,

- Wettkampf- oder Tempotraining,
- Intervalltraining,
- Überdistanztraining bzw. ÜD-Training,
- Intervalltraining bergan bzw. Vertikalintervalltraining,
- Krafttraining.

(Anmerkung des Übersetzers: Die Initialen der entsprechenden englischen Begriffe *Speed, Endurance, Race, Interval, Overdistance, Up Interval* und *Strength* ergeben aneinandergereiht den Begriff SERIOUS, das vom Autor dieses Buches propagierte Training ist folglich SERIOUS TRAINING. Da sich im Deutschen weder diese Buchstabenspielerei nachvollziehen läßt, noch die wörtliche Übersetzung „ernsthaft" im Zusammenhang mit Training sinnvoll erscheint, wird hier durchgängig der Begriff „systematisches Training" für SERIOUS TRAINING verwandt.)

Diese sieben Trainingskomponenten, von denen jede im Hinblick auf relative Dauer, Intensität und technischen Zweck definiert werden muß, können dazu verwandt werden, jeden denkbaren Trainingsplan für einen Ausdauersportler zu gestalten. Ihr Einbau in einen systematischen Plan trägt zu einer deutlichen Reduzierung von Sprachbarrieren bei und beschleunigt den Lernprozeß. Wenn z.B. zwei Sportler systematisch trainieren und die oben aufgeführten klar definierten Trainingskomponenten in ihren Plänen verwenden, können sie effektiv über die unterschiedlichen Möglichkeiten, ein bestimmtes Ziel zu erreichen, diskutieren. Wenn Sie die Dauer und die Intensität einer Trainingseinheit kennen, verstehen Sie gleichzeitig ihren Zweck. Dies erhöht den Erfolg jeder Trainingseinheit.

Über Jahre hinweg haben Trainer, Physiologen und Athleten auf die eine oder andere Weise über die oben genannten Trainingskomponenten gesprochen. Im verbleibenden Rest dieses Kapitels wird jede dieser Komponenten hinsichtlich ihres physiologischen Zwecks sowie in bezug auf Dauer und Intensität definiert. Es wird versucht, die verschiedenen von anderen Personen verwendeten Synonyme zu beschreiben. Zusammen mit diesen Definitionen wird erläutert, wie jede Trainingsart tatsächlich durchgeführt wird und wie Sie die vorgestellten Konzepte auf die von Ihnen gewählte Sportart übertragen. Sportspezifische Hinweise zu jeder einzelnen Komponente finden Sie im Anhang C.

Schnelligkeit

Schnelligkeit ist das, worauf es beim Wettkampf letztlich ankommt. Wir müssen unsere Muskeln ausbilden, sich schnell zu bewegen (Abbildung 4.2). Sharkey (1984) definierte Schnelligkeit als die Kombination von Reaktionszeit (Zeitspanne vom Reiz bis zum Beginn der Bewegung) und Bewegungszeit (Zeit, die

Abbildung 4.2: Schnelligkeitsarbeit sollte ein Teil Ihres Gesamtplanes sein.

zur vollständigen Ausführung des betreffenden Bewegungsablaufs nötig ist). Anforderungen an die Schnelligkeit variieren je nach Aktivität.

Eine weitere die Schnelligkeit beeinflussende Variable ist der Muskelfasertyp. Jeder Mensch kommt mit einer bestimmten Anzahl schnellzuckender (fast twitch = FT) und langsam zuckender (slow twitch = ST) Muskelfasern auf die Welt. FT-Fasern verfügen über die Fähigkeit, bei Stimulation schnell zu kontrahieren und zu feuern. Diese Fasern ermöglichen schnelle Bewegungen. FT-Fasern ermüden bei maximaler Belastung jedoch relativ schnell, d.h., nach etwa zwei Minuten haben sich ihre Energiespeicher geleert. Allerdings bedarf es nur weniger Erholungsminuten, um diese Energiespeicher wieder zu füllen.

ST-Fasern verfügen über die Fähigkeit, sich über einen langen Zeitraum mit mäßiger Geschwindigkeit zu kontrahieren. Unter der Voraussetzung einer niedrigen Belastungsintensität dauert es Stunden, bevor diese Fasern ermüden. ST-Fasern schöpfen die zu ihrer Kontraktion notwendige Energie aus dem aeroben System der Energiebereitstellung. Sauerstoff gelangt ins Blut, wird zu den Muskelzellen transportiert, innerhalb der Muskelzellen im Rahmen der sog. Oxidation mit Glykogen (und freien Fettsäuren) gemischt, und schließlich wird Energie freigesetzt, so daß die Muskelfasern kontrahieren können. Dieser Zyklus kann über eine lange Zeit fortgesetzt werden, vorausgesetzt, daß ausreichend Brennstoff und Sauerstoff zur Verfügung stehen. Das aerobe System ist das für alle Ausdaueraktivitäten primär verwendete Energiesystem.

Es ist wichtig zu verstehen, daß die Muskulatur aus einer bestimmten Anzahl von FT- und ST-Fasern besteht. Der jeweilige Prozentsatz ist genetisch festgelegt und unveränderbar. Bei den meisten Menschen ist das Verhältnis der unterschiedlichen Muskelfasern mit jeweils 50 % ausgeglichen. Weltklasseausdauerathleten haben jedoch in der Regel einen größeren Prozentsatz an ST-Fasern. So führte Costill (1972) Muskelbiopsien durch und stellte fest, daß der Wadenmuskel amerikanischer Elite-Langstreckenläufer zu 90 % aus ST-Fasern besteht, während er bei Sprintern zu 90 % aus FT-Fasern besteht.

Es ist interessant, seine eigene Muskelfaserzusammensetzung zu untersuchen. Einige Hinweise könnten sein:

- Vertikalsprung: Wenn Sie 40 cm oder mehr aus dem Stand hochspringen können, ist der FT-Faseranteil in Ihren Oberschenkel- und Wadenmuskeln vermutlich höher als der ST-Faseranteil.
- Wenn Sie stets aus dem Tiefstart heraus der schnellste Sprinter sind, aber auf längeren Distanzen nicht so gut abschneiden, haben Sie vermutlich mehr FT-Fasern.
- Wenn Sie den ganzen Tag lang mit geringer Intensität laufen, radfahren, schwimmen oder wandern können, ohne zu ermüden, haben Sie wahrscheinlich einen höheren ST-Faseranteil.

Unabhängig von Ihrer Muskelfaserzusammensetzung können Sie Ihre FT-Fasern trainieren, schneller zu kontrahieren, über höhere energetische Vorräte zu verfügen und sich nach körperlichen Belastungen schneller zu erholen. Am wichtigsten ist, daß Sie Ihre Muskelfasern dazu bringen können, schneller zu kontrahieren. Die neuromuskulären Leitbahnen, die benötigt werden, um schnelle Bewegungen zu koordinieren, werden verbessert, wodurch fließende, entspannte und koordinierte Bewegungen ermöglicht werden. Gleichgültig, ob Sie nun einen Gegner im Wettkampf „stehen lassen“ oder nur einem bissigen Hund entgehen wollen, Sie müssen auf jeden Fall Schnelligkeitstraining in Ihren Plan aufnehmen.

Viele Trainer verwenden das Wort Schnelligkeit und meinen damit eine ganze Reihe von Trainingsarten. Mit Schnelligkeitstraining werden kurze (15- bis 30sekündige) Belastungswiederholungen bezeichnet; lange und kurze intensive Intervalle; Wettkampf- und Tempotraining; lockere und entspannte 200-m-Intervalle; und lockere 5sekündige Steigerungen (Beschleunigungsabschnitte) während Läufen über längere Distanzen.

In dem hier vertretenen Trainingssystem wird Schnelligkeitstraining als eine Belastung mit geringer Intensität verstanden. Die diesem Training pro Trainingseinheit gewidmete Zeit ist gering, entsprechend dem Prozentanteil der Schnelligkeitsarbeit am Gesamttrainingsumfang. Der Umfang des Schnelligkeitstrainings in einem bestimmten Zyklus hängt von der jeweiligen Jahresetappe und der Gesamtzahl der Trainingsstunden in dem betreffenden Jahr ab. Typischerweise beginnt das eigentliche Schnelligkeitstraining in den ersten Wochen der Intensitätsetappe und setzt sich während der Wettkampfetappe fort. Es ist jedoch ebenfalls wichtig, einen geringen Umfang an Schnelligkeitstraining in der Grundlagenetappe zu absolvieren. Ich meine mit Schnelligkeitstraining in der Grundlagenetappe vor allem Steigerungsläufe: Während langer, langsamer Ausdauerbelastungen werden alle 15 bis 20 Minuten 5- bis 8sekündige Beschleunigungsabschnitte eingebaut. Die Intensität dieser Einlagen ist niedrig, die Bewegung sollte jedoch mit hoher Frequenz und entspannter Muskulatur durchgeführt werden. Derartige Antritte werden idealerweise das ganze Jahr über absolviert.

Das eigentliche Schnelligkeitstraining muß stets von der richtigen mentalen Einstellung begleitet sein. Bilder in Sportmagazinen haben in uns den Eindruck entstehen lassen, als hätten alle Sprinter, die als erste ins Ziel kommen, verzerrte Gesichtszüge und geballte Fäuste. Derartige Photos suggerieren unglaublich harte Belastungen. Schnelligkeitsarbeit im Rahmen des Ausdauertrainings muß mit so wenig muskulärer Spannung wie möglich durchgeführt werden. Die richtige Bezeichnung sollte *lockeres Schnelligkeitstraining* sein. Ausdauersportler müssen in ihrem Körper nach einer Geschwindigkeitsreserve suchen und diese freisetzen, so wie der Bogenschütze den Pfeil von der Sehne schnellen läßt. Die neuromuskulären Mechanismen sind dann richtig eingestimmt und bereit, diese Geschwindigkeitsfreisetzung bei Bedarf zu wiederholen.

Die Rolle des Schnelligkeitstrainings als notwendiger Bestandteil von Ausdauertrainingsplänen läßt sich mittels einer Analogie beschreiben. Wir alle verfügen über neuromuskuläre Leitbahnen, die vom Gehirn zu den Muskeln verlaufen. Diese Bahnen können mit Pfaden durch eine Wiese verglichen werden. Wenn die Pfade häufig begangen werden, können sie nicht zuwachsen und bleiben frei. Wenn wir jedoch aufhören, diese Pfade zu benutzen, wachsen sie zu, und es wird schwierig, den Weg zu finden. Es ist daher wichtig, das ganze Jahr über die Schnelligkeit zu trainieren, um die bei der spezifischen Aktivität benötigten neuromuskulären Bahnen vom Gehirn zu den Muskeln zu entwickeln und „freizuhalten".

Charakteristischerweise bestehen Schnelligkeitstrainingseinheiten aus insgesamt 20 bis 45 Minuten dauernden 30- bis 60sekündigen Schnelligkeitsbelastungen niedriger Intensität, wobei zwischen den Einzelsprints 1 bis 2 Minuten dauernde Erholungspausen eingelegt werden. Das Entscheidende beim Schnelligkeitstraining ist, daß die Belastungen ohne übermäßige Muskelspannung absolviert werden. Lassen Sie sich sozusagen von Ihrem passiven Bewegungsapparat nach vorne bewegen, während Ihre Muskeln sich nur „einhängen". Erzwingen Sie nicht die Schnelligkeit, sondern setzen Sie sie ganz allmählich frei; verbessern Sie Ihre Schnelligkeit nur geringfügig jede oder jede zweite Woche. Zuerst sind ein wenig Konzentration und Disziplin nötig, aber es wird nicht lange dauern, bis Sie verstehen, worauf es bei lockerem Schnelligkeitstraining ankommt.

Ausdauertraining bzw. lockeres Training über lange Distanzen

Ausdauer wird definiert als die Fähigkeit, körperliche Belastungen über eine lange Zeit zu tolerieren. Alle Trainingspläne müssen ein bestimmtes Maß an Ausdauertraining beinhalten. In dem hier vertretenen Trainingssystem sind Ausdauertraining bzw. lockeres Training über lange Distanzen sowie ÜD-Training wichtige Komponenten zur Entwicklung und Aufrechterhaltung der aeroben Ausdauer. Diese Trainingskomponenten sind durch eine niedrige Belastungsintensität (siehe Kapitel 5) und eine beträchtliche Belastungsdauer charakterisiert (zwischen 30 und 60 Minuten im Falle von Ausdauertraining bzw. lockerem Training über lange Distanzen und zwischen 60 und 180 Minuten beim Überdistanztraining). Abhängig von der Jahresetappe ist ein mehr oder weniger hoher Prozentsatz des Gesamtjahrestrainingsumfangs (zusammen zwischen 50 und 80 %) dem Ausdauer- bzw. Überdistanztraining gewidmet: während der Grundlagenetappe ungefähr 80 %, danach geht der Anteil allmählich zurück, bis in der Wettkampfperiode ein Prozentanteil von 50 % erreicht wird. Lockere Ausdauerbelastungen dienen in der Regel dem Auf- oder Abwärmen vor bzw. nach intensiveren Belastungen, wie z.B. Intervall- oder Tempotrainingseinheiten, Vertikalintervalltraining oder Krafttrainingseinheiten. Allerdings können diese Trainingskomponenten auch eigenständige Trainingseinheiten sein. In diesem Falle beträgt die Gesamtdauer normalerweise nicht mehr als 60 Minuten, und die Belastungsintensität ist gering (siehe Abbildung 4.3).

Die Ausdauertrainingseinheiten für Ihre Sportart dienen vor allem der Entwicklung der aeroben Kapazität. Aerob bedeutet, daß die betreffende Belastung in Anwesenheit von Sauerstoff stattfindet, der dem Muskelgewebe über das kardiorespiratorische System zugeführt wird. Diese Belastungsart muß mindestens zehn Minuten dauern. Die gegenteilige Belastungform wird als anaerob bezeichnet, was „ohne Sauerstoff" bedeutet. Es kommt immer zu anaeroben Belastungen, wenn der Sauerstoffbedarf die Sauerstoffversorgung durch das kardiorespiratorische System übersteigt. Normalerweise besteht anaerobes Training aus kurzen, maximalen Belastungen, bei denen Milchsäure, ein Stoffwechselabbauprodukt, produziert wird. Milchsäure ist die Substanz, die, wenn sie in hoher Konzentration im System gebildet wird, zu Müdigkeit, Atemnot, Unbehagen sowie einem Gefühl von negativem Streß führen kann.

Ausdauertraining hat mehrere positive Auswirkungen. Es steigert die Fähigkeit Ihres Körpers, Sauerstoff zu verbrauchen (VO_2max), steigert die Größe und die Anzahl der Mitochondrien in den Muskelzellen (Mitochondrien sind die Kraftwerke der Muskelzellen), erhöht die Größe und Anzahl der Blutkapillaren und verbessert die Funktion der aeroben Enzyme des Kohlenhydrat- und Fettstoffwechsels. Diese Veränderungen werden ausführlicher im Rahmen der Diskussion des ÜD-Trainings und im von der Belastungsintensität handelnden Kapitel 5 behandelt. Kurz gesagt: Ausdauertraining verbessert die Fähigkeit Ihres Körpers, die Nährstoffe zu Ihren Muskeln zu transportieren, so daß diese sich anpassen, stärker werden und letztendlich besser für langdauernde Belastungen geeignet sind.

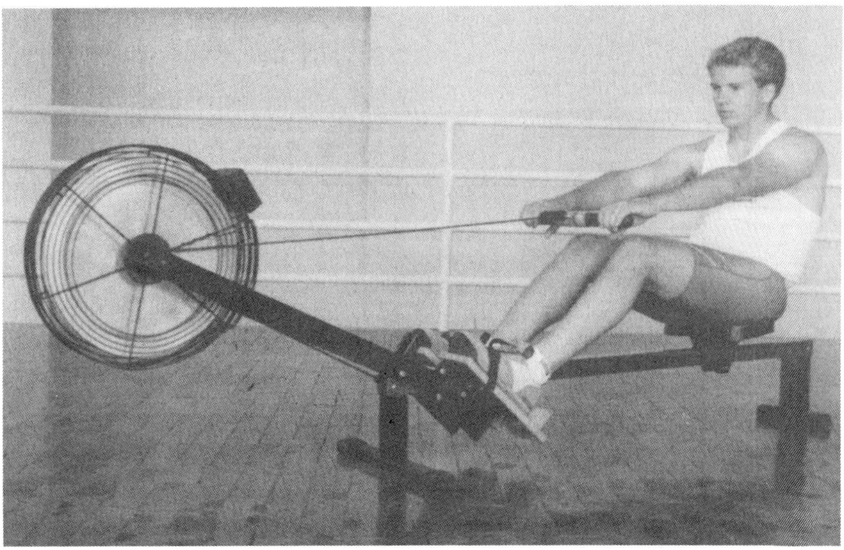

Abbildung 4.3: Ausdauertraining bzw. lockeres Training über lange Distanzen ist eine gute Gelegenheit, ein Cross-Training mit alternativen Aktivitäten auszuprobieren, wie z.B. Rudern auf einem Concept II Ruderergometer.

Wettkampf-/Tempotraining

Rennen sind Gelegenheiten, die Resultate des systematischen Trainings zu überprüfen. Wettkämpfe sind unabhängig von ihrer Größe, Art, ihrem Ort und dem

Zeitpunkt ihrer Durchführung Möglichkeiten, sich seiner eigenen Fähigkeiten zu vergewissern. Sie sind der Höhepunkt des Trainingsprozesses und anstrebenswerte Ziele – und beim Hinarbeiten auf diese Ziele lernen Sie viel über sich selbst und Ihre Fähigkeiten (Abbildung 4.4).

Abbildung 4.4: In Wettkämpfen können Sie die Effektivität Ihres Plans testen. Es ist jedoch wichtig, immer noch lächeln zu können!

Während der Grundlagenetappe, Intensitätsetappe und der Etappe der Topform unmittelbar vor der Wettkampfperiode sollten einige Wettkampf-/Tempoeinheiten eingeplant werden. Diese Trainingseinheiten haben die Funktion eines Maßstabs zur Bestimmung der Effektivität und der Progression des Trai-

ningsplans. Tempoeinheiten, Kontrollbelastungen und organisierte Wettkämpfe dienen diesem Zweck. Sie tragen auch zur Aufrechterhaltung der Motivation für das Training vor der Wettkampfperiode bei und ermöglichen Ihnen, eventuell noch vorhandene Mängel in der Technik, der Ausrüstung und der Taktik zu korrigieren.
Der wesentliche Punkt dieser frühen Wettkampf- und Tempoeinheiten besteht darin, daß sie Ihnen helfen, das Tempo zu bestimmen, daß Sie auf Basis Ihres aktuellen Fitneßstandes zu bewältigen in der Lage sind. Es ist sehr wichtig, daß Sie den Unterschied zwischen einem maximalen Einsatz und dem Einsatz, den Ihnen Ihr aktueller Fitneßgrad ermöglicht, verstehen. Ein *maximaler Einsatz* ist ein nicht mehr steigerbarer Einsatz, der in der Wettkampfperiode gefordert wird. Der *aktuelle Fitneßzustand* setzt voraus, daß Sie noch dabei sind, Ihre Kondition aufzubauen und daß Ihr Körper noch nicht bereit für eine maximale Ausbelastung ist.

Wettkampf-/Tempoeinheiten sollten in der im Jahresplan vorgeschriebenen Intensität und Zeit absolviert werden. Alle Wettkampf-/Tempoeinheiten, vor allem in den Phasen vor der Wettkampfperiode, sollten kontrolliert absolviert werden; der Streß sollte dabei niedrig sein, und Sie sollten bemüht sein, durch diese Einheiten mehr über Ihren konditionellen Zustand zu erfahren. Sie sollten sich auf fließende Bewegungen konzentrieren und auf die innere Stimme Ihres Körpers hören. Diese Kontrollbelastungen können sehr aufschlußreich sein. Sie können dazu dienen, Einsatz und Effektivität zahlreicher Faktoren zu testen: Technik, Veränderungen in der Ausrüstung, bestimmte taktische Maßnahmen, Ernährungsprogramme, Vorwettkampfmahlzeiten, Konzentration und natürlich Ihren konditionellen Zustand.

Eine Methode, seinen konditionellen Zustand zu testen, liegt darin, den gleichen, vermessenen Kurs (vielleicht die Hälfte Ihrer Wettkampfdistanz – dies ist abhängig von der Länge der geplanten Rennen und der Trainingsetappe) jede dritte oder vierte Woche zu absolvieren. Absolvieren Sie den Kurs mit einer vorherbestimmten Intensität (die Herzfrequenzkontrolle ist hier gut geeignet) und messen Sie die benötigte Zeit, um Ihre Steigerungsrate zu kontrollieren. Laufen Sie während der anderen Wochen unterschiedliche Strecken, und achten Sie dabei mehr auf Ihre subjektiven Gefühle als auf Zeit und Distanz. Die bei diesen Kontrollbelastungen erreichten Zeiten variieren in Abhängigkeit von der Trainingsetappe, in der Sie sich gerade befinden.

Wenn Sie Ihre Wettkampferfolge verbessern wollen, sind folgende Faktoren entscheidend: effiziente Bewegungen, Kontrolle und Selbstdisziplin sowie das Wissen, das Sie gewinnen, wenn Sie in Ihren Körper hineinhorchen. Die besten Ausdauerathleten blicken auf viele Wettkampfjahre zurück. Das, was sie gelernt haben, ist ein Resultat vieler Trainingsstunden, des Versuch-und-Irrtum-Prinzips und der systematischen Leistungsanalyse durch Selbstbesinnung.

Intervalle

Die Trainingssprache zur Beschreibung von Intervallen ist variabel und uneinheitlich. Im Rahmen des hier vertretenen Trainingssystems werden unter Intervallen wiederholte Belastungen von 1 bis 10 Minuten Dauer und von hoher Intensität verstanden (siehe Kapitel 5 zu Intensitätsrichtlinien). Intervalle können in unterschiedlichem Gelände absolviert werden, aber im Rahmen des hier vertretenen systematischen Trainings wird zwischen normalem Intervalltraining und Intervalltraining bergan bzw. Vertikalintervalltraining unterschieden. Normale Intervalle werden auf flachem, leicht abfallenden oder gewellten Untergrund absolviert.

Vertikalintervalle werden an mäßig ansteigenden oder steilen Hängen absolviert, um die bei Steigungen beanspruchten Muskeln zu trainieren. Der Intensitätseinsatz ist jedoch bei Intervallen auf flachem Untergrund und Vertikalintervallen gleich.

Intervalltraining fördert die Fähigkeit Ihres Körpers, Sauerstoff während kurzer Abschnitte ziemlich intensiver Belastungen zu Ihren Muskelzellen zu transportieren, bevor sich zuviel Milchsäure bildet. Erinnern Sie sich an die an früherer Stelle besprochenen FT-Fasern? Es gibt zwei Arten von FT-Fasern – schnellzuckende glykolytische Fasern (FG-Fasern) und schnellzuckende oxidativ-glykolytische Fasern (FOG-Fasern). FG-Fasern können beim Verbrennungsprozeß keinen Sauerstoff verarbeiten. Sie verwenden nur den in ihren Zellen gespeicherten Brennstoff. Wenn dieser Brennstoff aufgebraucht ist, ermüden diese Fasern, bis die Brennstoffspeicher in einer Erholungspause wiederaufgefüllt werden.

FOG-Fasern können jedoch – falls sie richtig trainiert werden – Sauerstoff verbrennen. FOG-Fasern kontrahieren etwas schneller als ST-Fasern. Beim Intervalltraining werden die FOG-Fasern rekrutiert, um die schnelleren, etwas intensiveren Bewegungen bei einer 2- bis 10minütigen Intervallbelastung zu absolvieren. Training mit der richtigen Intensität stimuliert die FOG-Fasern, sich anzupassen und ihre aerobe Kapazität zu verbessern. Ein Grundsatz des Intervalltrainings ist, daß die Verbesserung der oxidativen Kapazität der FOG-Fasern der Steigerung Ihrer Fähigkeit, die maximale Sauerstoffaufnahmefähigkeit zu einem höheren Prozentsatz auszunutzen, entsprechen muß.

Ein Beispiel: Angenommen, Sie trainieren die ganze Zeit über mit der gleichen Intensität, Geschwindigkeit und Dauer, z.B. 5 mal pro Woche 30 Minuten lockeres Ausdauertraining. Wenn Sie Ihr Tempo bei einem derartigen Training deutlich steigern, werden Sie aller Voraussicht nach feststellen, daß Sie schnell ermüden. Dies liegt daran, daß die FOG-Fasern, die Sie rekrutieren, um Ihr Tempo zu steigern, nicht ausreichend trainiert sind, um den neuen Anforderungen zu genügen. Die oxidative Kapazität dieser Fasern ist begrenzt, und es kommt zu einer Steigerung der Milchsäurekonzentration und damit zu einer ganzen Reihe subjektiver Gefühle, die Ihnen sagen, daß Sie dieses Tempo nicht über einen langen Zeitraum aufrechterhalten können. Physiologen nennen dies die anaerobe Schwelle (AT = *Anaerobic Threshold*) oder den Beginn des Blutlaktatanstiegs (OBLA = *Onset of Blood Lactate Accumulation*). Sie können jedoch Ihre anaerobe Schwelle verbessern. Wie?

Abbildung 4.5: Intervalle können auf einer vermessenen Strecke absolviert werden oder als Fahrtspiel. In diesem Bild demonstriert der Spitzenläufer Jim Miller eine gute Form während 400-m-Intervallen.

Durch Intervalle! Ein Intervalltraining kann zu einem deutlichen Anstieg der anaeroben Schwelle führen, wenn Sie die Belastungsintensität nicht regelmäßig über 75 % des Maximaleinsatzes drücken. Spitzen-Ausdauerathleten halten eine anaerobe Schwelle in einem Bereich von 80 bis 90 % der VO_2max im Gegensatz zu untrainierten Personen, deren anaerobe Schwelle bei etwa 50 % der VO_2max liegt. Ich habe mit Skilangläufern der Spitzenklasse zusammengearbeitet, deren anaerobe Schwelle bei 95 % ihrer VO_2max lag. Das bedeutet, daß sie in Rennen mit nahezu maximaler Intensität skilaufen können, bevor eine aufgrund eines Milchsäureanstiegs einsetzende Ermüdung ihre Leistungsfähigkeit begrenzt.

Es ist sehr sinnvoll, eine gesunde Dosis Intervalltraining in Ihren wöchentlichen Trainingsplan aufzunehmen. Die Höhe dieser Dosis hängt ab von der Etappe des Trainingsjahres und Ihrem Gesamttrainingsumfang innerhalb eines Jahres. Charakteristischerweise macht das Intervalltraining etwa 5 % der Trainingszeit in der Grundlagenphase aus und 10 bis 15 % des Gesamttrainingsumfangs während der Intensitäts-, Topform- und Wettkampfperioden. Die beim Intervalltraining zu wählende richtige Intensität wird detailliert in Kapitel 5 erläutert.

Es gibt unterschiedliche Formen von Intervallen (Abbildung 4.5). Es gibt lange und kurze Intervalle, Fahrtspiel und natürliche Intervalle, Bahnintervalle und Tempointervalle. Alle diese Intervallarten haben eine ähnliche Funktion – Ihren Körper so hoch zu belasten, daß die FOG-Fasern rekrutiert werden und sich ihre oxidative Kapazität verbessert. Im Endeffekt sind Sie imstande, bei Entwicklung einer geringeren Ermüdung weiter und schneller zu laufen.

Überdistanztraining

Überdistanztraining (ÜD-Training) ist der Kern des hier vertretenen systematischen Trainings für Ausdauersportarten. In jeder Trainingsetappe des Jahres nimmt das ÜD-Trianing den größten Prozentsatz des Gesamttrainingsumfangs ein.

Überdistanztraining bedeutet nicht, daß übertrieben trainiert werden sollte. Verstehen Sie unter ÜD-Training eine effektive Methode zur Entwicklung der aeroben Grundlagenausdauer – lange, lockere Bergwanderungen; entspannte Radtouren auf dem Land, wobei Sie nur selten in hohe Gänge schalten; der wöchentliche lange, langsame Dauerlauf; eine zweistündige Skiwanderung, wobei Sie sich auf die Technik konzentrieren. Dies alles ist ÜD-Training (Abbildung 4.6).

Der Unterschied zwischen Ausdauertraining bzw. lockerem Training über lange Distanzen und ÜD-Training ist die für die betreffende Trainingseinheit aufgebrachte Zeit. Typischerweise dauern Ausdauertrainingseinheiten nicht länger als 60 Minuten. Die für die meisten ÜD-Einheiten aufgebrachte Minimalzeit beträgt eine Stunde, und normalerweise sind diese Einheiten länger als 1 1/2

Abbildung 4.6: NCAA-Skilanglaufmeisterin Brenda White und ihr Hund Rossi bei ihrem langen Dauerlauf. Überdistanztrainingseinheiten sollten so langsam sein, daß Sie fast Gewissensbisse bekommen.

Stunden. Die Dauer hängt dabei von der jeweiligen Jahresetappe und dem Trainingsumfang ab. Es ist eine gute Idee, darauf hinzuarbeiten, mindestens eine ÜD-Trainingseinheit im Monat zu absolvieren, die zwischen zwei und fünf Stunden lang ist, um Kondition, Selbstvertrauen und mentale Härte aufzubauen. Die Intensität dieser Trainingseinheiten ist sehr niedrig, wie in Kapitel 5 beschrieben. Wenn die Intensität nur ein wenig steigt, handelt es sich bereits nicht mehr um eine ÜD-Trainingseinheit. Sehr häufig absolvieren Ausdauersportler den Hauptteil ihres Trainings in einem Intensitätsbereich zwischen 70 und 75 % des Maximums (VO_2). Diese Vorgehensweise bringt verschiedene Probleme mit sich:

1. Rennen werden normalerweise nicht in einer so niedrigen Intensität bestritten.
2. Ein Training mit dieser Intensität führt schneller zu einer Entleerung der Muskelglykogenspeicher als ein Training mit geringerer Intensität, wie z.B. der ÜD-Trainingsintensität (55 bis 65 % der VO_2max).
3. Ein Training mit einer derartigen Intensität führt zu einem höheren Laktatanstieg als ein Training mit ÜD-Intensität.

Das Geheimnis des ÜD-Trainings sind die physiologischen Veränderungen, die es hervorruft. Im wesentlichen reagiert der Körper auf ÜD-Training mit zwei wesentlichen Anpassungserscheinungen.

1. Sie trainieren Ihren Körper, freie Fettsäuren über lange Distanzen mit höherer Effizienz freizusetzen, denn enzymatische und hormonelle Veränderungen in den Muskelzellen erleichtern die Ausnutzung von Fettsäuren als Brennstoff während langdauernder Belastungen. Dies ist sehr wichtig für langdauernde Disziplinen.
2. Zusätzlich verbessern Sie Ihren peripheren Blutkreislauf. Dieser Kreislauf ist dafür verantwortlich, daß die Stoffwechselschlackenstoffe während der Wettkämpfe aus dem Muskelgewebe abtransportiert und neues Blut, Sauerstoff und Nährstoffe für weitere Belastungen zu den Muskeln hintransportiert werden. Ferner nimmt die Zahl sowie die Effizienz der Mitochondrien, den Kraftwerken der Muskelzellen, zu.

Diese physiologischen Veränderungen sind die Basis aller anderen Aspekte eines systematischen Trainingsprogramms. Eine solide aerobe Basis erleichtert die Versorgung der Muskeln mit Sauerstoff und Brennstoffen und den Abtransport schädlicher, Ermüdung hervorrufender Stoffwechselabfallprodukte aus den Muskelzellen. Der Körper ist in der Lage, über längere Zeiträume im Bereich hoher Intensitäten zu funktionieren, ehe die destruktiven Auswirkungen hochintensiver Wettkampfbelastungen Ermüdung bewirken und zur Temporeduzierung zwingen.

Wichtig ist, daß Sie das ÜD-Training zu einem Vergnügen machen und besonders locker trainieren. Einigen Athleten fällt es schwer, die wahre Bedeutung des Begriffes „locker“ zu erlernen. Viele Athleten neigen dazu, ständig im Bereich mittlerer und hoher Intensitäten zu trainieren, und sie gönnen ihrem Körper nie eine Ruhepause, um sich von den harten Trainingseinheiten der übrigen Tage zu erholen. Selbstdisziplin ist gefragt beim ÜD-Training, denn die natürliche Tendenz leistungsorientierter Menschen besteht darin anzunehmen, daß mehr (Training) auch besser ist. Sie haben eine „Laß uns die Berge erstürmen!“-Einstellung. Beim ÜD-Training kommt es darauf an, das Tempo bergan zu verringern, um die niedrige Intensität beizubehalten, selbst wenn dies erfordern sollte, die Berge hinaufzugehen.

Vertikalintervalle

Vertikalintervalle unterscheiden sich grundsätzlich nicht von anderen Intervallen. Lediglich das Gelände, in dem sie absolviert werden ist statt flach leicht bis sehr

Abbildung 4.7: Vertikalintervalle sind harte Belastungen, deren Ziel darin besteht, den Organismus an Berge zu gewöhnen. Sprungläufe einen steilen Hang hinauf mit Skistöcken sind bei Skilangläufern sehr beliebt.

steil ansteigend. Da der Körper nun zusätzlich gegen die Schwerkraft kämpfen muß, fördert ein derartiges Training gleichzeitig die Kraftentwicklung, die Muskelausdauer und die aerobe Ausdauer. Bei diesem Training werden die Muskeln rekrutiert und konditionell trainiert, die für das Klettern benötigt werden (Abbildung 4.7).

Vor dem Hintergrund der Tatsache, daß jeder irgendwann einmal im Training und Wettkampf auf einen oder mehrere Berge trifft (würden Sie z.B. in Vermont leben, hätten Sie Schwierigkeiten, überhaupt einen flachen Abschnitt zu finden), sind die Vorteile eines Hügeltrainings unübersehbar. Zunächst einmal wird beim Hügeltraining das Spezifitätsprinzip besonders offensichtlich, denn der Körper paßt sich in physiologischer Hinsicht an die Anforderungen des Bergauflaufens an.

Vielleicht noch wichtiger ist der psychische Faktor beim Hügeltraining. Jedesmal, wenn ich mit meinem Laufkameraden Vertikalintervalltraining durchführe, kommt es uns so vor, als würden wir uns die härtesten Anstiege aussuchen. Normalerweise spielen wir während des Trainings ein wenig miteinander: Auf ein unausgesprochenes Signal hin zieht der eine den anderen durch eine leichte Temposteigerung förmlich auf den Gipfel des Hügels. Wie steigern unsere Geschwindigkeit also bei Erreichen und Passieren des Hügelgipfels. Wenn wir auf der anderen Seite hinab laufen, sagt mein Kamerad jedesmal, wie sehr er diese Hügel mag, und ich pflichte ihm darin bei, daß diese Hügel wunderbare kleine „Trainingsperlen“ sind und daß wir uns glücklich schätzen können, in Vermont zu leben und diese Perlen jede Woche aufs neue suchen und finden können. Dieses Training erzeugt vielleicht die größte Befriedigung. Sicherlich erschöpft es uns sehr, aber das psychische Hochgefühl bei dieser Trainingsform wird nur noch von dem bei Rennen übertroffen. Das Gefühl, etwas geschafft zu haben, das gewonnene Selbstvertrauen und Selbstwertgefühl sind unvergleichlich. Jeder Hügel stellt eine neue Herausforderung dar, ist ein erneuter Beweis für unsere Fähigkeit, mit allen Widrigkeiten fertig zu werden. Vertikalintervalltraining erzeugt mentale Härte. Wie normale Intervalle sind sie aus vielerlei Gründen sehr wertvoll.

Kraft

Unter der inneren Kraftfähigkeit eines Muskels versteht man seine Fähigkeit, eine meßbare äußere Kraft zu erzeugen. Maximalkraft ist die größtmögliche äußere Kraft, die ein Muskel bei einer einzigen Kontraktion produzieren kann. Alle Ausdauersportarten erfordern Kraft, wobei der Grad von Sportart zu Sportart schwankt. Wieviel Kraft braucht man, um optimale Leistungen zu bringen? Ich glaube, die Antwort hängt von jedem einzelnen Athleten sowie von den technischen Anforderungen der jeweiligen Sportart ab. Als eine gute Methode, diese

Frage zu beantworten, erweist es sich, viele Sportler zu fragen und die unterschiedlichen Antworten zu analysieren. Was passiert mit dem Körper, wenn wir ein richtiges Krafttraining absolvieren? Was sind die besten Methoden zur Verbesserung der Kraft?

Richtiges Krafttraining bewirkt einige interessante muskuläre Veränderungen. Alles deutet darauf hin, daß jede der an früherer Stelle erwähnten Muskelfasern über einen spannungserzeugenden Abschnitt verfügt. Dieser Abschnitt besteht aus den kontraktilen Proteinen der Muskelfaser, dem Aktin und Myosin. Krafttraining erhöht die Menge an Aktin und Myosin in der Faser, so daß diese mehr Kraft erzeugen kann. Interessanterweise ist das Potential der FT-Fasern zur Steigerung der Menge der kontraktilen Proteine höher als das der ST-Fasern. Umgekehrt verfügen ST-Fasern über mehr Mitochondrien (aerobe Zellkraftwerke) als FT-Fasern. Ausdauertraining führt zu einem Absinken des Anteils der kontraktilen Proteine in den Muskelfasern, während Krafttraining zu einem Abschwächen der Ausdauercharakteristika führt. Wenn Sie daher nur Ihre Ausdauer oder ausschließlich Ihre Muskelkraft trainieren, kann es passieren, daß Ihre Leistungsfähigkeit im jeweils anderen Bereich zurückgeht. (Wenn ich z.B. mit dem Krafttraining aufhöre, stelle ich alsbald gar nicht überrascht fest, daß meine Hemden ein wenig lockerer sitzen, was auf die durch das Ausbleiben der Kraftbelastung bedingte Muskelatrophie zurückzuführen ist.)

Spezifisches Training führt zu spezifischen Veränderungen im Körper, d.h. zu Veränderungen, die mit dem durchgeführten speziellen Training in engem Zusammenhang stehen. So führt Ausdauertraining zu einer Zunahme der Mitochondrienzahl und -größe in den Muskelzellen und der für die aeroben Energiebereitstellungsprozesse notwendigen Enzyme. Schnelligkeitstraining erhöht die Menge der kontraktilen Proteine, des Aktins und Myosins, in den Muskelfasern. Jede Trainingsart bewirkt also bestimmte Anpassungen der Muskelfasern.

Krafttraining kann sowohl unspezifisch als auch spezifisch sein. Unspezifisches Krafttraining bedeutet, die Muskeln, Sehnen und Bänder einem Konditionstraining zu unterziehen, indem man auf Bewegungsabläufe zurückgreift, die sich von denen im Wettkampf unterscheiden. Unspezifisches Krafttraining beinhaltet daher Training an Kraftmaschinen oder mit Hanteln sowie eine Reihe körperbildender Übungen. Beim spezifischen Krafttraining werden die Muskeln, Sehnen und Bänder mit Hilfe von Bewegungsabläufen trainiert, die denen in der jeweiligen WEttkampfdisziplin sehr ähnlich sind oder genau entsprechen (Abbildung 4.8). Die bedeutet den Einsatz einer je nach Sportart unterschiedlichen Vielfalt von Methoden. So trainieren Schwimmer normalerweise auf isokinetischen Schwimmbänken; Skilangläufer verwenden Rollerski, um den hohen Doppelstockeinsatz zu imitieren; Radfahrer bewältigen Anstiege in hohen Gängen; Felskletterer machen Klimmzüge an Türrahmen, an denen sie sich nur mit den Fingerspitzen festhalten.

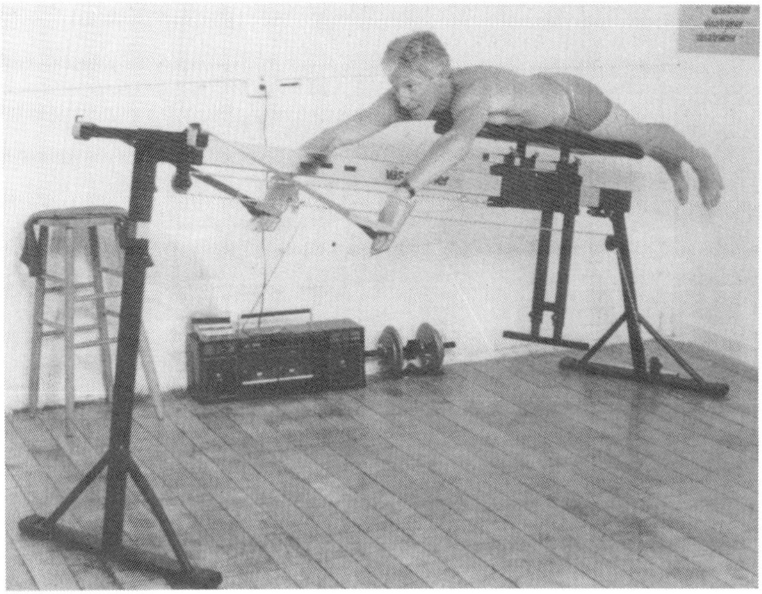

Abbildung 4.8: Der Verfasser dieses Buch demonstriert skispezifisches Krafttraining auf dem Väsa-Trainer (Abdruck des Photos mit freundlicher Genehmigung der Väsa AG, Williston, Vermont).

Allgemein gilt, daß es sinnvoll ist, sowohl unspezifisches als auch spezifisches Krafttraining in den Trainingsplan aufzunehmen. Je näher die Wettkampfsaison rückt, desto größer sollte der Anteil des spezifischen Krafttrainings sein. In Abhängigkeit von Ihrer Muskelkraft sollten in der Grundlagenetappe 20%, in der Intensitätsetappe 10 bis 15% und in der Etappe der Topform und der Wettkampfetappe 5% des Gesamttrainingsumfangs dem Krafttraining gewidmet sein.

Unabhängig von der Art der Kraftmaschinen, der körperbildenden Übungen oder anderer eingesetzter Kraftübungen ist es Ausdauersportlern anzuraten, das Krafttraining stets mit einer hohen Wiederholungszahl und niedrigen Widerständen zu absolvieren. So sollten Sie z.B. beim Training an Kraftmaschinen ein Gewicht wählen, daß Sie 20 bis 25mal pro Satz heben können anstelle der von den Herstellern oft vorgeschlagenen acht bis zwölf Wiederholungen. Auch im Falle von körperlichen Übungen sollte die Wiederholungszahl hoch sein, wobei die Anzahl über mehrere Wochen hinweg leicht ansteigen sollte. So sollten Sie sich z.B. im Verlaufe von 20 Wochen von einem Klimmzug auf letztlich 20 steigern. Im Anhang C werden verschiedene Krafttrainingsprogramme vorgestellt, die Ihnen zeigen, wie Sie für Ihre jeweilige Sportart richtig trainieren.

Einen Schwerpunkt sollten Sie auf sportartspezifisches Krafttraining legen, wenn Ihnen die Geräte bzw. Anlagen zur Verfügung stehen und Sie über genügend Kreativität verfügen. Die folgenden Beispiele belegen, wie wichtig sportartspezifisches Krafttraining für Ausdauersportler ist. Der Top-Biathlet und Skilangläufer Josh Thompson ist bekannt für seine hervorragenden disziplinspezifischen Kraftleistungen. Während eines Aufenthalts am Dachstein-Gletscher in Österreich beeindruckte er Passanten mit einigen Trainingseinheiten, bei denen er sich auf Rollerskiern nur mit Hilfe des Doppelstockschubs (also ohne Einsatz der Beine, alleine mit Oberkörpereinsatz) die Dachsteinstraße hinaufdrückte. Diese Straße ist 5 km lang und überwindet auf dieser Distanz einen Höhenunterschied von 1000 m, d.h. die Steigung beträgt 20%.

Greg Varney, ein Kanusportler der nationalen Spitzenklasse ist gleichzeitig ein waschechter Holzfäller. Er handhabt eine mehr als 10 kg schwere Motorsäge wie ich meinen Füllfederhalter. Eines Sommers, als ich ihn besuchte, fragte ich ihn, ob er Lust hätte, mit mir in der Turnhalle eine Krafttrainingseinheit zu absolvieren. Er dachte einen Moment nach, strich sich über seinen Backenbart und antwortete: „Ich habe den Eindruck, daß die Jungs, die Gewichte heben, in Wirklichkeit gar nicht so kräftig sind. Gewiß, sie haben dicke Muskeln, aber ich möchte einmal sehen, ob mir einer von ihnen bei der Holzarbeit folgen kann. Ihre Muskeln sind nur aufgesetzt – meine sind hingegen eingebaut."

Ein effektiver Übersetzer

Es ist sehr wichtig, daß Ausdauersportler und Trainer einander verstehen. Das hier vorgestellte systematische Training ist ein Weg, die Dauer, Intensität und letztlich den physiologischen Zweck jeder Trainingsart genau zu identifizieren. Im Verlaufe dieses Kapitels wurden die einzelnen Trainingskomponenten vorgestellt, um das Verständnis und die Interpretation der verschiedenen Methoden der Absolvierung von Trainingseinheiten zu fördern. Kapitel 5 enthält eine ausführliche Beschreibung der jede dieser Trainingskomponenten zugeordneten Intensität. In Kapitel 6 erfahren Sie, wie Sie einen systematischen Trainingsplan aufstellen.

5

TRAININGS-INTENSITÄT

Ein wichtiges Element des systematischen Trainings ist die Trainingsintensität. Jede Trainingseinheit verfolgt einen speziellen physiologischen Zweck, und ihre Dauer sowie Intensität sind direkt mit diesem Zweck verbunden. Jeder der in Kapitel 5 vorgestellten Trainingskomponenten ist eine bestimmte Intensität zugeordnet, mit der diese Komponente durchgeführt werden sollte. Dies erlaubt Ihnen die Einrichtung eines Sicherungssystems zur Kontrolle des Belastungsgrads einer Trainingseinheit, indem Sie den Zweck der jeweiligen Trainingskomponente vor dem Hintergrund der der Trainingseinheit zugeordneten Dauer und Intensität überprüfen und je nach Bedarf Korrekturen vornehmen.

In diesem Kapitel werden die folgenden Intensitätskomponenten im Rahmen des systematischen Trainingssystems beschrieben:

- die physiologischen Merkmale der Intensitätsstufen,
- die Intensitätsstufe jeder systematischen Trainingskomponente,
- die Methode der Bestimmung spezifischer Intensitätsstufen,
- Methoden zur Intensitätskontrolle.

Physiologische Merkmale der Intensitätsstufen

Die Trainingsintensität kann beschrieben werden als pro Minute verbrannte Kilokalorien, ausgenutzter Prozentsatz der individuellen maximalen Sauerstoffaufnahmefähigkeit (VO_2max) oder mittels der Herzfrequenz. Im allgemeinen gilt die

Sauerstoffaufnahme als Standardwert zur Messung der physiologischen Belastung bei sportlicher Aktivität. In Ausdauersportarten hängt der Erfolg zum großen Teil von der Sauerstoffaufnahmefähigkeit ab. Je mehr Sauerstoff den arbeitenden Muskeln zur Verfügung gestellt werden kann, desto bester ist die Energieversorgung und desto schneller kann der Körper die zurückzulegende Distanz bewältigen.

Die Trainingswissenschaft hat festgestellt, daß spezifische Trainingsanpassungen erreicht werden, wenn man in bestimmten Intensitätsbereichen, die als bestimmte Prozentsätze der VO_2max ausgedrückt werden, trainiert. Die maximale Sauerstoffaufnahme muß jedoch im Labor mit teuren Geräten und von qualifizierten Fachleuten gemessen werden, zu denen die wenigsten Zugang haben. Glücklicherweise wurde ein enger Zusammenhang zwischen der maximalen Sauerstoffaufnahme und der Herzfrequenz (Schläge pro Minute) nachgewiesen. Die Herzfrequenz kann daher auch zur Kontrolle der Trainingsintensität herangezogen werden. Die Methode zur Berechnung der Belastungsintensität mittels der Herzfrequenz, die später in diesem Kapitel beschrieben wird, ergibt Resultate, die einigermaßen genau mit den relativen Prozentsätzen der VO_2max korrelieren.

Die physiologischen Auswirkungen verschiedener Trainingsintensitäten bestimmen den Gesamttrainingsplan hinsichtlich des Umfangs jeder während eines gegebenen Trainingszyklus geplanten Trainingskomponente. So sind z.B. wenig intensive Trainingseinheiten (wie z.B. ÜD-Training) am effektivsten, wenn die Intensität zwischen 55 und 65 % der VO_2max liegt; ein derartiges Training führt zur Ausbildung der Wege der aeroben Energiebereitstellung und verbessert die Kapillardichte im Muskelgewebe; die Mitochondrien in der Muskelzelle vermehren sich, die Aktivität der oxidativen Enzyme sowie der Fettsubstratmobilisation und -ausnutzung in der Muskelzelle wird verbessert. Intervalle, Vertikalintervalle und Wettkampf- bzw. Tempoeinheiten werden am besten in einer Intensität absolviert, die leicht unter oder im Bereich der anaeroben Schwelle (AT) liegt, um die Bahnen der aeroben Energiebereitstellung, das Sauerstofftransportsystem, die Fähigkeit des Körpers, Milchsäure aus den Muskeln abzutransportieren, und die Rekrutierung von mehr Muskelfasern – vor allem der normalerweise beim Überdistanztraining nicht gebrauchten FOG-Fasern – zu verbessern.

Die fünf Intensitätsstufen

Jede Komponente des systematischen Trainings muß in einer vorher festgelegten Intensität absolviert werden. Die Veränderung der einer bestimmten Trainingseinheit zugeordneten Intensität führt zu einer Veränderung des Zwecks der betreffenden Trainingseinheit und – noch gravierender – beeinflußt die Gesamtstruktur des Trainingsplans. Viele Ausdauersportler neigen dazu, den Großteil ihres Trainingsumfangs in einem Bereich mittlerer bis hoher Intensität zu absolvieren. Dies liegt an einem ungenügenden Verständnis der spezifischen Zielrichtungen der Trainingskomponenten und ihrer zweckmäßigen Intensitäten.

Jede Trainingseinheit hat ihren eigenen unverwechselbaren Charakter, und der Intensitätsgrad ist ein wesentlicher Faktor zur Bestimmung dieses Charakters. Betrachten Sie die folgende Beschreibung der fünf Intensitätsstufen als Richtlinie zur Anwendung auf Ihre eigene Trainingssituation. In Tabelle 5.1 sind die physiologischen Anpassungen, die bei den unterschiedlichen Intensitätsstufen eintreten, und die entsprechenden Komponenten des systematischen Trainings dargestellt.

Intensitätsstufe I (55-65% VO_2max oder 60-70% der maximalen Herzfrequenz [MHF])

In dieser Intensitätsstufe werden Überdistanztrainingseinheiten absolviert. Obwohl die Belastung zunächst fast lächerlich gering anmutet, ist es wichtig, die Kontrolle über die Intensität zu behalten und dieses Training konsequent in diesem Intensitätsbereich durchzuführen. Letztendlich wird sich diese Belastung aufgrund der Länge und der Energie- und Flüssigkeitsverluste als sehr erschöpfend herausstellen. Überdistanztrainingseinheiten von mehr als 90 Minuten Dauer sind daher trotz der niedrigen Intensität hochbelastend. Die meisten Krafttrainingseinheiten rufen in Abhängigkeit von den jeweiligen Trainingsinhalten und dem Tempo ihrer Ausführung ebenfalls Herzfrequenzen in diesem Bereich hervor.

Intensitätsstufe II (66-75% VO_2max oder 71-75% der MHF)

Ausdauertrainingseinheiten und Trainingseinheiten mit mäßigem Tempo werden (falls sie nicht in der Etappe der Topform und der Wettkampfperiode liegen) ebenfalls im Intensitätsbereich II absolviert. Dem subjektiven Gefühl nach ist dieses Training etwas härter als ÜD-Training, es darf jedoch nicht die Grenzen überschreiten. Die Intensitätsstufe II ist wahrscheinlich die Intensitätsstufe, in der die meisten Sportler tagaus, tagein trainieren. Obwohl dieses Training sicherlich einen positiven Trainingseffekt hat, vor allem im Falle von untrainierten Sportlern oder von Anfängern, sind wir der Meinung, daß zuviel Training in diesem Intensitätsbereich eine optimale Anpassung, die notwendigerweise vom Training der Intensitätsstufe I erzeugt werden muß (wie in Kapitel 4 beschrieben), ausschließt.

Tabelle 5.1:
Physiologische Anpassungen bei verschiedenen Trainingsintensitäten

Stufe	% VO_2max	% der max. Herzfreq.	Physiologische Anpassungen (↑ = Verbesserungen od. Steigerungen)	Der Intensitätsstufe entsprechende Trainingskomponente
I	55-65	60-70	↑ Aerobe Energiequellen ↑ Bahnen der aeroben Energiebereitstellung ↑ Kapillardichte ↑ Mitochondrienvermehrung ↑ Mobilisierung der freien Fettsäuren	Überdistanz, Kraft
II	66-75	71-75	↑ Aerobe Energiequellen ↑ Bahnen der aeroben Energiebereitstellung	Ausdauer, Kraft, Steigerungsläufe
III	76-80	76-80	↑ Bahnen der aeroben Energiebereitstellung ↑ Rekrutierung von FOG-Fasern ↑ Aerobe Glykolyse ↑ Sauerstofftransportsystem	Ausdauer, Kraft
IV	81-90	81-90	↑ Bahnen der aeroben Energiebereitstellung ↑ Bahnen der anaeroben Energiebereitstellung ↑ Rekrutierung von FOG-Fasern ↑ Anaerobe Schwelle (AT) ↑ Sauerstofftransportsystem ↑ Milchsäurebeseitigung	Intervalle, Vertikalintervalle, Wettkampf-/Tempoeinheiten
V	91-100	91-100	↑ Anaerobe Energiequellen ↑ Rekrutierung der FT-Fasern ↑ Schnelligkeit und neuromuskuläre Koordination	Wettkampf, Spitzengeschwindigkeiten

Intensitätsstufe I (55%-65% VO_2max oder 60-70% der maximalen Herzfrequenz [MHF])

Intensitätsstufe III
(76-80% der VO_2max oder 76-80% der MHF)

In diesem Intensitätsbereich sollte nur ein geringer Prozentsatz des Trainings absolviert werden. Ein gewisser Teil des Ausdauertrainings sollte diesen Intensitätsgrad aufweisen. In Abhängigkeit von Ihrer Fitneß und dem Streckenprofil werden längere Rennen sehr wahrscheinlich in diesem Intensitätsbereich absolviert. Viel hängt von Ihrer anaeroben Schwelle, ausgedrückt in Prozent Ihrer VO_2max, ab. Wenn Ihre Schwelle niedrig ist und in diesem Bereich liegt, werden Intervall- und Vertikalintervalltraining sowie das Wettkampf- und Tempotraining in diesem Bereich absolviert, bis Ihre AT steigt.

Die Intensität der Stufe III ist niedriger als die Wettkampf- bzw. Tempotrainingsintensität, aber höher als die ÜD-Intensität. Zuviel Training im Bereich der Stufe III kann sich daher als ungeeignet für die Steigerung der VO_2max erweisen, aber dennoch wichtige Glykogenspeicher entleeren, weil die wichtigste Energiequelle in diesem Intensitätsbereich eben Glykogen ist.

Intensitätsstufe IV
(81-90% der VO_2max oder 81-90% der MHF)

Intervalltraining, Vertikalintervalltraining und Wettkampf- bzw. Tempotrainingseinheiten erfordern eine Intensität der Stufe IV. Ein Training mit dieser Intensität wird auch anaerobes Schwellentraining genannt. Training mit dieser Intensität verbessert die Fähigkeit des Körpers, Sauerstoff zu transportieren, steigert die Rekrutierung der FOG-Muskelfasern und verbessert sowohl die aeroben als auch die anaeroben Bahnen der Energiebereitstellung.

Diese Trainingseinheiten verlangen von Ihnen die Entwicklung des Gefühls für die physiologischen Symptome einer Belastung im Bereich der Schwelle zwischen aerober und anaerober Energiebereitstellung. Jeder, der schon einmal Intervalle bergan gelaufen ist, kennt das Gefühl „Gummibeine" zu haben. Die Wissenschaftler wissen noch immer nicht genau, wie sie diesen physiologischen Zustand nennen sollen. Die nunmehr seit zehn Jahren verwandte Bezeichnung ist das „Überschreiten der anaeroben Schwelle". Gemeint ist hiermit das Erreichen einer Laktatkonzentration, die die Leistung begrenzt und eine starke lokale Ermüdung hervorruft. Alle Skelettmuskeln haben eine bestimmte Laktatbildungsschwelle – eine Grenze, bei deren Überschreiten die Muskeln das produzierte Laktat nicht länger effektiv verarbeiten können. Im allgemeinen erreichen guttrainierte Ausdauerathleten diesen Punkt erst in hohen Intensitätsbereichen. Laktat bzw. die Stoffwechselabfallprodukte häufen sich rasch in der Muskelzelle an und treten dann in die Blutbahn ein. Wenn die Laktatkonzentration zu hoch wird, können die Muskeln sich nicht länger effektiv kontrahieren, und das Bewegungstempo läßt nach, bis eine Erholungspause eingelegt werden muß.

Ein Training im Bereich oder leicht unterhalb der anaeroben Schwelle erhöht normalerweise die Fähigkeit des Körpers, das bei hochintensiven körperlichen Belastungen entstandene Laktat zu puffern oder wiederzuverwerten. Spitzen-Ausdauerathleten haben in der Regel sehr hohe anaerobe Schwellen, das bedeutet, daß sie hochintensive Belastungen über längere Zeiträume tolerieren, ohne zu ermüden. Später in diesem Kapitel werde ich die anaerobe Schwelle detaillierter behandeln einschließlich der Methoden ihrer Bestimmung.

Intensitätsstufe V
(91-100% der VO_2max oder 91-100% der MHF)

Nur während der Etappe der Topform und der Wettkampfetappe wird Training im Bereich der Intensitätsstufe V in das Programm aufgenommen. Diese Art Training stimuliert anaerobe Bahnen der Energiebereitstellung sowie die FT-Fasern und erhöht die anaeroben Energievorräte sowie die Schnelligkeit. Während der Etappe der Topform wird ein Training dieser Intensitätsstufe nur in Einheiten eingesetzt, in denen mit Maximalgeschwindigkeit trainiert wird. Diese Einheiten beinhalten maximale Sprints von 15 bis 20 Sekunden Länge mit daran anschließender Pause von 20 Sekunden. Die Gesamtdauer eines derartigen Trainings schwankt je nach der für die Trainingseinheit festgesetzten Gesamtzeit. Diese Trainingseinheiten stellen sehr hohe Anforderungen, erhöhen jedoch die Effektivität der Muskelarbeit und der neuromuskulären Koordination im Bereich der Maximalgeschwindigkeit. Darüber hinaus stellen sie einen hohen Reiz für das anaerobe und aerobe System der Energiebereitstellung dar. Nach einem derartigen Training wird Ihr Körper, wenn die ersten Rennen anstehen, in Topform sein.

Bestimmung der Intensitätsstufen

Es gibt verschiedene Methoden zur Kontrolle der beim systematischen Training verwendeten fünf Intensitätsstufen. Die Herzfrequenzkontrolle ist wahrscheinlich die bekannteste, aber ich habe die Erfahrung gemacht, daß die meisten fortgeschritteneren Ausdauersportler sich auf die Herzfrequenz als nur ein objektives Kriterium der Intensität verlassen. Die meisten verwenden darüber hinaus eine Kombination weiterer physiologischer und psychologischer Indikatoren zur Kontrolle der Intensität. Zu diesen Indikatoren gehören die Atemfrequenz und -belastung, das subjektive Belastungsempfinden, das Muskelgefühl, das Pulsieren des Blutes im Ohr, die Bewegungskoordination und der Grad der Ermüdung.

Abbildung 5.1: *Herzfrequenz-Meßgeräte auf der Basis drahtloser, telemetrischer Übertragung sind so präzise wie ein EKG. Sie spiegeln die aktuelle körperliche Belastung beim Sporttreiben wider. Damit wird ein individuelles Training ermöglicht.*

Seit der Entwicklung drahtloser, EKG-genauer Herzfrequenz-Meßgeräte (siehe Abbildung 5.1) verwenden Ausdauer-Athleten und Breitensportler die elektronische Herzfrequenz-Kontrolle zur Beurteilung der richtigen Intensitätsstufe.

Es ist möglich, die Ausnutzung einer bestimmten VO_2max in Beziehung zur dabei erreichten Herzfrequenz zu setzen und dann die im Training erreichten Herzfrequenzen, die mit einem elektronischen Meßgerät präzise bestimmt werden, als Indikatoren der Belastungsintensität zu wählen.

Dies erspart das Raten der spezifischen Trainingskomponenten und der damit verbundenen Intensitätsstufen. Diese Herzfrequenz-Meßgeräte bieten auch eine hervorragende Gelegenheit für ein Biofeedback hinsichtlich verschiedener Aktivitäten, die im unterschiedlichsten Gelände und bei den verschiedensten äußeren Bedingungen absolviert werden.

Die meisten erfolgreichen Sportler sind Meister, wenn es darum geht, auf die Intensitätssignale ihres Körpers zu hören. Ein jahrelanges Praktizieren des Versuch-und-Irrtum-Prinzips haben sie befähigt, ihre Reaktionen auf jede Intensitätsstufe „fein abzustimmen“. Umgekehrt sind die meisten Ausdauersportler nicht sehr versiert im Umgang mit den für jede Komponente des systematischen Trainings geforderten Intensitätsstufen. Dies betrifft besonders Sportler, die das Training in der Vergangenheit eher wie „ein Elefant im Porzellanladen“ angegangen sind. Wie für jedes schwierige Handwerk benötigt man auch für diese Aufgabe entweder ein spezielles Talent oder den unbedingten Willen, ein grobes Konzept zu einem feinen Kunstwerk auszuformen. Die Kontrolle der Herzfrequenz ist daher ein effektives Werkzeug zur Verfeinerung Ihrer Fähigkeit, jede Intensitätsstufe quasi zu fühlen. Diese Fähigkeit bedarf der Übung, und einige lernen schneller als andere. Entscheidend ist, daß Sie im Endeffekt über ein ganzes Repertoire von Indikatoren verfügen, um die Intensitätsstufe jeder Trainingseinheit zu bestimmen. Wie der Läufer und Skisportler Skip Hamilton einmal sagte: „Mir war nie bewußt, daß Überdistanztraining mit einer derart niedrigen Intensität durchgeführt werden soll. Es ist jetzt so locker, daß ich beinahe Schuldgefühle bekomme, obwohl ich im Endeffekt doch sehr erschöpft bin.“

Herzfrequenz: Die Grundlage der Intensität

Werfen wir einen kurzen Blick auf Ihr Herz. Es ist das Zentrum der meisten Funktionen in Ruhe und bei Belastung. Es erhält Informationen von den Kontrollzentren in Ihrem Hirn, die ihm mitteilen, seine Pumpaktionen entweder zu beschleunigen oder zu verlangsamen. Wenn Ihre Muskeln mehr Brennstoff und Sauerstoff brauchen, wird das Herz veranlaßt, mehr Blut zu den bedürftigen Muskelzellen zu pumpen. Wenn es Zeit ist, eine Pause einzulegen und sich zu erholen, wird ihm mitgeteilt, seine Aktion zu verlangsamen. Dieser Prozeß ist eine autonome Reaktion – mit anderen Worten, der Körper tut dies von selbst. Glücklicherweise brauchen wir also so gut wie nicht darüber nachzudenken.

Wenn Sie jedoch Ihren Körper trainieren, um eine höhere Fitneßstufe zu erreichen, können Sie Ihre Herzfrequenz als Kontrollinstanz der Belastungsintensität, die Sie Ihrem Körper abverlangen, wählen. Betrachten Sie die Komponenten Ihres Trainings. Jede Komponente – Schnelligkeit, Ausdauer, Wettkampf/Tempo usw. – muß mit einer bestimmten Intensität absolviert werden, um den optimalen Nutzen aus dem Training zu ziehen. Die Messung der Herzfrequenz dient daher der Quantifizierung und letztlich der Optimierung der Trainingsreaktionen. Im folgenden erfahren Sie, wie Sie Ihre Herzfrequenz kontrollieren; zudem wird Ihnen ein System zur Berechnung Ihrer individuellen Trainingsherzfrequenz (THF) an die Hand gegeben. Sie werden in die Lage versetzt, die Intensität

Ihres Trainingsplans unter Hinzuziehung Ihrer Herzfrequenz zu individualisieren und zu kontrollieren.

Berechnung der fünf Herzfrequenz-Intensitätsstufen

Es gibt verschiedene Methoden zur Berechnung der THF-Intensitätsstufen. Einige sind genauer bzw. zweckmäßiger als andere. Die folgenden Methoden werden von den meisten Sportwissenschaftlern und Trainern akzeptiert:

Maximale Sauerstoffaufnahmefähigkeit (VO_2max)

Die beste Methode zur Bestimmung der Trainingsintensitätsstufen besteht darin, sich in der Praxis eines Sportphysiologen, Sportarztes oder Kardiologen einem maximalen Belastungstest zu unterziehen. Wenn Sie älter als 35 Jahre oder in Ihrer Familie Herzerkrankungen verbreitet sind, ist es sehr empfehlenswert, jährlich einen derartigen Test durchführen zu lassen, vor allem vor anstrengenden Belastungen oder wenn Sie nach längerer Zeit der Inaktivität wieder mit dem Sport anfangen wollen.

Es werden bei diesem Test in der Regel zwei Werte gemessen. Zunächst Ihre maximale Herzfrequenz (MHF), d.h. die maximale Anzahl der Schläge Ihres Herzens pro Minute. Zusammen mit Ihrer MHF wird der Gesundheitszustand Ihres Herzens kontrolliert. Die Suche nach eventuellen Anzeichen für eine Herzerkrankung ist eine wertvolle Vorsorgemaßnahme. Viele Belastungstests dienen allerdings nur der Messung Ihrer maximalen Herzfrequenz und des Gesundheitszustandes Ihres Herzens. Dies ist zwar sinnvoll, jedoch nur teilweise aussagekräftig. Ein Belastungstest gewinnt an Aussagekraft, wenn zusätzlich noch die VO_2max gemessen wird.

Wenn Sie sich einem Belastungstest unterziehen und Ihre VO_2max direkt messen lassen, können Sie die Stufen Ihrer Trainingsherzfrequenz als Funktion des Prozentsatzes Ihrer VO_2max bestimmen. Immerhin ist das Hauptziel des systematischen Trainings für Ausdauersportarten die Steigerung der Sauerstoffaufnahmefähigkeit. Vor dem Hintergrund der Tatsache, daß jede Trainingskomponente des systematischen Trainings einen spezifischen physiologischen Zweck verfolgt, ist es sinnvoll, den für jede Trainingskomponente idealen relativen Prozentsatz der VO_2max und die entsprechenden Herzfrequenzen zu kennen. Wenn Sie sich einem Belastungstest unterziehen, um Ihre VO_2max direkt messen zu lassen, sollten Sie die folgenden Schritte anwenden, um die THF-Stufen zu bestimmen:

Schritt 1: Bestimmung des VO_2max-Werts (normalerweise ausgedrückt in Milliliter pro Kilogramm pro Minute [ml/kg/min]).

Schritt 2: Multiplizieren Sie Ihre VO_2max mit den für jede Stufe angegebenen Prozentwerten wie folgt:

STUFE 1: 55%-65% (oder 0,55 x VO_2max; 0,65 x VO_2max)
STUFE 2: 66%-75%
STUFE 3: 76%-80%
STUFE 4: 81%-90% (Normalerweise liegt die anaerobe Schwelle in diesem Bereich, aber sie kann variieren.)
STUFE 5: 91%-100%

Wenn die VO_2max z.B. 66 ml/kg/min beträgt, dann bewegt sich der VO_2-Wert der Stufe I zwischen 36,3 ml/kg/min (55%) und 42,9 ml/kg/min (65%).

Schritt 3: Kontrollieren Sie die jeder VO_2-Stufe entsprechenden Testdaten Ihrer Herzfrequenz. Wenn Sie z.B. bei 55% der VO_2max (dies entspricht 36,3 ml/kg/min im obigen Beispiel unter Schritt 2) eine Herzfrequenz von 136 Schlägen pro Minute aufweisen, ist der Wert von 136 die untere Grenze für das Training der Stufe I.

Bei VO_2max-Tests ist allerdings ein wenig Vorsicht angebracht. Es gibt viele Arten von Sauerstoffaufnahme-Analysesystemen sowie andere Variablen, die die Ergebnisse eines VO_2max-Tests beeinflussen können. Wenn Sie diese Methode verwenden, versuchen Sie Ihre Ergebnisse über einen bestimmten Zeitraum miteinander zu vergleichen. Sinnvoll ist, sich zwei- oder viermal im Jahr (mindestens jedoch einmal) testen zu lassen. Es kann irreführend sein, seine Testergebnisse mit denen anderer Sportler zu vergleichen, die auf anderen Geräten von anderem Personal getestet wurden.

Berechnung der THF mittels der Karvonen-Methode

Die Berechnung der fünf Trainingsherzfrequenzstufen mittels der Karvonen-Methode ist eine der heute am häufigsten eingesetzten Methoden. Die Karvonen-Methode wurde entwickelt, indem man Testdaten vieler VO_2max-Tests heranzog und eine Formel schuf zur Bestimmung von Herzfrequenzstufen, die ziemlich exakt mit den $V0_2$max-Werten übereinstimmten. Tabelle 5.2 ist ein zusammenfassendes Arbeitsblatt zur Errechnung der fünf Intensitätsstufen mittels der Karvonen-Methode.

Schritt 1: Bestimmen Sie Ihre maximale Herzfrequenz (MHF). Die Karvonen-Methode kann nur angewandt werden, wenn Sie Ihre tatsächliche MHF kennen. Es gibt verschiedene Möglichkeiten zur Bestimmung der MHF:

1. Die beste Methode zur Bestimmung der MHF ist, sich einem Belastungstest auf einem Laufband- oder Fahrradergometer zu unterziehen bei gleichzeitiger EKG-Kontrolle, wie oben beschrieben. Dies ist auch die sicherste Methode. Ein weiterer Vorteil ist, daß Sie über den Gesundheitszustand Ihres Herzens informiert werden. Wenn Ihre VO_2max nicht gemessen wird, so erhalten Sie doch zumindest Ihre tatsächliche maximale Herzfrequenz.
2. Wenn Sie sicher sind, daß Ihre Kondition gut ist, können Sie den 2,4-km-Lauftest absolvieren. Unterlassen Sie diesen Test, wenn Sie über 35 Jahre alt sind und keine Gelegenheit hatten, sich einer gründlichen ärztlichen Untersuchung inklusive eines Belastungstests zu unterziehen, oder wenn Ihr Konditionszustand nicht gut ist. Bei diesem Test laufen Sie 2,4 km auf einem einigermaßen flachen Kurs so schnell Sie können. Wärmen Sie sich vor diesem Test ausgiebig auf, und absolvieren Sie Stretching-übungen. Um in diesem Test eine gute Zeit zu erzielen, ist es wichtig, daß Sie Ihr Tempo gut einteilen und daß Sie motiviert sind. Stoppen Sie Ihre gelaufene Zeit, und verwenden Sie diese Zeit später in Ihrem Programm als einen Bezugswert. Versuchen Sie auf dem letzten 600-m-Abschnitt dieses Laufs Ihre maximale Leistungsfähigkeit auszuschöpfen. Kontrollieren Sie im Ziel sogleich Ihre Herzfrequenz. Der gemessene Wert ist Ihre MHF. Als wichtigstes Werkzeug beim Absolvieren dieses Tests dient ein EKG-genaues Herzfrequenz-Meßgerät, denn nur so kann die Messung genau und problemlos durchgeführt werden.
3. Die wohl einfachste Methode zur Errechnung der MHF ist die einfache Subtraktion Ihres Alters von 220:220 – Lebensalter = geschätzte MHF. Obwohl ich durchaus Abweichungen der geschätzten MHF von der tatsächlichen MHF gesehen habe, ist diese Methode dennoch zweckmäßig. Geringfügige Änderungen der fünf errechneten Stufen der Trainingsherzfrequenz können eventuelle Fehler kompensieren. Wenn die Trainingsintensität zu hart oder zu leicht erscheint, nehmen Sie die notwendigen Korrekturen vor.

Schritt 2: Den nächsten Wert, den Sie für die Berechnung der fünf Trainingsstufen benötigen, ist Ihre Ruheherzfrequenz. Zählen Sie zu diesem Zweck Ihre Pulsschläge während einer vollen Minute morgens im Bett VOR dem Aufstehen. Tun Sie dies an fünf aufeinanderfolgenden Tagen und errechnen Sie einen Durchschnittswert (ANMERKUNG: Es ist sinnvoll, vor Messung des Morgenpulses zur Toilette zu gehen, denn eine gefüllte Blase kann die Ruheherzfrequenz leicht erhöhen.)

Schritt 3: Nun sind Sie bereit, die fünf Stufen der Trainingsherzfrequenz zu berechnen. Verwenden Sie die in Tabelle 5.2 vorgeschlagene Tabelle zur Errechnung jeder der Stufen. In Abbildung 5.3 sind die unterschiedlichen Trainingszonen dargestellt, wie sie mittels der Karvonen-Methode berechnet werden. Sie können diese Graphik zur Bestimmung Ihrer Herzfrequenzzonen verwenden.

Intensitätsstufe IV: Die anaerobe Schwelle

Es gibt erhebliche Meinungsverschiedenheiten bezüglich des Werts und der Methoden der Bestimmung der anaeroben Schwelle (AT). Eine Methode zur Messung der AT ist die im Laufe eines Belastungstests mit steigender Belastungsintensität in regelmäßigen Intervallen erfolgende Blutentnahme (Labortest). In den osteuropäischen Staaten und in einigen westeuropäischen Ländern wird der Laktattest seit Jahren zur Bestimmung der AT und der Steuerung des Trainings auf der Grundlage der gemessenen Werte eingesetzt. In den Vereinigten Staaten wurden Laktattests bislang noch nicht regelmäßig im Rahmen der Trainingsdiagnostik und -steuerung eingesetzt. Die Bestimmung des Blutlaktatwerts ist eine Methode, von der vor allem Spitzensportler Gebrauch machen können.

Eine andere bei Physiologen beliebte Methode ist die Messung der Ventilation während eines maximalen Tests zur Bestimmung der VO_2max. Eine Theorie besagt, daß die AT durch einen Knick in der Ventilationskurve in Abhängigkeit vom verbrauchten Sauerstoff angezeigt wird. Die meisten von uns müssen sich jedoch auf eine andere Methode zur Bestimmung der AT verlassen und zwar schlicht auf ihr subjektives Gefühl. Einige Sportler kommen mit dieser Methode gut zurecht und absolvieren ihr Intervall-, Vertikalintervall- und Wettkampf- bzw. Tempotraining im Bereich der AT oder leicht darunter.

Conconi, Ferrari, Ziglio, Droghetti und Codeca (1982) weisen allerdings darauf hin, daß es Feldtests zur Bestimmung der AT und der entsprechenden Herzfrequenz gibt, die problemlos und nichtinvasiv (ohne Blutentnahme) durchzuführen sind. Dr. Conconi entwickelte den nach ihm benannten Test für Radsportler, Läufer, Skilangläufer und Schwimmer. Der Conconi-Test besteht aus einer Serie von Intervallbelastungen mit allmählich ansteigender Intensität über eine festgelegte Distanz und auf einem festgelegten Kurs. Die Herzfrequenz während des letzten Viertels des Intervalls und die Geschwindigkeit des Intervalls werden aufgezeichnet und grafisch dargestellt. Die AT befindet sich angeblich in dem Punkt, in dem die Herzfrequenzkurve in Abhängigkeit von der Geschwindigkeit abknickt. Wenn man diesen Test periodisch absolviert, z.B. alle zwei bis drei Wochen, kann man die Herzfrequenz im Bereich der AT bestimmen. Wenn die AT einmal bestimmt ist, wird das gesamte Intervall, Vertikalintervall- und Wettkampf-/Tempotraining in einem Bereich 10% unterhalb der AT-Herzfrequenz absolviert.

In den letzten Jahren wurde der Conconi-Test mit großem Erfolg von Radsportlern durchgeführt. Im Januar 1984 stellte Francesco Moser innerhalb einer Woche zwei neue Stundenweltrekorde auf. Er hatte auf Basis des Conconi-Tests trainiert. Der italienische Radvierer, der bei den Olympischen Spielen 1984 das 100-km-Mannschaftsfahren gewann, hatte ebenfalls den Conconi-Test zur Vorbereitung auf dieses Rennen eingesetzt. Läufer und Skilangläufer verwenden dieses Verfahren zunehmend als Feldtest. Ich bin der Meinung, daß der Conconi-Test Vorteile hat, er muß jedoch mit Vorsicht eingesetzt werden. Umgebungsbedingungen, wie z.B. Wind, Temperatur, Luftfeuchtigkeit und Bodenverhältnisse müssen berücksichtigt werden und bei jedem Test identisch sein. Ich habe den Conconi-Test in einer modifizierten Form mit Erfolg bei vielen Athleten eingesetzt. Im Anhang E finden Sie detaillierte Erläuterungen zur Durchführung dieses Tests.

Tabelle 5.2:

Auf Basis der Herzfrequenz errechnete Intensitätsstufen

Die Methode zur Errechnung der Herzfrequenz-Intensitätsstufen basiert auf der Karvonen-Methode. Es handelt sich hierbei um Schätzwerte, die eventuell je nach Ihren subjektiven Gefühlen während des Trainings ein wenig abgeändert werden müssen. Eine Erläuterung der für die unterschiedlichen Trainingskomponenten angebrachten Intensitäten finden Sie im Abschnitt „Die fünf Intensitätsstufen“ in diesem Kapitel.

Wie Sie Ihre Trainingsherzfrequenzstufen errechnen

1. Bestimmen Sie Ihre maximale Herzfrequenz (MHF) entweder, indem Sie sich einem maximalen Laufbandtest bei Ihrem Arzt unterziehen, oder indem Sie sie mittels der Formel MHF = 220 – Lebensalter schätzen.
2. Subtrahieren Sie Ihre Ruheherzfrequenz (die Sie durch Zählen Ihrer Pulsschläge während einer vollen Minute vor dem Aufstehen bestimmen) von Ihrer MHF, um die korrigierte MHF zu erhalten.
3. Multiplizieren Sie diese korrigierte MHF mit dem Prozentsatz der jeweiligen Intensitätsstufe (z.B. mit 60%).
4. Addieren Sie Ihre Ruheherzfrequenz wieder zu dem in Schritt 3 erhaltenen Ergebnis hinzu. Der erhaltene Wert ist die Intensitätsstufen-Herzfrequenz, die dem in Schritt 3 gewählten Prozentsatz entspricht.

Intensitätsstufen für das systematische Training			
Stufe	Prozentsatz der Herzfrequenz	Tatsächliche Herzfrequenzen	Komponenten des systematischen Trainings
I	60-70%	______ – ______	Überdistanz, Kraft
II	71-75%	______ – ______	Ausdauer, Kraft, Schnelligkeit
III	76-80%	______ – ______	Ausdauer, Kraft
IV	81-90%	______ – ______	Intervalle, Vertikalintervalle, Wettkampf-/Tempotraining
V	91-100%	______ – ______	Wettkämpfe, Etappe der Topform

Beispiel für einen Dreißigjährigen

1. 220 – 30 = 190 Schläge/min (geschätzte MHF)
2. 190 – 55 Schläge/min (Ruhepuls) = 135 (korrigierte MHF)
3. 135 x 0,60 (für 60% – Intensität der Stufe I) = 81
4. 81 + 55 (Ruhepuls) = 136

136 Schläge/min = 60% des Maximums als untere Grenze des Trainings der Intensitätsstufe I.

Subjektive Methoden zur Intensitätskontrolle

Bei der Entwicklung eines systematischen Trainingsplans ist die Berücksichtigung des richtigen Umfangs des Trainings der Stufe IV bzw. des Schwellentrainings besonders wichtig. Die Trainingsplanschablonen des systematischen Trainings in Anhang A enthalten die empfohlenen Umfänge des Intervall-, Vertikalintervall- und Wettkampf-/Tempotrainings für einen allmählichen Aufbau von der aeroben Grunlagenetappe bis hin zur Intensitätsetappe. Der Schlüssel zum erfolgreichen Training im Bereich der Intensitäten der Stufe IV ist, sich auf die für einen Laktatanstieg charakteristischen Körpersignale einzustellen.

Trotz eindeutiger Literaturbelege können Ventilation sowie Ihre Atemfrequenz und -tiefe aussagekräftige Indizien für Ihre AT sein. Im allgemeinen beschleunigt sich Ihr Atem, wenn Sie sich im Bereich Ihrer AT befinden. Dies hängt mit einem gesteigerten anaeroben Energiestoffwechsel zusammen. Ein Nebenprodukt dieser gesteigerten Stoffwechseltätigkeit ist eine verstärkte Milchsäureproduktion. Der Körper versucht, Milchsäure zu eliminieren, und das Ergebnis ist eine Steigerung der Kohlendioxidproduktion. Kohlendioxid wird im System nicht toleriert, der Körper unternimmt daher alles mögliche, um es abzugeben. Folglich wird Ihre Atmungsaktivität gesteigert, um das CO_2 so schnell wie möglich „auszublasen" (die Veränderungen der Atemtätigkeit werden durch die CO_2-Produktion verursacht und nicht etwa durch das Bemühen, mehr Sauerstoff aufzunehmen). Wenn Sie spüren, daß Ihre Atmung von einer tiefen und rhythmischen Frequenz zu einer beträchtlich gesteigerten Frequenz wechselt, reduzieren Sie Ihr Tempo und halten Sie die Belastung leicht unter dem Bereich, der die Änderung der Atmung bewirkte. Abbildung 5.4 illustriert dieses Phänomen.

Eine andere Methode zur Bestimmung der AT ist das Heranziehen von Signalen aus dem Bereich der Muskulatur. Eine Reduzierung der Koordination, das Gefühl „Gummi in den Beinen zu haben", oder ein Brennen deuten auf eine Belastung oberhalb der AT hin. Versuchen Sie wiederum, eine Sensibilität für diese Signale und die damit assoziierte Herzfrequenz zu entwickeln, reduzieren Sie Ihre Belastungsintensität entsprechend. Diese Signale sind allerdings nicht immer verläßlich, und ich bin sicher, daß zwischen verschiedenen Sportlern eine erhebliche Variationsbreite besteht.

Da Ausdauerathleten typischerweise einen zu hohen Umfang Ihres Trainings im Bereich oder oberhalb der AT absolvieren, empfehle ich, daß man sich beim gesamten Training der Belastungsstufe IV konservativ verhält. Es ist besser, wenn man ein Großteil des Trainings der Intensitätsstufe IV fünf bis zehn Herzschläge unter der AT-Herzfrequenz absolviert. Wenn die Etappe der Topform kommt, brauchen Sie nicht viel Zeit, um Ihren Körper auf die Rennen einzustellen. Ein verfrühtes hochintensives Training kann sehr leicht zu einem zu frühen Leistungshöhepunkt führen, wenn überhaupt ein Leistungshöhepunkt auf diese Weise erreicht wird.

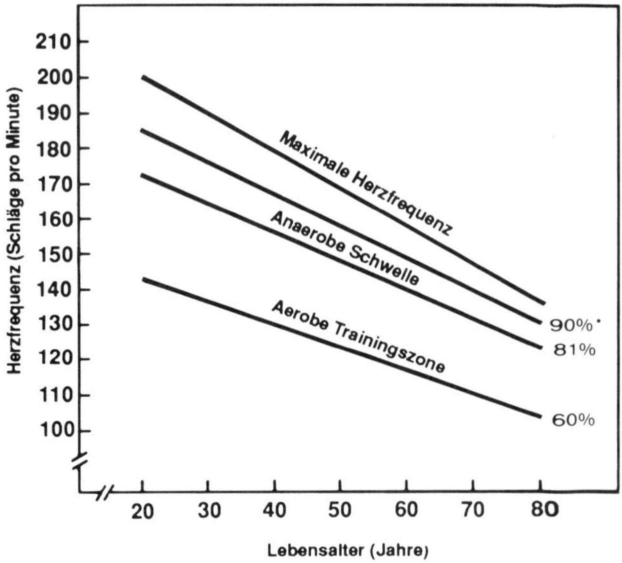

* Prozent der maximalen Herzfrequenz.
Auf der Grundlage einer Ruheherzfrequenz von 55 Schlägen pro Minute.

Abbildung 5.3: Herzfrequenz-Trainingszonen errechnet mittels der Karvonen-Methode

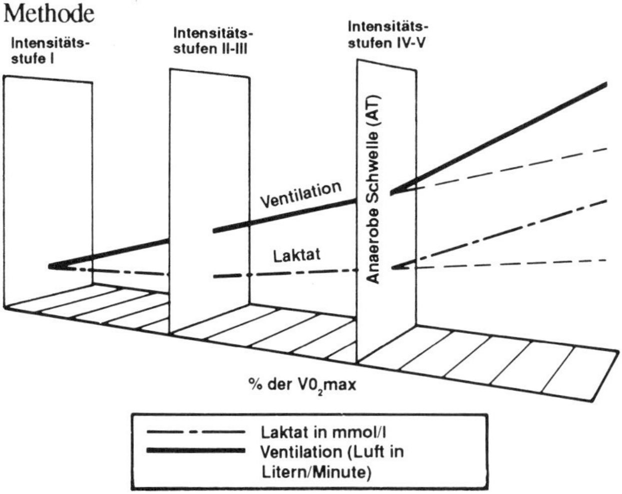

Abbildung 5.4: Im Bereich der anaeroben Schwelle ändern sich die Ventilation und die Milchsäurekonzentration. Mit Zunahme der Belastungsintensität werden mehr FT-Fasern rekrutiert.

Kontrolle der Trainingsherzfrequenz

Vor der Entwicklung kabelloser, EKG-genauer Herzfrequenz-Meßgeräte war die am weitesten verbreitete Methode zur Kontrolle der Herzfrequenz das Fühlen des Pulses an einer Arterie, am Handgelenk oder am Hals.

Gezählt wurde die Pulsfrequenz über einen Zeitraum von 10 Sekunden unmittelbar nach Beendigung der Aktivität. Multipliziert man diesen Meßwert nun mit 6, so hat man die Anzahl der Schläge pro Minute. Das Zählen im 10-Sekunden-Intervall ist am genauesten, da sich Ihr Organismus sehr schnell erholt, und Ihre Pulsfrequenz innerhalb einer Minute beträchtlich zurückgeht.

Wenn Sie daher länger als 10 Sekunden Ihre Pulsschläge zählen, ist der gemittelte Wert nicht mehr identisch mit der Belastungs-Herzfrequenz. Im Ruhezustand ist es besser, die Schläge über eine volle Minute zu zählen. Nicht nur, weil es möglicherweise Schwierigkeiten geben kann, den Puls zu fühlen oder die Anzahl der Herzfrequenz-Schläge bei hohen Frequenzen zu messen, sondern auch, weil es einer gewissen Übung bedarf. EKG-genaue Herzfrequenz-Meßgeräte zur Herzfrequenz-Kontrolle und damit Intensitäts-Kontrolle haben sich heute durchgesetzt.

Schon seit Jahren gibt es Herzfrequenz-Meßgeräte ab einer Preislage von 149,– DM im Sport- und Radfachhandel sowie in Sanitäts-Fachgeschäften. Die meisten Ausdauersportler der Spitzenklasse benutzen dieses Hilfsmittel regelmäßig zur Kontrolle ihres Trainings. Wenn Sie sowohl an Präzision als auch an der Möglichkeit der Aufzeichnung Ihrer Herzfrequenz während der Trainingseinheit und des Abrufens der ermittelten Werte nach dem Training interessiert sind, sind diese Geräte für Sie geeignet. Aus meiner persönlichen Erfahrung kann ich sagen, daß diese Herzfrequenz-Meßgeräte das Beste für Ausdauersportler darstellen „seit der Erfindung geschnittenen Brotes“. Ich bin der Meinung, daß jeder in der Entwicklung begriffene Sportler in seinem Training regelmäßig Zugriff auf ein derartiges Gerät haben sollte, denn es bietet die Gelegenheit, die unterschiedlichsten Intensitätsstufen und ihren Bezug zu einem gut geplanten, systematischen Trainingsprogramm kennenzulernen.

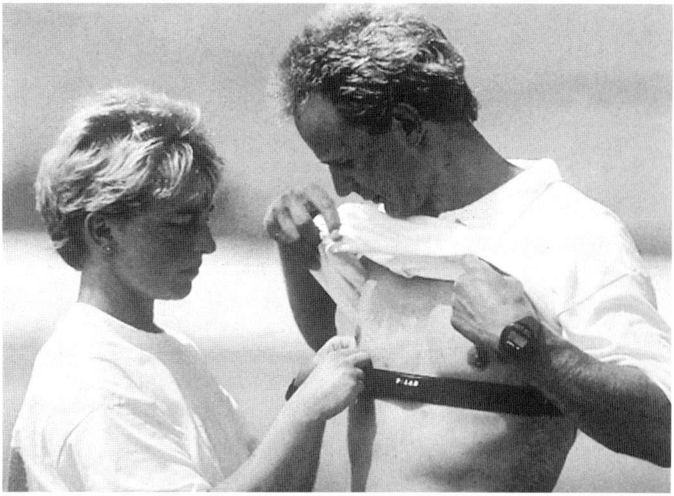

Abbildung: *Herzfrequenz-Meßgeräte sind kinderleicht zu bedienen und garantieren absolute Bewegungsfreiheit. Sie messen während des Trainings die exakte Herzfrequenz mit Hilfe eines Senders, der direkt auf der Brust getragen wird. Der Empfänger überträgt die drahtlos übermittelten Signale direkt auf einen Monitor, der am Handgelenk, am Fahrrad oder an anderen Sportgeräten befestigt ist.*

Variation der Trainingsherzfrequenz in verschiedenen Sportarten

Die Herzfrequenz muß nicht immer der beste Indikator der Sauerstoffaufnahme und des Trainingseffekts sein. Bei der Pulsfrequenzreaktion auf eine gegebene Belastung oder dem Sauerstoffverbrauch in Prozentwerten der VO_2max sind beträchtliche Variationen möglich. Es wurde gezeigt, daß man mit alleiniger Armarbeit, wie z.B. beim Doppelstockschub im Skilanglauf, nicht die gleiche VO_2max erreicht wie durch eine Laufbelastung, trotz der Tatsache, daß die Pulsfrequenz in beiden Fällen den Maximalwert erreicht. Der vermutliche Grund für diese Tatsache ist, daß bei Armarbeit weniger Muskelmasse einbezogen wird als bei Beinarbeit, so daß der Sauerstoffbedarf letztlich auch niedriger ist. Folglich erreichen Skilangläufer einen größeren Trainingseffekt durch Laufen sowie durch Praktizieren der Diagonalschrittechnik oder durch Freistil-Skilanglauf als durch den Doppelstockschub mit gleicher Herzfrequenz; denn diese Aktivitäten beziehen eine größere Muskelmasse ein und bedeuten eine höhere Belastung für den Organismus.

Darüber hinaus wird angenommen, daß die VO_2max-Werte in Abhängigkeit von der Trainingsspezifität variieren. Tests haben gezeigt, daß trainierte Triathleten ihre höchsten VO_2max-Werte während des Laufens erreichen, wohingegen die beim Radfahren und Schwimmen erreichten VO_2max-Werte nur 95,7 bzw. 86,8% der Laufwerte betragen. Andere Tests haben ergeben, daß untrainierte Personen ebenfalls ihre höchsten VO_2max-Werte beim Laufen erreichen, während die VO_2max-Werte beim Radfahren 8 bis 12% und die beim Schwimmen 18 bis 22% niedriger sind. Umgekehrt erreichen trainierte Radsportler beim Radfahren fast die gleichen VO_2max-Werte wie beim Laufen, und hochtrainierte Schwimmer erzielen beim Schwimmen immerhin 94% ihrer beim Laufen erreichten VO_2max-Werte.

Mit der Karvonen-Methode errechnete Trainingsherzfrequenzstufen relativ zum Prozentsatz der VO_2max scheinen für das Laufen am genauesten zu sein. Sie müssen in Abhängigkeit vom jeweiligen Trainingsstand, der Sportart oder der Trainingsmethode korrigiert werden. Leider ist es unklar, wie groß diese Korrektur sein muß. Ein Experimentieren mit Herzfrequenz-Meßgeräten und Ihr subjektives Gefühl werden Ihnen dabei helfen, Trainingszonenkorrekturen für unterschiedliche Aktivitäten vorzunehmen.

Physiologische Anpassung

Je besser Ihr Körper sich an das Training anpaßt, desto besser paßt sich auch Ihre Herzfrequenzreaktion an eine gegebene Trainingsbelastung an. Sie können z.B. während einer Woche Ihres Trainingsprogramms 4,8 km in 21 Minuten mit einer Herzfrequenz der Stufe I laufen. Zwölf Wochen später werden Sie wahrscheinlich in der Lage sein, die gleiche Strecke in kürzerer Zeit, allerdings mit der gleichen Herzfrequenz zu absolvieren. Ihr Körper hat sich also an die Anforderungen Ihres Trainingsprogramms angepaßt.

Eine regelmäßige Kontrolle Ihrer Herzfrequenzstufen führt zur Ausbildung eines feinen Gespürs für Ihren Körper und seine Reaktionen auf verschiedene Belastungsanforderungen. Es dauert nicht lange, bis Sie ein genaues Gefühl für die unterschiedlichen Ermüdungsstufen entwickeln. Je mehr Sie über Ihren Körper wissen, desto besser sind Sie imstande, auf die Trainingsbelastungen zu reagieren.

Ruheherzfrequenz

Die Ruheherzfrequenz oder der Morgenpuls, kann als ein guter Indikator Ihres Trainingszustands dienen. Ihr Morgenpuls wird mit zunehmender Leistungsfähigkeit zurückgehen. Wenn ich mich in Topform befinde, sinkt mein Morgenpuls z.B. bis auf 36 Schläge/Minute. Einer meiner Freunde aus der Biathlonmannschaft der USA hat sogar einen Ruhepuls von nur 29 Schlägen/Minute! Der Ruhepuls ist jedoch nicht der einzige Indikator der Fitneß – zuviele andere Variablen beeinflussen diesen Wert. Dennoch kann die regelmäßige Kontrolle des Morgenpulses sehr zweckmäßig sein. Ich empfehle, daß Sie den jeweiligen Wert in Ihrem Trainingsprotokoll verzeichnen, so daß Sie später eine Bezugsgröße haben.

Ein Anstieg Ihres Morgenpulses um 10% über den Durchschnittswert kann hinsichtlich Ihres Trainings verschiedenes signalisieren. So kann es z.B. sein, daß sich eine Erkältung, eine Grippe oder eine andere Krankheit anbahnt. Ein andermal kann es bedeuten, daß Ihre harte Trainingseinheit der Intensitätsstufe IV vom Vortag einfach ein wenig zu hart war. Des weiteren können emotionaler Streß, Schlafmangel oder eine Zeitverschiebung aufgrund einer längeren Flugreise den Morgenpuls ansteigen lassen. In all diesen Fällen reagiert der Körper auf die Beanspruchung, indem er nach mehr Ruhe verlangt. Das beste Mittel gegen einen erhöhten Morgenpuls ist Ruhe, Ruhe und noch einmal Ruhe. Sie brauchen nicht zu befürchten, daß sich das Auslassen einer geplanten Trainingseinheit negativ auf Ihre Kondition auswirkt. Es ist wesentlich sinnvoller, einen Tag mit dem Training auszusetzen und mit der nächsten in Ihrem Plan verzeichneten Trainingseinheit wieder einzusteigen. In Kapitel 7 wird das systematische Trainingsprotokoll beschrieben. In diesem Kapitel wird auch detailliert auf die Kontrolle einer Vielfalt von Belastungsfaktoren eingegangen, die das Training und die Erholung beeinflussen.

Umweltfaktoren und Herzfrequenz

Sowohl der Ruhe- als auch der Trainingspuls werden von einigen Umweltfaktoren beeinflußt. So setzt ein Training unter Hitzebedingungen das kardiovaskuläre System einer stärkeren Belastung aus, denn der Körper muß zusätzliche Energie aufbringen, um die Kühlmechanismen in Funktion zu halten.

Hypohydratation bzw. ein Flüssigkeitsmangel bewirken einen Herzfrequenzanstieg über den Normalwert hinaus. Stellen Sie daher stets sicher, daß Sie vor, während und nach dem Training gut hydriert sind.

Eine Höhenexposition beeinflußt ebenfalls die Herzfrequenz. Während der ersten beiden Wochen eines Höhentrainings ist die Herzfrequenz für eine gegebene Belastungsintensität höher als im Flachland. Nach diesem Zeitraum geht die Trainingsherzfrequenz bei der gleichen Belastung normalerweise wieder zurück. Ich empfehle Ihnen, während eines Höhenaufenthalts Ihre Trainingszeiten und -intensitäten etwas zurückzuschrauben, sich viel Ruhe zu gönnen und viel Flüssigkeit zu sich zu nehmen.

6

ENTWICKLUNG EINES SYSTEMATISCHEN TRAININGSPLANS: DIE ARBEITSBLATT-METHODE

Nun sind Sie imstande, Ihren eigenen systematischen Trainingsplan aufzustellen. Sie müssen hierzu Schritt für Schritt vorgehen. Die in den Kapiteln 1 bis 5 präsentierten Informationen sind die Grundlage der jetzt erreichten Planungsphase. In diesem Kapitel werden Sie

- die Ziele Ihres Trainingsplans bestimmen,
- die Zahl Ihrer Trainingsstunden sowie den Charakter jedes Trainingszyklus bestimmen,
- den Prozentsatz der verschiedenen Trainingskomponenten pro Zyklus bestimmen und
- systematische Trainingspläne unter Anwendung eines einfachen Formats aufstellen, einschließlich der Bestimmung des wöchentlichen Trainingsmusters und der Intensitätsstufen.

Wie Sie beginnen

Sie benötigen einige Hilfsmittel zur Erleichterung Ihrer Arbeit (Abbildung 6.1). Zunächst einmal brauchen Sie eine Rechenmaschine. (Ein Rechner, der Minuten verarbeitet, ist am besten geeignet. Sie können jedoch auch einen gewöhnlichen Rechner verwenden und mit Bruchteilen von Stunden arbeiten. Sie müssen in

Abbildung 6.1: Es macht Spaß, sein eigenes Trainingsprogramm zu planen.

diesem Fall die Stundenbruchteile in Minuten umrechnen, indem Sie sie mit 60 multiplizieren. Beispiel: 1,25 Stunden = 75 Minuten). Zweitens brauchen Sie einen Bleistift und einen Radiergummi. Wenn Sie einen Kugelschreiber oder Füllfederhalter verwenden, fällt die Korrektur von Fehlern schwerer! Verwenden Sie bitte die im Anhang A abgebildeten unausgefüllten Arbeitsblätter, denn diese entsprechen denen, auf die in diesem Kapitel Bezug genommen wird. Sehr hilfreich ist ein Photokopiergerät, mit dem Sie die in Anhang A abgedruckten Arbeitsblattformulare kopieren können, ehe Sie mit der Arbeit an Ihrem Plan beginnen. Es ist ebenfalls sehr hilfreich, alle Originalarbeitsblätter nach Fertigstellung des Plans zu kopieren. Sie haben dann sozusagen Sicherheitskopien, auf die Sie im Falle eines Verlusts der Originale zurückgreifen können.

Anwendung der Master-Schablonen

Die Master-Schablonen des Arbeitsblatts 6.4 im Anhang B können im Hinblick auf Ihre besondere Situation bloßen Richtliniencharakter haben; im Extremfall können sie jedoch auch die Funktion eines „Evangeliums" haben. Alles, was Sie tun müssen, ist, Ihre Jahrestrainingsstunden zu bestimmen und den entsprechenden Prozentsatz Ihrer Gesamtjahrestrainingsstunden – wie in den Master-Schablonen angegeben – einzutragen. Diese Pläne sind das Ergebnis meiner umfangreichen Erfahrung hinsichtlich der Entwicklung der Trainingspläne vieler Spitzenathleten. Diese Master-Schablonen-Programme wurden sorgfältig entwickelt und auf typische Situationen zugeschnitten, wie z.B. einen 10-km-Straßenlauf, einen Mitteldistanz-Triathlon oder einen Skimarathon. Ich empfehle Ihnen jedoch, den in diesem Kapitel dargestellten Planungsprozeß durchzuarbeiten, um sich ein Grundlagenwissen der physiologischen Prinzipien des systematischen Trainings anzueignen. Wenn Sie eine Schablone aus dem Anhang B verwenden, wird der Großteil der mit den Arbeitsblättern 6.2, 6.3 und 6.4 für Sie verbundenen Arbeit bereits erledigt sein. Darüber hinaus müssen Sie jedoch noch bestimmen:

- Ihre Ziele für den Gesamtplan (Arbeitsblatt 6.1),
- Ihre Jahresstunden, die aktuellen Daten der 4-Wochen-Zyklen sowie die Trainingsetappe und den Trainingsschwerpunkt jedes Zyklus (Schritte 1, 2 und 3 des Arbeitsblatts 6.2),
- Ihr Wochenmuster und die täglichen Trainingseinheiten für jeden 4-Wochen-Zyklus (Arbeitsblatt 6.5).
- An die Arbeit! ANMERKUNG: Denken Sie während Ihres Planungsprozesses daran, auf die Beispiel-Arbeitsblätter zurückzugreifen, die dazu dienen, Ihnen Ideen für Ihren eigenen Plan zu geben.

Arbeitsblatt 6.1: Ziele des Gesamtplans

Investieren Sie viel Gedankenarbeit in diesen Schritt. Wenn Sie zu Beginn Ihre Ziele, Ihre Motive für das Training sowie Ihre Stärken und Schwächen ganz klar formulieren, wird der Rest Ihres Planungsprozesses glatt verlaufen. Wenn Sie für das Bestimmen Ihrer Ziele mehr Anleitung brauchen, sehen Sie sich noch einmal Kapitel 2 an.

1 Schritt 1: Disziplinen und Wettkämpfe

Schreiben Sie sich die tatsächlichen Wettkampfdistanzen auf, für die Sie während des Jahres trainieren wollen. Sie können darüber hinaus bestimmte Breitensportwettbewerbe und Herausforderungen aufschreiben, die Sie einplanen. So kann es z.B. sein, daß Sie einen Plan für Sommertriathlons schreiben, gleichzeitig aber an Skimarathons im Winter teilnehmen wollen.

2 Schritt 2: Leistungsziele

Hier gilt es, sich über die konkreten Leistungsziele klar zu werden, d.h. sowohl über die Zeiten als auch die Distanzen. Seien Sie realistisch bei der Bestimmung Ihrer Ziele. Greifen Sie auf vergangene Leistungen zurück. Berücksichtigen Sie Ihren aktuellen Leistungszustand, den Sie mit den in Kapitel 2 beschriebenen Methoden bestimmen können, sowie Ihre Leistungen bzw. Ihr Leistungspotential im Vergleich mit anderen, um so realistische Ziele wie möglich zu formulieren. Es ist auch sinnvoll, sich kurzfristige Ziele zu setzen, wie z.B. das Absolvieren einer langen Überdistanztrainingseinheit, das genaue Führen eines Trainingsprotokolls oder die Teilnahme an einigen Trainingswettkämpfen.

3 Schritt 3: Körperliche Vorbereitung

Bestimmen Sie zunächst Ihre körperlichen Stärken und Schwächen unter Berücksichtigung Ihrer speziellen Sportart(en). Bringen Sie dann diese Stärken und Schwächen in eine Rangfolge, wobei Sie einen besonderen Schwerpunkt auf die Bereiche legen, in denen Sie sich verbessern müssen. Bestimmen Sie also die drei verbesserungswürdigsten Bereiche und Ihre drei offensichtlichsten Stärken. Die Verbesserung Ihrer drei größten Schwächen sollten die wichtigsten Ziele Ihrer körperlichen Vorbereitung sein. Wenn Sie z.B. wissen, daß Ihre aerobe Ausdauer und Kraft verbesserungswürdig sind, dann sollte ein größerer Prozentsatz Ihrer

Trainingsstunden für die Verbesserung dieser Bereiche eingeplant werden. Sie werden hierauf zurückgreifen müssen, wenn Sie zu den Arbeitsblättern 6.2 und 6.3 kommen.

4 Schritt 4: Psychologische Vorbereitung

Gehen Sie vor wie in Schritt 3, und machen Sie sich ein klares Bild Ihrer psychischen Stärken und Schwächen sowie der Bereiche, an denen Sie verstärkt arbeiten müssen. Erarbeiten Sie ferner eine Strategie zur Verbesserung Ihres mentalen Wettkampfplans (siehe hierzu: Terry Orlick, Psyching for Sport, 1986).

5 Schritt 5: Technische Vorbereitung

Hiermit ist die konkrete Technik im Training und Wettkampf gemeint. Wenn Sie z.B. Radsportler sind und über eine schlechte Klettertechnik verfügen, müssen Sie an diesem Mangel arbeiten und spezielle Bergtrainingseinheiten absolvieren. Sinnvoll ist auch das bewußte Einbeziehen alter Trainingsbücher sowie die Kontakte mit dem Trainer oder mit erfahreneren Sportlern, um ein Feedback bezüglich Ihrer technischen Fertigkeiten zu erhalten. In diesem Zusammenhang können auch die in Büchern und Videofilmen enthaltenen Informationen sehr zweckdienlich sein.

6 Schritt 6: Tests und Normwerte

Physiologische Tests können zur Bestimmung Ihres Trainingsfortschritts sehr sinnvoll sein. Die Bestimmung Ihres Körperfettanteils, eine Ernährungsanalyse, Laufbandbelastungen zur Messung der maximalen Herzfrequenz und der VO_2max sowie Blutuntersuchungen sind sehr hilfreich, wenn die Informationen genau sind und wenn die Tests von qualifiziertem Personal, wie z.B. Sportärzten, durchgeführt und die Ergebnisse unter Berücksichtigung Ihres Trainingsprogramms analysiert werden. Im allgemeinen gilt, daß Sie diese Tests umso dringender in Ihr Gesamttrainingsprogramm aufnehmen müssen, je systematischer und ernsthafter Sie Ihren Sport betreiben. Sie können jedoch zur gelegentlichen Kontrolle Ihres Fortschritts auf einige einfache Leistungstests zurückgreifen. Zeitkontrolleinheiten auf einer festgelegten Strecke sind sehr nützlich, wenn die Bedingungen von Test zu Test relativ konstant bleiben. Den allmählichen Verlust an Körpergewicht können Sie mit Ihrer Badezimmerwaage oder dadurch, daß Sie mit Daumen und Zeigefinger Ihre Hautfaltendicke messen, feststellen.

BEISPIEL-ARBEITSBLATT 6.1:
Ziele des Gesamtplans

Trainingsplan für das Jahr 19 88-89

Name: Rob Sleamaker

1 **Wettkämpfe:** Skilanglaufwettbewerbe über 10 bis 25 km, 10 km Biathlon

2	**Leistungsziele**	35 min über 10 km, 91 min über 25 km, 38 min über 10 km, Biathlon. Absolvieren eines 50-km-Rennens ohne nennenswerte Beschwerden.
3	**Körperliche Vorbereitung**	Verbesserung der allgemeinen aeroben Kapazität; Steigerung der skispezifischen Kraft; Identifizierung und Training im Bereich der anaeroben Schwelle während Intervall- und Wettkampf-/Tempoeinheiten; Entwickeln einer effektiven Regenerationsstrategie unter Einbeziehung von Massage, Entspannung, Flüssigkeitszufuhr und kohlenhydratreicher Ernährung.
4	**Psychologische Vorbereitung**	Entwickeln einer soliden Strategie der unmittelbaren Wettkampfvorbereitung; Verbesserung der mentalen Imaginationsfähigkeit; Steigerung des Selbstvertrauens; Praktizieren von Entspannungstechniken.
5	**Technische Vorbereitung**	Korrekte Körperhaltung während des Doppelstockeinsatzes; effiziente Schrittlänge; entspanntes, aber schnelles Tempo; verbessertes Gleichgewicht. Arbeit an den Skiern, um sie schnell zu machen.
6	**Tests und Normwerte**	Allgemeine körperliche Untersuchung im Mai; Blutuntersuchung im Abstand von drei Monaten; VO_2max-Tests alle drei Monate; Bestimmung des Körperfetts alle drei Monate; Conconi-Test zur Bestimmung der AT im Monatsabstand nach dem August.

Arbeitsblatt 6.2: Der Charakter des 4-Wochen-Zyklus

Dieser Schritt wird Ihnen dabei helfen, fundierte Entscheidungen hinsichtlich des Charakters jedes 4-Wochen-Trainingszyklus zu treffen. Es ist hilfreich, wenn Sie auf alte Trainingsaufzeichnungen zurückgreifen können. Wenn dies nicht der Fall ist, versuchen Sie, sich an Ihr vergangenes Training zu erinnern. Es ist zweckmäßig, wenn Sie sich noch einmal Tabelle 2.2 in Kapitel 2 ansehen, um sich den Charakter der 4-Wochen-Zyklen erneut zu vergegenwärtigen.

1 Schritt 1: Gesamtjahrestrainingsstunden

Die Anzahl der Stunden (häufig als Gesamtumfang oder Jahresstunden bezeichnet), die Sie für Ihren Plan auswählen, basiert auf verschiedenen wichtigen Faktoren. Wenn Sie über genaue Trainingsaufzeichnungen verfügen, können Sie Ihre Jahresstunden mit den in Tabelle 6.1 aufgelisteten vergleichen. Wenn Sie den Trainingsumfang Ihres letzten Trainingsjahres erhöhen wollen, können Sie dies risikolos tun, wenn die Steigerung 5 bis 10% beträgt. Greifen Sie andernfalls auf Tabelle 2.3 in Kapitel 2 zurück, um den korrekten prozentualen Anstieg Ihres Trainingsumfangs zu bestimmen.

Steigern Sie Ihren Trainingsumfang jedoch nur soweit, bis Ihr Jahresumfang die in Tabelle 6.1 aufgeführten höchsten Werte für Spitzenathleten in Ihrer Sportart erreicht. Wenn Sie im letzten Jahr weniger als 400 Stunden trainiert haben und glauben, eine mehr als 10prozentige Steigerung verkraften zu können, können Sie eine 20prozentige Steigerung Ihres Trainingsumfangs ausprobieren. Seien Sie hierbei jedoch äußerst vorsichtig, und berücksichtigen Sie möglichst viele der in Kapitel 11 beschriebenen Regenerationsprinzipien. Eine zu große Steigerung Ihres Trainingsumfangs kann zu Übertraining und sogar zu einer Erkrankung führen und wirkt sich negativ auf Ihre Wettkampfresultate aus.

Tabelle 6.1:
Trainingsumfänge in Ausdauersportarten

Wettkampfebene	Stunden pro Jahr				
	Laufen	Radsp.	Triathlon	Skilangl.	Rudern
Weltklasse	500-700	700-1200	800-1400	700-1000	700-1200
Spitzensportler	400-500	500-700	500-800	500-700	500-700
Guter Sportler	300-400	350-500	400-500	400-500	400-500
Durchschnittssportler	200-300	200-350	300-400	300-400	300-400
Anfänger	<200	<200	<300	<300	<300

Wenn Ihnen als Berufstätiger pro Woche nur eine begrenzte Zeit für das Training zur Verfügung steht, multiplizieren Sie die Ihnen wöchentlich zur Verfügung stehende Trainingszeit mit 52, um die Gesamttrainingsstunden pro Jahr zu errechnen. Wenn Sie z.B. maximal fünf Stunden pro Woche trainieren können, beträgt Ihre Gesamtjahresstundenzahl etwa 260 Stunden. Sie müssen hieran auch denken, wenn Sie den Prozentsatz des Gesamtjahresumfangs pro Zyklus sowie die Periodisierung pro Zyklus planen, so daß es keine übermäßige Abweichung von Ihrem Plan gibt.

Ein anderer Faktor, den Sie berücksichtigen müssen, ist die Zeit, die Sie in das Auf- und Abwärmen beim Training im Bereich der Intensitätsstufen I und II investieren wollen. Normalerweise können Sie 40 bis 74 Stunden im Jahr für das Auf- und Abwärmen ansetzen. Diese Zeit ist jedoch bei der in den Master-Schablonen im Anhang B vorgesehenen Gesamtzeit für das Schnelligkeits-, Intervall-, Vertikalintervall-, Tempo-/Wettkampf- und Krafttraining nicht besonders eingeplant. Sie können dieses Problem auf zweierlei Weise lösen: Lassen Sie die Jahresstunden so wie geplant und verwenden Sie Teile der für das Überdistanz- und Ausdauertraining vorgesehenen Zeit als Aufwärm- und Abwärmzeit für die anderen Trainingskomponenten in der Woche. Diese Methode funktioniert am besten, wenn Ihnen pro Woche nur eine begrenzte Zeit für das Training zur Verfügung steht und Sie möglicherweise nur eine Trainingseinheit pro Tag absolvieren können. Planen Sie z.B. eine kurze, d.h. eine 30- bis 45minütige Ausdauereinheit für einen Tag, an dem auch eine Krafteinheit in Ihrem Programm steht; verwenden Sie die Ausdauerbelastung als Aufwärmen und Abwärmen für das Krafttraining. Eine mäßig lange Überdistanztrainingseinheit (etwa 60 Minuten) kann der Erholung dienen, wenn sie unmittelbar an eine belastende Intervall- oder Wettkampf-/Tempoeinheit anschließt.

Wenn Sie ernsthaft ganzjährig trainieren, sollten Sie die zweite Methode der Integration der Aufwärm- und Abwärmzeit in Ihren Plan wählen: Addieren Sie die Aufwärm- und Abwärmzeit zu Ihren bereits früher geplanten Jahresstunden hinzu. Ich schlage vor, daß Sie Ihre Gesamtjahresstunden um die für das Auf- und Abwärmen eingeplante Zeit (normalerweise 15 bis 30 Minuten für jede Trainingseinheit, deren Intensität höher als die des Überdistanz- und Ausdauertrainings ist) erhöhen.

2 Schritt 2: Aktuelle Daten der 4-Wochen-Zyklen

Bestimmen Sie das Datum, an dem Sie mit Ihrem Trainingsplan beginnen wollen. Nehmen Sie dann einen Kalender und unterteilen Sie das Jahr in 4-Wochen-Blöcke. Schreiben Sie die Daten neben jeden Trainingszyklus (siehe Beispiel-Arbeitsblatt 6.2).

Das Jahr wird auf diese Weise in 13 4-Wochen-Blöcke von insgesamt 52 Wochen unterteilt. Es ist durchaus möglich, daß Sie aufgrund Ihrer persönlichen Erfahrungswerte dieses Schema durch 17 3-Wochen-Zyklen oder zehn 5-Wochen-Zyklen ersetzen. Im allgemeinen sind jedoch 4-Wochen-Zyklen die beliebteste und vielleicht auch die natürlichste Zyklusvariante. Auch wenn Sie ein Trainingsprogramm mit nur 26 oder weniger Wochen planen, sollten Sie die gleiche Zyklusstruktur wählen wie bei 52 Wochen. Sie müssen in diesem Fall die Länge der Trainingsetappen reduzieren und sorgfältig die Schwerpunkte der einzelnen Zyklen auswählen.

3 Schritt 3: Trainingsetappe und Schwerpunkt jedes Zyklus

Jeder Trainingszyklus muß durch eine Trainingsetappe und einen Schwerpunkt definiert werden, um die physiologischen und psychologischen Ziele des betreffenden Zyklus zu klären. Es ist besonders wichtig, die genauen Daten Ihrer Wettkampfperiode(n) festzulegen, um die entsprechenden Zyklen entsprechend zu bezeichnen. Genaue Erläuterungen zu den Trainingsetappen finden Sie in Kapitel 3. Es gibt auch besondere technische Aspekte des Trainings, die zu bestimmten Zeiten im Jahr besonders betont werden müssen.

4 Schritt 4: Prozentsatz des Gesamtjahresumfangs pro Zyklus

Die Bestimmung des Prozentsatzes der Gesamtjahresstunden (100%) für jeden Zyklus ist entscheidend für die Stärke des Gesamtplans. Wenn Sie nur eine Wettkampfperiode pro Jahr planen, ist dieser Schritt nicht so kompliziert wie im Falle von zwei oder mehr geplanten Wettkampfperioden pro Jahr. Im allgemeinen ist von Monat zu Monat eine Steigerung von 5 bis 10% beginnend mit der Grundlagenphase und endend mit dem Abschluß der Intensitätsphase zu planen (siehe Beispiel-Arbeitsblatt 6.2). Die Etappe der Topform ist normalerweise im Vergleich zur vorangegangenen Intensitätsetappe durch eine Reduzierung um 20% gekennzeichnet. Wettkampfperioden zeichnen sich in der Regel durch 5 bis 10% weniger Umfang als die Etappe der Topform aus. Diese Struktur gilt für Pläne, die mehr als eine Wettkampfperiode pro Jahr beinhalten, obwohl die Steigerungs- und Reduzierungsraten etwas weniger steil sein können. Wenn Sie mehr Anregungen zur Planung der Prozentsätze des Gesamtjahresumfangs der einzelnen Zyklen haben wollen, sehen Sie sich die Master-Schablonen im Anhang B an.

Bei der Planung des Prozentsatzes des Gesamtjahresumfangs pro Zyklus ist für das Entwerfen eines Trainingsprogramms von 26 oder weniger Wochen das gleiche Format nötig wie bei der Planung für volle 52 Wochen. Auf diese Weise können Sie die Zahl der Jahresstunden, die Sie bereits früher mit Hilfe der entsprechenden Methode bestimmt haben, verwenden. Andernfalls würden Sie fest-

ARBEITSBLATT 6.2:
Bestimmung des Charakters jedes 4-Wochen-Zyklus

Trainingsplan für das Jahr Mai 1988-April 1989
Name Rob Sleamaker
Jahrestrainingsstunden 385

					5 Periodisierung %			
					Wochen			
Zyklus	2 Zeitraum	3 Etappe	3 Schwerpunkt	4 % Jahresstd.	1	2	3	4
1	3.5.-30.5.	Grundlagenet.	Aerober Aufbau; Kraft	7	23	26	29	22
2	31.5.-27.6.	Grundlagenet.	Aerober Aufbau; Kraft	7	23	26	29	22
3	21.6.-25.7.	Grundlagenet.	Aerober Aufbau; Kraft	7,5	23	26	29	22
4	26.7.-22.8.	Grundlagenet.	Aerober Aufbau; Beginn des Intervalltr.	8	23	26	29	22
5	23.8.-19.9.	Grundlagenet.	Hügelintervalle; Kraft	8,5	22	27	33	18
6	20.9.-17.10.	Intensitätset.	Intervalltr.; Beginn Schnelligkeit/Tempo	9	22	27	33	18
7	18.10.-14.11.	Intensitätset.	Sportartspezifisches Training in 85% der Trainingseiheiten	9,5	22	27	33	18
8	15.11.-12.12.	Intensitätset.	Hoher Trainingsumfang; ausgiebige Erholung zwischen d. Trainingseinheiten	10	22	27	33	18
9	13.12.-9.1.	Topformetappe	Anaerobes Schnelligkeitstr., Tr.-Rennen	8	23	28	32	16
10	10.1.-6.2.	Wettkampfet.	Verfeinerung der Technik	7	23	28	32	16
11	7.2.-5.3.	Wettkampfet.	Meisterschaften i. d. 4. Woche d. Zyklus	7	23	28	32	16
12	6.3.-2.4.	Wettkampfet.	Saisonausklangsrennen	6,5	23	28	32	16
13	3.4.-30.4.	Erholungset.		5	25	25	25	25

stellen, daß die tatsächlichen Stunden, die Sie errechnen, ungenau sind und Ihre Absichten bezüglich des Plans nicht wiedergeben.

5 Schritt 5: Bestimmung der Periodisierung pro 4-Wochen-Zyklus

Eine allmähliche Steigerung des Trainingsumfangs von Woche zu Woche während der ersten drei Wochen des Zyklus gefolgt von einer Woche mit reduziertem Trainingsumfang (letzte Woche des Zyklus) bedeutet eine positive Belastung des Körpers und ermöglicht Erholung und eine Anpassung an die physiologischen Anforderungen. Hierdurch verbessert sich der Gesamtkonditionszustand Ihres Körpers und damit Ihr Selbstvertrauen. Typischerweise kommt es in den Zyklen der Grundlagenetappe auf eine allmähliche Steigerung und Reduzierung an, wohingegen die Steigerungen und Reduzierungen innerhalb der Zyklen der Intensitätsetappe, der Etappe der Topform und der Wettkampfetappe etwas ausgeprägter sind. In Kapitel 3 wird detaillierter auf die Periodisierung eingegangen, und das Beispiel-Arbeitsblatt 6.2 zusammen mit den Master-Schablonen in Anhang B werden Ihnen bei der Bestimmung der wöchentlichen Periodisierungsprozentsätze jedes Zyklus helfen.

Arbeitsblatt 6.3: Der Prozentanteil der Trainingskomponenten pro 4-Wochen-Zyklus

In diesem Schritt müssen Sie Entscheidungen darüber fällen, welche Trainingskomponenten Sie für Ihren Plan verwenden sowie über die Höhe der Prozentsätze dieser Komponenten innerhalb eines jeden Trainingszyklus. Der Einfachheit halber werden in Arbeitsblatt 3 aus dem Anhang A und in Beispiel-Arbeitsblatt 6.3 die Komponenten des systematischen Trainings aus Kapitel 4 verwendet. Es kann sein, daß Sie die Namen dieser Komponenten ändern wollen, um sie Ihrem Stil anzupassen, oder daß Sie nur einige dieser sieben Komponenten verwenden – das liegt ganz bei Ihnen. Man kann jedoch die Bedeutung einer einheitlichen Terminologie bei der Planung und der Diskussion des Trainings nicht genug betonen. Wenn Sie eine andere Terminologie verwenden als die in Kapitel 4 vorgeschlagene, müssen Sie sicherstellen, daß die Intensität und der physiologische Zweck jeder Trainingskomponente klar beschrieben sind.

1 Schritt 1: Etappe

Kopieren Sie die Etappen für jeden Zyklus, wie in Arbeitsblatt 6.2 festgelegt.

ARBEITSBLATT 6.3:
Bestimmung der Prozentsätze der Trainingskomponenten pro 4-Wochen-Zyklus

Trainingsplan für das Jahr Mai 1988- April 1989
Name Rob Sleamaker

Zyklus	1 Etappe	2 Stunden-prozentsatz	Prozentsatz pro 4-Wochen-Zyklus						
			3 Schnelligkeit	Audauer	Wettkampf/Tempo	Intervall	Überdistanz	Vertikalintervall	Kraft
1	Grundlage	7	0	10	0	0	70	0	20
2	Grundlage	7	0	10	0	0	70	0	20
3	Grundlage	7,5	0	10	0	0	70	0	20
4	Grundlage	8	0	5	0	5	70	5	15
5	Grundlage	8,5	0	5	0	6	69	8	12
6	Intensität	9	5	5	5	5	60	10	10
7	Intensität	9,5	5	5	5	5	60	10	10
8	Intensität	10	10	5	5	10	55	5	10
9	Topform	8	15	5	10	10	50	5	5
10	Wettkampf	7	10	5	15	10	50	0	5
11	Wettkampf	7	10	5	15	10	50	0	5
12	Wettkampf	6,5	10	5	15	10	50	0	5
13	Erholung	5	0	25	0	0	75	0	0

2 Schritt 2: Prozentsatz der Stunden

Kopieren Sie den Prozentsatz des Gesamttrainingsumfangs pro Zyklus, wie in Arbeitsblatt 6.2 festgelegt.

3 Schritt 3: Prozentsatz der Trainingskomponente pro Zyklus

In jeder Trainingsetappe findet ein allmählicher Anstieg in bestimmten Komponenten, aber eine Reduzierung in anderen Komponenten statt. Typischerweise bestehen 60 bis 70 % eines Trainingszyklus während der Grundlagenetappe aus Überdistanztraining, während 15 bis 20 % aus Krafttraining bestehen. Die Erläuterungen zu den Trainingsetappen in Kapitel 3 sind bei der Bestimmung dieser Prozentsätze sehr hilfreich. Sehen Sie sich auch noch einmal das Arbeitsblatt 6.1 an, um sich Ihre Stärken und Schwächen noch einmal vor Augen zu führen, so daß diese in diesem Schritt in Ihren Trainingsplan integriert werden können. Arbeitsblatt 6.3 und die Master-Schablonenpläne in Anhang B sind ebenfalls hilfreich.

Arbeitsblatt 6.4: Jahrestrainingsplan – Arbeitsblattberechnungen

Nun können Sie die Arbeitsblätter 6.1, 6.2 und 6.3 zusammen mit Ihrer Rechenmaschine und einem spitzen Bleistift zur Hand nehmen, um Ihren Trainingsplan zu entwerfen! Arbeitsblatt 4 hilft Ihnen, ein klares Bild dieses Prozesses zu gewinnen.

1 Schritt 1: Projizierte Jahrestrainingsstunden

Kopieren Sie diesen Wert von Arbeitsblatt 6.2. Denken Sie daran: Sie können Ihren Gesamtplan aufstellen und sich dann leicht entscheiden, mehr oder weniger Stunden als ursprünglich für das Jahr vorgesehen zu trainieren. Die Integrität Ihres Gesamtplans bleibt erhalten, auch wenn sich der konkrete Umfang ändert.

2 Schritt 2: Trainingsetappe

Kopieren Sie die Trainingsetappen von Arbeitsblatt 6.2.

3 Schritt 3: Daten jedes Zyklus

Kopieren Sie die Daten von Arbeitsblatt 6.2.

4 Schritt 4: Prozentsatz der Jahresstunden pro Zyklus

Kopieren Sie die Prozentsätze von Arbeitsblatt 6.2.

5 Schritt 5: Stunden pro Zyklus

Multiplizieren Sie Ihre projizierten Gesamtjahresstunden aus Schritt 1 mit dem in Schritt 4 aufgelisteten Prozentsatz der Jahresstunden. Tragen Sie diese Werte in Arbeitsblatt 6.4 ein.

6 Schritt 6: Periodisierungsmuster

Kopieren Sie dieses Muster von Arbeitsblatt 6.2.

7 Schritt 7: Wöchentliche Trainingsstunden

Multiplizieren Sie die in Schritt 5 errechneten tatsächlichen Stunden pro Zyklus mit dem Periodisierungswert in Schritt 6. Wenn z.B. die Zahl der tatsächlichen Stunden des 1. Zyklus 25 beträgt und die Periodisierung der 1. Woche 23% ist, dann beträgt die Zahl der Trainingsstunden für die 1. Woche 5,75 (0,23 x 25 Stunden).

8 Schritt 8: Bestimmung der für jede Trainingskomponente vorgesehenen Stunden pro Woche

Multiplizieren Sie die in Schritt 7 errechneten Trainingsstunden pro Woche mit dem in Arbeitsblatt 6.3 bestimmten Prozentsatz der Trainingskomponenten pro 4-Wochen-Zyklus. Nehmen Sie z.B. den Wert 5,75 Stunden für Woche 1 aus dem Beispiel in Schritt 7 und multiplizieren Sie 5,75 mit 70% (oder 0,70), wenn Sie 70% Überdistanztraining in Zyklus 1 absolvieren wollen. In Woche 1 des 1. Zyklus trainieren Sie also 5,74 x 0,70 = 4,025 Stunden Überdistanz. Rechnen Sie nach Abschluß dieses Schritts sicherheitshalber alle Einträge noch einmal nach.

Arbeitsblatt 6.5: Das Wochenmuster jedes 4-Wochen-Zyklus

Nachdem Sie den Jahrestrainingsplan fertiggestellt haben, rechnen Sie den Umfang jeder Trainingskomponente für jede Woche des Jahres auf die Minute genau aus. Sie erhalten als Ergebnis einen ausgewogenenen Wochentrainingsplan, der anzeigt, welche Trainingskomponente betont werden muß, welche Sportaktivität eingesetzt werden soll und welche tatsächliche Zeit in Minuten für jede Trainingseinheit vorgesehen ist. Arbeitsblatt 6.5 ermöglicht Ihnen die Planung jeweils nur eines Trainingszyklus. Verwenden Sie die Rechnungen aus Arbeitsblatt 6.4, um das Wochenmuster für jeden Zyklus zu entwerfen.

Generell gilt, daß es am besten ist, das gleiche Wochenmuster über alle Wochen eines gegebenen Zyklus beizubehalten. Vielleicht wollen Sie jedoch in einigen Fällen leichte Änderungen vornehmen. So kann es z.B. sein, daß Sie in der Wettkampfperiode nur zweimal pro Monat an einem Rennen teilnehmen wollen. Sie können in diesem Fall während zwei der Wochen die gesamte während dieses Zyklus für Wettkämpfe zur Verfügung stehende Zeit aufbrauchen und während der anderen zwei Wochen auf Rennen verzichten. Eine andere Variante, die Sie vielleicht gelegentlich einmal ausprobieren wollen, sind extralange Überdistanztrainingseinheiten während einer Woche des Zyklus, wie z.B. fünfstündige Radfahrten oder Ganztagswanderungen. Daher müssen die anderen ÜD-Einheiten des betreffenden Zyklus so abgeändert werden, daß die Gesamtzeit der für den Zyklus eingeplanten ÜD-Einheiten gleich bleibt. Vielleicht entscheiden Sie sich in Abhängigkeit vom Plan, von Ihrem Erholungsbedürfnis, eventueller Krankheit usw., zwei oder drei Tage pro Woche nicht zu trainieren. Es ist sinnvoll, auf Abweichungen vom Plan eingestellt zu sein. Die schlimmste Gewohnheit vieler Athleten ist, Sklave des eigenen Trainingsplans zu sein und nicht auf den eigenen Körper und die innere Stimme zu hören, mit der möglichen Konsequenz eines Übertrainings oder einer Erkrankung.

Im unteren Teil von Arbeitsblatt 6.5 finden Sie Wochenmuster für jede Etappe. Im allgemeinen sind Sportler beim Entwerfen ihres Wochenmusters bereit, einige Grundregeln zu befolgen. Sehen Sie sich zwecks mehr Details Kapitel 3 an. Im folgenden erhalten Sie einige Ideen, auf die Sie zurückgreifen könnten:

- Planen Sie eine lange Überdistanztrainingseinheit für Samstag oder Sonntag ein, wenn Ihnen mehr Zeit zum Training zur Verfügung steht. Diese Trainingseinheit kann bis zu 50% der in der betreffenden Woche insgesamt für Überdistanztraining vorgesehenen Zeit betragen.
- Krafttrainingseinheiten sollten nur an jedem 2. oder 3. Tag absolviert werden, um eine Erholung zu ermöglichen.

- Planen Sie das Intervall-, Vertikalintervall- und Wettkampf-/Tempotraining so, daß zwischen diesen hochintensiven Trainingstagen mindestens ein Tag mit niedriger Trainingsintensität liegt. Eine andere Möglichkeit ist, so zu planen, daß auf einen harten Tag ein oder zwei lockere Tage folgen.
- Absolvieren Sie im Anschluß an Intervall-, Vertikalintervall, Wettkampf-/Tempo- sowie harte Schnelligkeitstrainingseinheiten ein lockeres 20 bis 30 Minuten langes Abwärmprogramm. Am nächsten Tag sollte eine Überdistanz- oder lockere Ausdauertrainingseinheit auf dem Programm stehen. Dies beschleunigt die Erholung nach hochintensiven Trainingseinheiten.
- Versuchen Sie, das gleiche Wochenmuster über mehrere Zyklen beizubehalten. Ihr Körper wird sich an diese Kontinuität gewöhnen. Dies ist besonders wichtig während der Etappe der Topform und der Wettkampfetappe, wenn der Erholung nach belastenden Wettkämpfen eine ganz besondere Bedeutung zukommt. Sie werden vielleicht feststellen, daß während der Wettkampfetappe ein Intervalltraining am Mittwoch, lockeres Überdistanz- und Schnelligkeitstraining am Donnerstag und eine kurze Ausdauertrainingseinheit am Freitag eine optimale Vorbereitung für ein Rennen am Sonntag darstellen. Während einiger Wochen jedoch werden Sie dieses Muster vielleicht ändern wollen, um eine sehr lange Überdistanztrainingseinheit einbauen zu können oder um Ihr Training an Ihren Alltagsrhythmus oder die Zugänglichkeit von Sportanlagen anzupassen.

1 Schritt 1: Nummer des Trainingszyklus

Kopieren Sie die Nummer des Trainingszyklus von Arbeitsblatt 6.4 auf Arbeitsblatt 6.5.

2 Schritt 2: Daten des Trainingszyklus und jeder Woche

Kopieren Sie die Daten von Arbeitsblatt 6.4 auf Arbeitsblatt 6.5.

3 Schritt 3: Zielsetzung

Dieser Schritt beschreibt die Trainingskomponente für jede Trainingseinheit des Wochenmusters des Zyklus. Sehen Sie sich das Beispiel im unteren Abschnitt von Arbeitsblatt 6.5 an.

ARBEITSBLATT 6.4: Jahrestrainingsplan – Arbeitsblattberechnungen

Trainingsplan für das Jahr 19 88-89

Name Rob Sleamaker

Geplante Jahrestrainingsstunden 385

1	**4-Wochen-Zyklus**	**1**				**2**				**3**				**4**				**5**			
2	**Trainingsetappe**	Grundlagenetappe				Grundlagenetappe				Grundlagenetappe				Grundlagenetappe				Grundlagenetappe			
	Zahl der Wochen	**1-4**				**5-8**				**9-12**				**13-16**				**17-20**			
3	**Zeiträume**	3.5.-30.5.				31.5.-27.6.				28.6.-25.7.				26.7.-22.8.				23.8.-19.9.			
4	**% der Jahresstunden**	7				7				7,5				8				8,5			
5	**Trainingsstd. pro Zyklus**	26,95				26,95				28,88				30,80				32,73			
	Wochenziffer	**1**	**2**	**3**	**4**	**5**	**6**	**7**	**8**	**9**	**10**	**11**	**12**	**13**	**14**	**15**	**16**	**17**	**18**	**19**	**20**
6	**Periodisierungsmuster**	23	26	29	22	23	26	29	22	23	26	29	22	23	26	29	22	22	27	33	18
7	**Trainingsstd. pro Woche**	6,2	7	7,8	5,9	6,2	7	7,8	5,9	6,6	7,5	8,4	6,4	7,1	8	8,9	6,8	7,2	8,8	10,8	5,9
8	**Schnelligkeit**	–	–	–	–	–	–	–	–	–	–	–	–	–	–	–	–	–	–	–	–
	Ausdauer	0,62	0,7	0,78	0,59	0,62	0,7	0,78	0,59	0,66	0,75	0,84	0,64	0,36	0,4	0,44	0,34	0,36	0,44	0,54	0,3
	Wettkampf/Tempo	–	–	–	–	–	–	–	–	–	–	–	–	–	–	–	–	–	–	–	–
	Intervall	–	–	–	–	–	–	–	–	–	–	–	–	0,36	0,4	0,44	0,34	0,43	0,53	0,65	0,35
	Überdistanz	4,3	4,9	5,5	4,1	4,3	4,9	5,5	4,1	4,6	5,3	5,9	4,5	5	5,6	6,2	4,8	5	6,1	7,5	4,1
	Vertikalintervall	–	–	–	–	–	–	–	–	–	–	–	–	0,36	0,4	0,44	0,34	0,58	0,7	8,6	0,47
	Kraft	1,24	1,4	1,6	1,2	1,24	1,4	1,6	1,2	1,32	1,5	1,7	1,3	1,1	1,2	1,4	1	0,86	1,06	1,3	0,71

(wird fortgesetzt)

ARBEITSBLATT 6.4, Fortsetzung

1	**4-Wochen-Zyklus**	**6**				**7**				**8**				**9**			
2	**Trainingsetappe**	Intensitätsetappe				Intensitätsetappe				Intensitätsetappe				Etappe der Topform			
	Zahl der Wochen	**21-24**				**25-28**				**29-32**				**33-36**			
3	**Zeiträume**	20.9.-17.10.				18.10.-14.11.				15.11.-12.12.				13.12.-9.1.			
4	**% der Jahresstunden**	9				9,5				10				8			
5	**Trainingsstd. pro Zyklus**	34,65				36,58				38,50				30,80			
	Wochenziffer	**21**	**22**	**23**	**24**	**25**	**26**	**27**	**28**	**29**	**30**	**31**	**32**	**33**	**34**	**35**	**36**
6	**Periodisierungsmuster**	22	27	33	18	22	27	33	18	22	27	33	18	23	28	32	16
7	**Trainingsstd. pro Woche**	7,6	9,4	11,4	6,2	8	9,9	12,1	6,6	8,5	10,4	12,7	6,9	7,1	8,6	9,9	4,9
8	**Schnelligkeit**	0,38	0,47	0,57	0,31	0,4	0,5	0,61	0,33	0,85	1	1,3	0,69	1,07	1,3	1,5	0,74
	Ausdauer	0,38	0,47	0,57	0,31	0,4	0,5	0,61	0,33	0,43	0,52	0,64	0,34	0,36	0,43	0,5	0,25
	Wettkampf/Tempo	0,38	0,47	0,57	0,31	0,4	0,5	0,61	0,33	0,43	0,52	0,64	0,34	0,71	0,86	0,99	0,49
	Intervall	0,38	0,47	0,57	0,31	0,4	0,5	0,61	0,33	0,85	1,04	1,3	0,69	0,71	0,86	0,99	0,49
	Überdistanz	4,6	5,6	6,8	3,7	4,8	5,9	7,3	4	4,7	5,7	7	3,8	3,6	4,3	5	2,5
	Vertikalintervall	0,76	0,94	1,14	,62	0,8	1	1,2	0,66	0,43	0,52	0,64	0,34	0,36	0,43	0,5	0,25
	Kraft	0,76	0,94	1,14	0,62	0,8	1	1,2	0,66	0,85	1,04	1,3	0,69	0,36	0,43	0,5	0,25

ARBEITSBLATT 6.4, Fortsetzung

1	**4-Wochen-Zyklus**	**10**				**11**				**12**				**13**			
2	**Trainingsetappe**	Wettkampfetappe				Wettkampfetappe				Wettkampfetappe				Erholungsetappe			
	Zahl der Wochen	**37-40**				**41-44**				**45-48**				**49-52**			
3	**Zeiträume**	10.1.-6.2.				7.2.-5.3.				6.3.-2.4.				3.4.-30.4.			
4	**% der Jahresstunden**	7				7				6,5				5			
5	**Trainingsstd. pro Zyklus**	26,95				26,95				25,03				19,25			
	Wochenziffer	**37**	**38**	**39**	**40**	**41**	**42**	**43**	**44**	**45**	**46**	**47**	**48**	**49**	**50**	**51**	**52**
6	**Periodisierungsmuster**	23	28	32	16	23	28	32	16	23	28	32	16	25	25	25	25
7	**Trainingsstd. pro Woche**	6,2	7,5	8,6	4,3	6,2	7,5	8,6	4,3	5,8	7	8	4	4,8	4,8	4,8	4,8
8	**Schnelligkeit**	0,62	0,75	0,86	0,43	0,62	0,75	0,86	0,43	0,58	0,7	0,8	0,4	–	–	–	–
	Ausdauer	0,31	0,38	0,43	0,22	0,31	0,38	0,43	0,22	0,29	0,35	0,4	0,2	1,2	1,2	1,2	1,2
	Wettkampf/Tempo	0,93	1,31	1,3	0,65	0,93	1,31	1,3	0,65	0,98	1,05	1,2	0,6	–	–	–	–
	Intervall	0,62	0,75	0,86	0,43	0,62	0,75	0,86	0,43	0,58	0,7	0,8	0,4	–	–	–	–
	Überdistanz	3,1	3,8	4,3	2,2	3,1	3,8	4,3	2,2	2,9	3,5	4	2	3,6	3,6	3,6	3,6
	Vertikalintervall	–	–	–	–	–	–	–	–	–	–	–	–	–	–	–	–
	Kraft	0,31	0,38	0,43	0,22	0,31	0,38	0,43	0,22	0,29	0,35	0,4	0,2	–	–	–	–

4 Schritt 4: Sportaktivität

Entscheiden Sie sich, welche Sportaktivität Sie als Inhalt für die Trainingseinheit wählen wollen. Das bedeutet nicht, daß Ihre Entscheidung unumstößlich ist. Es kann sein, daß Sie eine Woche laufen und in der nächsten Woche radfahren wollen. Generell gilt: Je mehr Sie sich der Wettkampfperiode nähern, desto wettkampfspezifischer sollte Ihr Training werden.

5 Schritt 5: Intensität

Jede Trainingseinheit hat einen speziellen physiologischen Zweck, der sich anhand der Intensität kontrollieren läßt. In Kapitel 5 wurden fünf Intensitätsstufen in bezug zur Herzfrequenz und den subjektiven Gefühlen beschrieben. Jeder Komponente des systematischen Trainings wurde ebenfalls eine relative Intensität zugeordnet. Der eigentliche Rechenprozeß zur Bestimmung der korrekten Herzfrequenzintensitätsbereiche für jede der fünf Stufen wird in Kapitel 5 beschrieben. Sehen Sie sich nun Tabelle 5.2 an und rechnen Sie Ihre Herzfrequenzintensitätswerte aus. Schlagen Sie dann Arbeitsblatt 6.5 auf und tragen Sie diese Werte in die entsprechenden Freiräume ein.

6 Schritt 6: Zeit pro Trainingseinheit in Minuten

Verwenden Sie für diesen Schritt Arbeitsblatt 6.4. Sie haben bereits für jede Trainingskomponente die aktuelle Zeit pro Woche errechnet, und Sie haben ein wöchentliches Trainingsmuster für diese Komponenten ausgewählt. Nun müssen Sie entscheiden, wieviel Zeit Sie für jede Komponente an jedem einzelnen Tag einsetzen. Im Beispiel im unteren Abschnitt von Arbeitsblatt 6.5 werden die Prozentsätze der den Trainingskomponenten zugeordneten Zeit pro Woche identifiziert. Generell gilt, daß Sie die dem Überdistanz- und Krafttraining zugeordnete Zeit durch zwei oder drei Tage pro Woche dividieren. Aufgrund ihrer relativ geringen Gesamtzeit lassen sich die anderen Komponenten leicht in je eine Trainingseinheit einplanen.

Korrektur der Wochenmuster

Zur Erinnerung: Es ist durchaus möglich, die Wochenmuster innerhalb eines Zyklus zu ändern. So kann es z.B. sein, daß Sie wegen eines Zahnarzttermins in einer Woche den Mittwoch als trainingsfreien Tag planen und in der folgenden

Woche am Freitag nicht trainieren. Oder es kann sein, daß Sie sich in einer Woche entschließen, eine Ganztagswanderung durchzuführen, die die für das Überdistanztraining der gesamten Woche vorgesehene Zeit abdeckt. In diesem Fall wäre es am sinnvollsten, einige ÜD-Zeit von den anderen Wochen wegzunehmen oder eine der für die gleiche Woche geplanten ÜD-Trainingseinheiten fortzunehmen.

Im Verlauf des Jahres werden Sie herausfinden, daß die Wochenmuster Ihnen immer sinnvoller erscheinen und daß ein gleichmäßiger Rhythmus am effektivsten ist, sowohl was die Anpassung Ihres Körpers als auch die Logistik Ihrer Lebensführung anbelangt. Passen Sie das Muster gleich zu Beginn diesen Überlegungen an, und als Konsequenz wird Ihr Training Ihre Lebensführung wirklich bereichern.

Bleiben Sie flexibel bei Ihrer Planung

Trainingspläne können modifiziert werden. Sie haben Ihren Plan unter Kontrolle, und es ist ratsam, diese Kontrolle zu behalten, statt sich zum Sklaven des Plans zu machen. Die Planung, die Sie in diesem Kapitel durchgeführt haben, hat Ihnen erlaubt, sorgfältig über Ihr Training nachzudenken. Nun verfügen Sie über Dokumentationsmaterial, in dem umrissen ist, was, wie oft und wieviel Sie tun wollen und mit welcher Intensität. Alle Trainingseinheiten stehen in engem Bezug zueinander. Wenn Sie Änderungen in Ihrem Plan vornehmen müssen, z.B. hinsichtlich der Gesamtjahresstunden, können Sie diese Änderungen schnell vornehmen, ohne die Integrität Ihres Plans zu gefährden, und mit einem klaren Überblick, wie diese Änderungen den Gesamtplan beeinflussen. Die Zeiten, als Sie sich fünf Minuten vor Ihrem Training entschieden, was Sie tun wollten, sind vorbei. Nun verfügen Sie über klare Pläne, die Sie selbst entworfen haben und jederzeit variieren können, um im darauffolgenden Jahr darüber nachdenken und notwendige Änderungen vornehmen zu können. Auf diese Weise können Sie verbesserungsbedürftige Bereiche verstärkt angehen und Ihre Stärken noch besser ausbilden.

ARBEITSBLATT 6.5:
Bestimmung des Wochenmusters für jeden 4-Wochen-Zyklus

1 Trainingszyklus # 1		**2 Zeitraum des Zyklus 3.5.-30.5.**					
				Wochen			
Tag	**3 Ziel**	**4 Sportart**	**5 Intensität**	**6 Dauer der Trainingseinheit in min**			
1A	Überdistanz	Skilanglauf	I	129	147	165	123
B	Ruhe						
2A	Ausdauer	Laufen	II	12	14	16	11
B	Kraft	Circuittraining	I	24	28	32	23
3A	Überdistanz	Skilanglauf	I	64	74	83	61
B	Ruhe						
4A	Ausdauer	Laufen	II	12	14	16	11
B	Kraft	Gewichttraining	I	24	28	32	23
5A	Überdistanz	Radfahren	I	64	74	83	61
B	Ruhe						
6A	Ausdauer	Aerobic	II	12	14	16	11
B	Kraft	Gewichttraining	I	24	28	32	23
7A	Ruhe						
B	Ruhe						

ARBEITSBLATT 6.5, Fortsetzung

Typische Wochenmuster und damit assoziierte Trainingskomponenten für die Grundlagenphase, Intensitätsphase, die Phase der Topform und die Wettkampfphase des Trainingsjahres (auf Basis von Prozentsätzen der für jedes Trainingselement vorgesehenen Gesamtzeit).

Tag	Grundlagenetappe		Intensitätsetappe		Etappe der Topform		Wettkampfetappe	
	Ziel	%	Ziel	%	Ziel	%	Ziel	%
1A	ÜD	50	ÜD	50	ÜD	50	ÜD	50
B	Ruhe		Ruhe		Ruhe		Ruhe	
2A	A	33	VI	100	VI	100	Ruhe	
B	K	33	K	50	K	100	Ruhe	
3A	ÜD	25	ÜD	25	ÜD	25	ÜD	25
B	Ruhe		Ruhe		S	50	S	50
4A	A	33	IN	100	IN	100	IN	100
B	K	33	K	50	Ruhe		Ruhe	
5A	ÜD	25	ÜD	25	ÜD	25	ÜD	25
B	Ruhe		S	100	S	100	S	100
6A	A	33	A	100	A	100	A	100
B	K	33	Ruhe		Ruhe		Ruhe	
7A	Ruhe		WT	100	WT	100	WT	100
B	Ruhe		Ruhe		Ruhe		Ruhe	

S = Schnelligkeit
A = Ausdauer
WT = Wettkampf-/Tempotraining
IN = Intervalltraining
ÜD = Überdistanz
VI = Vertikalintervalltraining
K = Kraft

7

DAS SYSTEMATISCHE TRAININGS-PROTOKOLL UND -TAGEBUCH

Welchen Sinn hat die Aufzeichnung der Trainingsdaten nach einer sorgfältigen Trainingsplanung? Eine systematische Trainingsplanung kostet wertvolle Zeit, Energie und Geld – und genau das ist der Grund für das Führen eines Trainingsprotokolls. Ein gut geführtes Protokoll voll mit wichtigen Informationen ist das beste Mittel zur Evaluation des eigenen Leistungsfortschritts über einen langen Zeitraum. Ohne ausführliche Trainingsaufzeichnungen wäre es sehr schwierig, Hoch- und Tiefpunkte innerhalb des Trainingsprozesses objektiv zu beurteilen sowie Trends und Besonderheiten innerhalb des Trainings zu erkennen.
In diesem Kapitel lernen Sie kennen:

- die Vorteile des Führens eines Trainingsprotokolls und -tagebuchs;
- die wesentlichen Komponenten eines guten Trainingsprotokolls;
- das für das systematische Training geeignete Trainingsprotokoll und -tagebuch;
- Methoden der Belastungskontrolle im Training sowie der Korrektur des Trainingsplans auf Basis von Belastungssignalen;
- Methoden zur Entdeckung von Trends und zur Verfolgung des Fortschritts im Training.

Vorteile einer effektiven Trainingsprotokollführung

Ich kann mich glücklich schätzen, im Laufe der Jahre mit so vielen Top-Ausdauerathleten zusammengearbeitet zu haben. Ich habe u.a. die Beobachtung gemacht, daß die besten Athleten normalerweise detaillierte Trainingsprotokolle und -tagebücher führen und in der Lage sind, ihren Trainingsprotokollen wichtige Informationen zu entnehmen. Zwei Geschichten mögen dies verdeutlichen.

Vor zwei Jahren waren die Leistungen einer mir bekannten Skilangläuferin sowohl im Training als auch in Vorbereitungsrennen unterdurchschnittlich. Sie nahm an den Qualifikationen zur Mannschafts-Weltmeisterschaft teil, schaffte es aber nicht, einen Platz in der Mannschaft zu ergattern. Danach ging es ihr sehr schlecht. Ihre Leistungen waren ungewöhnlich schwach, vor allem, weil man von ihr erwartet hatte, ganz vorne zu sein. Aufgrund ihres mysteriösen Leistungsabfalls deprimiert und verwirrt kam sie zu mir, um mit mir zu sprechen und sich beraten zu lassen. Nachdem ich mir ihre Geschichte von den Ereignissen vor der Wettkampfsaison angehört hatte, begann ich die Teile des Puzzles zusammenzusetzen. Ich benötigte hierzu genaue Trainingsdaten (Trainingsumfang, -inhalte, Regenerationsmethoden usw.) sowie allgemeine Kommentare aus ihrem Trainingsbuch. Auf meine Bitte hin überließ sie mir ihr einigermaßen detailliert geführtes Trainingsprotokoll.

Ich studierte das Protokoll auf der Suche nach erklärenden Hinweisen. Jedesmal wenn ich auf einen aufschlußreichen Eintrag stieß, machte ich mir eine Notiz. Nach der Lektüre des Trainingsprotokolls sahen wir gemeinsam meine Notizen durch. Im Juni hatte sie sich einer Kniegelenkarthroskopie unterzogen. Obwohl ihr einige Richtlinien zur Rehabilitation mitgegeben worden waren, war offensichtlich, daß sie ihr Knie zu früh zu stark belastet hatte, denn ihre Trainingsbucheinträge in den folgenden vier Monaten ließen noch immer auf eine Schwäche im Kniegelenk schließen. Ferner hatte sie dem Trainingsbuch ihre Furcht vor einer Wiederholungsverletzung im Training anvertraut. Im Juli hatte sie den Trainer gewechselt. Von diesem Trainer erhielt sie einen neuen Trainingsplan. Ihm war das Ausmaß ihrer Verletzung nicht bewußt, und er schraubte ihren Trainingsumfang unangebracht hoch.

Im Oktober ging die Beziehung zu ihrem Freund in die Brüche. Im November geriet sie in finanzielle Schwierigkeiten und setzte sich einem großen Arbeitsstreß aus, um einige Zahlungstermine einhalten zu können. Zusätzlich reiste sie nach West Yellowstone in Montana, um ein frühes Schneetraining zu absolvieren. Die meisten Skiläufer reagieren angesichts des ersten Schnees enthusiastisch. Sie trainieren fünf Tage lang wie besessen und sind dann erschöpft. Ein derartiges Verhalten ist selbstzerstörerisch. Unsere Skiläuferin war hier keine Ausnahme.

Sie konnte der Versuchung, zusammen mit ihren Mannschaftskameradinnen den ganzen Tag lang skizulaufen, nicht widerstehen.

Ihre Trainingsbucheintragungen im November und Dezember waren sehr aussagekräftig. Ich entnahm ihnen die wesentlichen Informationen und stellte fest, daß ihr Training eine deutliche Struktur aufwies. Wenn sie sich gut fühlte, trainierte sie drei Tage lang sehr hart. Am dritten Tag erhielt sie dann die Quittung – selbst bei kurzen Einheiten war sie erschöpft. Am vierten und fünften Tag ruhte sie sich aus. Am sechsten Tag war ein Rennen oder ein Zeitkontrollauf angesetzt, und da sie sich, wenn ein Rennen anstand, immer sehr gut fühlte, ging sie raus und „knüppelte" (hierbei war es ihr egal, ob die Saison gerade erst angefangen hatte!). Den siebten Tag verbrachte sie dann im Bett.

Bei Beginn eines jeden neuen 7-Tage-Zyklus war sie stets ein wenig erschöpfter als in der vorangegangenen Woche. Als schließlich die Qualifikationswettkämpfe im Januar anstanden, war sie ein Wrack. Ihr Immunsystem war geschwächt, und gleich nach der Ankunft im Olympischen Trainingszentrum in Lake Placid erkrankte sie an Grippe. Dies ist nicht verwunderlich, denn dieses Zentrum ist aufgrund der ständig neu ankommenden und wieder abreisenden Athleten aus aller Welt ein wahrer Virenherd. Bei allen vier Rennen der Serie kam für sie das Aus mitten im Wettkampf. Keine Medaille, keine Reise nach Europa, kein Spaß.

Die Trainingsbuchanalyse brachte sowohl mir wie der Skiläuferin sehr viel. Der beste Rat, den ich ihr geben konnte, war, sich zwei bis drei Wochen völlig auszuruhen – kein Training, kein Streß. Sie hielt sich an diesen Rat und war später in der Saison in der Lage, ganz gute Rennen zu laufen. Am wichtigsten waren jedoch die Lehren, die wir aus der ganzen Angelegenheit zogen: Wenn sie kein Trainingsprotokoll und -buch geführt hätte, wäre es sehr schwierig gewesen, ihre Trainingsgeschichte so genau nachzuvollziehen.

Die zweite Geschichte, die bereits zu Beginn von Kapitel 1 kurz angerissen wurde, handelt von Sigvart Bjontegaard, dem Cheftrainer der Biathlon-Olympiamannschaft der USA von 1986 bis 1988 und früheren norwegischen Biathlonmeister. Eines Tages, als wir über Training diskutierten, zog er zwölf sauber geführte Trainingsbücher aus seiner Tasche. Es waren die Trainingsbücher, die er während der zwölf Trainingsjahre, in denen er Mitglied der norwegischen Nationalmannschaft gewesen war, geführt hatte. Die Trainingsbücher enthielten den wöchentlichen, monatlichen und jährlichen Trainingsumfang, Trainingsinhalte, Erholungsdaten, subjektive Gefühle usw. Den Abschluß jedes Trainingsbuchs bildete ein ausklappbares Diagramm, dessen Horizontalachse die 52 Jahreswochen bildeten, während auf der Vertikalachse die Prozentsätze der Wochenstunden dargestellt waren. Das komplette Diagramm war vielfarbig und sehr detailliert. Es handelte sich um ein Säulendiagramm, wobei die einzelnen Säulen je nach ÜD-, Schnelligkeits-, Kraft-, Intervall- und anderen Trainingsanteilen verschieden gefärbt waren (s. Abbildung 7.1).

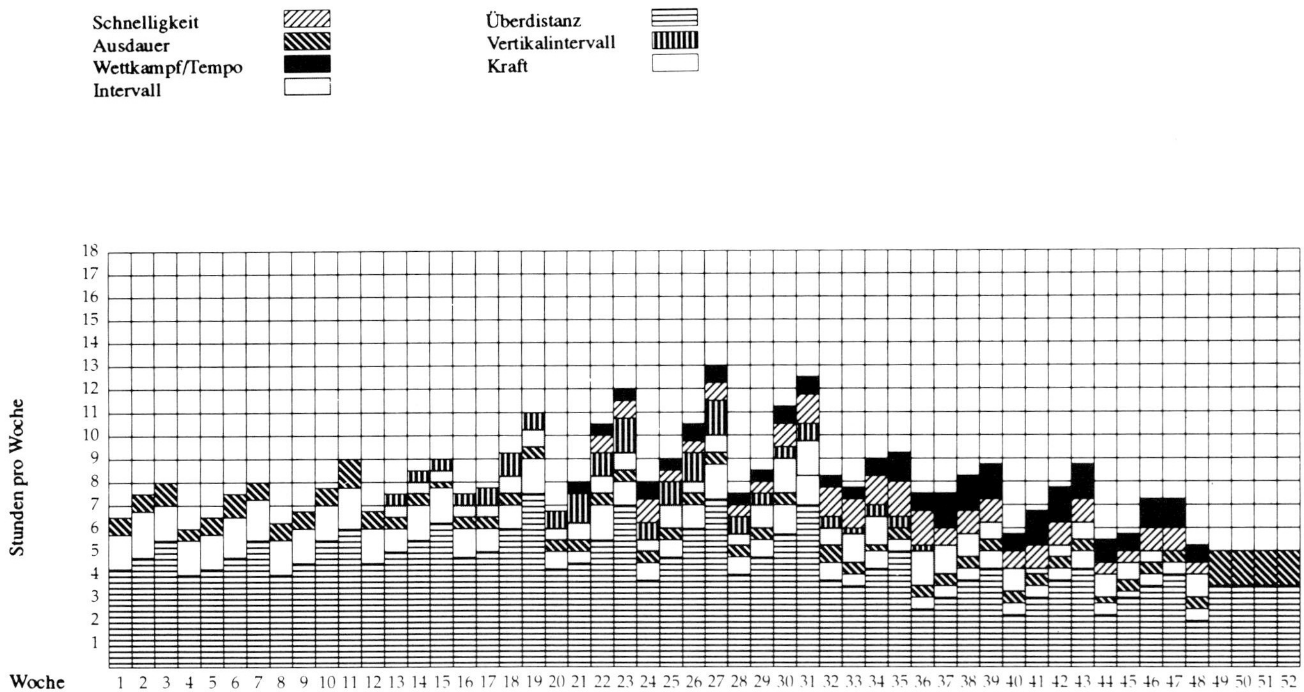

Abbildung 7.1: Eine Jahres-Leistungskurve kann Ihnen bei der objektiven Beurteilung Ihrer Stärken und Schwächen eine wertvolle Hilfe sein.

Sigvart legte all diese Jahresdiagramme nebeneinander auf den Boden und beschrieb, welche Jahre seine erfolgreichsten gewesen waren. Wir analysierten diese Jahre und entdeckten einige sehr interessante Muster. Diese Muster stimmten in sehr hohem Maß mit der heute erhältlichen trainingswissenschaftlichen Literatur überein. Sigvart war sozusagen unabsichtlich zum Wissenschaftler und Datensammler geworden – ein genauer und objektiver Beobachter seines eigenen Trainingsprozesses. Nun konnte er diese Daten benutzen, um den Athleten, die er trainierte, zu helfen.

Es gibt zahllose andere Geschichten, die belegen, wie sinnvoll Trainingsprotokolle zur Objektivierung und Optimierung des Trainings sein können. Entscheidend ist, daß ohne ein gutes System zur Eintragung der Trainingsdaten die Wahrscheinlichkeit, in einer Flut von Beobachtungen, Gefühlen, Ratschlägen von außen und eigenen persönlichen Informationen zu ertrinken, sehr viel größer wird. Ein systematisches Verfahren zur Sammlung von Trainingsinformationen ist wesentlich, um auf dem laufenden zu bleiben und um zu verstehen, welche Trainingspläne und -methoden für Sie am besten geeignet sind.

Die Anwendung des Trainingsprotokoll- bzw. Trainingsbuchsystems

Das hier vorgeschlagene systematische Trainingsprotokoll bzw. Trainingsbuch wurde speziell für das in diesem Buch vorgeschlagene Trainingssystem entwikkelt, aber es ist mit einigen Veränderungen auch auf viele andere systematische Trainingspläne und die damit verbundenen Trainingskomponenten anwendbar. Es ist so gestaltet, daß Sie mit seiner Hilfe Ihren Leistungsfortschritt nachvollziehen, Trends entdecken, Ihr Training ausgewogen gestalten und kontrollieren und Übertraining ohne einen allzu großen zeitlichen Aufwand für das Aufzeichnen unnötiger Details vermeiden können. Im Anhang D finden Sie Blanko-Blätter des hier verwendeten systematischen Trainingsprotokolls, des Trainingstagebuchs und der Jahresleistungsdiagramme.

Das Protokoll

In Abbildung 7.2 ist das Design dieses Protokolls dargestellt. Da es sich um ein ausgefülltes Protokoll handelt, kann es Ihnen als Modell dienen. Im folgenden finden Sie eine Beschreibung der Komponenten des Protokolls und eine Anleitung zum Ausfüllen:

1. Woche #: Hier tragen Sie die laufende Nummer der Trainingswoche ein, in der Sie sich gerade befinden.

2. Tag/Datum: Es ist entscheidend, daß Sie ein bestimmtes Wochenmuster zur Absolvierung der in Ihrem Plan vorgesehenen Trainingseinheiten konsequent einhalten.
3. Für das Training der einzelnen Komponenten verwendete Zeit: Tragen Sie die Zeit jeder pro Tag absolvierten Trainingskomponente in Minuten ein. Am Ende jeder Woche errechnen Sie die Gesamtzeit.
4. Intensität: Verzeichnen Sie die Trainingsintensität jeder Einheit entweder in Form der Belastungsherzfrequenz oder als Ziffer von I bis V, wobei V die höchste Intensitätsstufe ist. Kontrollieren Sie Ihren Trainingsplan, um sicherzustellen, daß Sie die betreffende Einheit in der vorgeschriebenen Intensität absolviert haben.
5. Trainingsinhalt: Notieren Sie den Inhalt jeder Trainingseinheit. Wenn Sie in einer Einheit mehr als einen Inhalt absolviert haben, wie z.B. Laufen und Radfahren, tragen Sie in den dafür vorgesehenen Raum die für jede Aktivität benötigte Zeit in Minuten ein. Es ist sinnvoll, am Ende des Jahres die für jeden Trainingsinhalt verwendete Gesamtzeit zu errechnen.
6. Stretching: Verzeichnen Sie die Minuten, die Sie gestretcht haben. Es ist am besten, wenn Sie pro Tag 15 bis 30 Minuten stretchen. Es ist sinnvoll, die Übungen im Trainingstagebuch zu verzeichnen.
7. Gefühl: Verwenden Sie hier eine Skala von 1 bis 5, wobei 1 für das schlechteste Gefühl steht und 5 für einen phantastischen Wettkampf oder eine hervorragende Trainingseinheit. Wenn Sie übermäßig häufig die Ziffer 1 eintragen müssen, deutet dies auf ein Übertraining hin. Umgekehrt bedeuten überdurchschnittlich viele Einträge der Ziffer 5, daß Sie sich Ihrer Topform nähern (hoffentlich nicht zu früh!).
8. Trainingseinheit beendet: Notieren Sie hier ein „NEIN", wenn Sie die Trainingseinheit aufgrund von Erschöpfung nicht zu Ende führen konnten. Wenn Sie eine geplante Trainingseinheit nicht zu Ende führen können, kann dies ein Zeichen für eine Überlastung sein. Wenn Sie eine Trainingseinheit aufgrund von Zeitschwierigkeiten oder wegen eines anderen nichtkörperlichen Grundes vorzeitig beenden mußten, besteht kein Anlaß zur Beunruhigung.
9. Morgenpuls: Ein Anstieg Ihres vor dem Aufstehen gemessenen Morgenpulses von mehr als 10% über den Normalwert bedeutet Überlastung oder Übertraining. Training, Familie, Beziehungen, Arbeit oder finanzielle Probleme können hierfür verantwortlich sein. Ihr Körper teilt Ihnen mit, daß er Ruhe benötigt. Sie müssen Ihren Plan entsprechend korrigieren. (**Anmerkung:** Es ist sinnvoll, vor Messung des Morgenpulses zur Toilette zu gehen, denn eine gefüllte Blase kann die Ruheherzfrequenz leicht erhöhen.)

Woche #___ Tag / Zeit	1 A	1 B	2 A	2 B	3 A	3 B	4 A	4 B	5 A	5 B	6 A	6 B	7 A	7 B	Gesamt
Datum	14.	6.	15.	6.	16.	6.	17.	6.	18.	6.	19.	6.	20.	6.	
Schnelligkeit															
Ausdauer				25			20			80	30				
Wettkampf/Tempo															
Intervall								25							
Überdistanz	90	120				74								RUHE – ERSCHÖPFT	
Vertikalintervall												40			
Kraft			30				30				30				
Intensität (I – V)	I	I	I	II		I	II	IV		II	II	IV			
Radfahren										MTN Bike					
Wandern															
Rudern															
Skilanglauf	Roller Ski					Roller Ski									
Schwimmen															
Laufen															
Andere		Kanu	K 1				K 1				K 2				
Stretching	15		15				15	15			15	15			
Gefühl (1-5)	4	4	3	3		3,5	3	3		1	2	1			
Trainingsein. beendet J/N	J	J	J	J		J	J	J		J	J	N	N		
Morgenpuls	42		41		44		45		52		54		48		
Morgengewicht	152		151		152		149		149		150		150		
Schlafstunden	7		8		6,5		6		6		9		8		

Abbildung 7.2: Ein vollständig ausgefülltes systematisches Trainingsprotokoll. Achten Sie auf die grauen Felder, die auf Überlastung bzw. zu hohen Streß hindeuten.

10. Morgendliches Körpergewicht: Wiegen Sie sich regelmäßig morgens unter identischen Bedingungen, d.h. zur gleichen Zeit vor dem Frühstück, aber nach dem Besuch der Toilette. Gewichtsverluste von mehr als 3% Ihres ursprünglichen Körpergewichts deuten normalerweise auf einen Flüssigkeitsverlust hin. Sollte dies der Fall sein, trainieren Sie an dem betreffenden Tag nur leicht, und gleichen Sie den Flüssigkeitsverlust aus. Ein Flüssigkeitsverlust von mehr als 5% des Körpergewichts ist gefährlich und könnte zu einer Überhitzung oder sogar einem Hitzschlag führen.
11. Schlaf: Führen Sie Buch über Ihre Schlafstunden. Bei 10% weniger Schlafzeit als im Normalfall sollten Sie an dem betreffenden Tag nur leicht trainieren und Ihr Schlafdefizit ausgleichen.

Das Trainingstagebuch

Es ist zweckmäßig, Gedanken, Gefühle, Lebenssituationen oder andere Beobachtungen in Form eines Tagebuchs festzuhalten. Ein Tagebuch eignet sich auch zur Aufzeichnung der im Training zurückgelegten Distanzen, der Wetterbedingungen, Trainingspartner und der jeweils verwendeten Ausrüstung. Wenn Sie nicht gerne schreiben, ist die Form des Tagebuchs vielleicht für Sie nicht besonders geeignet; führen Sie in diesem Fall sehr detaillierte Trainingsprotokolle. Die Lektüre älterer, gut geführter Trainingstagebücher kann sehr wichtige Informationen liefern. Die Trainingstagebucheintragungen sollten mit den Eintragungen im Trainingsprotokoll korrespondieren. In Abbildung 7.3 sehen Sie das Beispiel einer Seite aus einem Trainingstagebuch.

Streßsignale

Sie können Übertraining und Streß genauso wie Ihren Trainingsfortschritt kontrollieren, indem Sie Ihre morgendlichen Pulseinträge, die Aufzeichnungen Ihres morgendlichen Körpergewichts, Ihre Schlafstunden und die Anzahl der nichtbeendeten Trainingseinheiten auswerten. Wenn diese Werte von der Norm abweichen, sollten Sie dies zum Anlaß nehmen, das Training des betreffenden Tages zu ändern. Betrachten Sie die Abweichung eines dieser Werte als eine rote Signalfahne. Abweichungen von zwei Werten sollten Sie als zwei rote Signalfahnen auffassen und an dem betreffenden Tag ganz bestimmt Ihr Training ändern, entweder, indem Sie die Trainingsdauer reduzieren, die Trainingsintensität ändern oder sogar einen kompletten Ruhetag einlegen.

Diese Streßsignale haben nur eine prognostische Funktion. Setzen Sie Ihren gesunden Menschenverstand ein, und horchen Sie in Ihren Körper hinein. In

Tagebuch

Datum	Tag	Woche beginnend 1.2.89 Woche # 1
2	1	Gut geschlafen; leichte Verstopfung. 24 km mit JBL gewandert; am Ende ein wenig erschöpft, aber dennoch während der gesamten Wanderung gut gefühlt. Abends leichtes Flüssigkeitsdefizit.
3	2	Morgens leichte Verstopfung und Übersäuerung. Aber gut ausgeruht.
4	3	Mit Janet auf der Rennstrecke trainiert. Nachmittags: Lauf mit Skistöcken – Rennstrecke und um den Golfplatz herum. Sehr gut gefühlt.
5	4	Training auf Rollerskiern. 6 x 12-min-Intervalle. T-Stöcke verwendet. Lief die Biathlon-Wettkampfstrecke. 3 x 2:30-Intervalle. Geschossen 5/10. Alles in allem ein guter Tag.
6	5	Rollerski-Training auf der South Road; ein wenig müde. Super-Skier benutzt, 40 min; T-Stöcke, 40 min. Am Ende müde, aber dennoch gutes Training.
7	6	Ruhetag
8	7	2 Stunden Training im Kanu auf dem See – leicht. Den Tag über viel geschlafen!

Abbildung 7.3: Ein gut geführtes Trainingsprotokoll und -tagebuch ist entscheidend für ein erfolgreiches Training.

Abhängigkeit von Ihrer jeweiligen Situation kann es auch sein, daß Sie Ihr Training äußeren Stressoren, über die Sie nur wenig Kontrolle besitzen, anpassen müssen. Reisen (vor allem Flugreisen mit Zeitzonenwechsel), Höhenaufenthalte, Luftfeuchtigkeit, Hitze, extreme Kälte, lange Arbeitsstunden, familiäre Verpflichtungen und andere Faktoren können Ihre Regeneration nach dem Training beeinflussen. Die Erholung vom Training und andere Stressoren werden ausführlicher in Kapitel 10 besprochen.

Ausgewogenheit und Trends im Training

Das Führen eines detaillierten Trainingsprotokolls ist nicht schwierig und liefert Ihnen die Daten, die Sie – und vielleicht auch Ihr Trainer, Arzt oder Sportwissenschaftler – benötigen, um Ihr Training objektiv auszuwerten. Das vielleicht wichtigste dem Führen eines Trainingsprotokolls zugrundeliegende Konzept ist das der Ausgewogenheit. Um eine Ausgewogenheit zwischen Über- und Untertraining zu erreichen, müssen Sie Ihren Trainingszustand permanent überprüfen – die Unterlage hierzu liefert Ihnen Ihr Trainingsprotokoll. Um das feine Gleichgewicht aufrechtzuerhalten, das zur Optimierung Ihres Potentials und zur Minimierung Ihrer Ausfallzeiten notwendig ist, ist das disziplinierte Führen eines Trainingsprotokolls wesentlich. Das hier vorgestellte System der Trainingsprotokollierung ist logisch aufgebaut und einfach zu befolgen. Alles, was Sie brauchen, ist das Engagement, es für sich umzusetzen.

Wie bereits früher erwähnt, können Sie ein gut geführtes Trainingsprotokoll verwenden, um Leistungstrends und Streß zu erkennen und um andere wesentliche Informationen zu gewinnen. Vielleicht am wertvollsten ist das Erkennen eines Trends, der zu einer Trainings- oder Wettkampfleistung führte, die Sie Ihrem subjektiven Gefühl entsprechend mit der Ziffer 5 versehen haben. Studieren Sie die Wochen vor einem derartigen Training oder Wettkampf sehr genau. Vielleicht sind Sie imstande, Schlüsselfaktoren zu identifizieren, die für diese herausragende Leistung verantwortlich sind.

Umgekehrt sind Sie vielleicht auch in der Lage, negative Trends zu identifizieren. Vielleicht wollen Sie in Wirklichkeit gar nicht mit einem bestimmten Partner trainieren, weil dieser Sie jedesmal zu einer Intensität treibt, die Sie ursprünglich nicht geplant hatten. Eliminieren Sie diesen Streß, entweder, indem Sie einen Kompromiß ausarbeiten oder nicht mehr mit diesem Partner trainieren. Vielleicht stellen Sie fest, daß Sie nach ungefähr 500 Trainingskilometern in einem bestimmten Paar Laufschuhe Schmerzen im Kniegelenk bekommen haben. Es könnte Zeit für neue Schuhe sein. Die Liste ließe sich beliebig fortsetzen. Machen Sie sich einen Spaß daraus, derartige Trends selbst herauszufinden.

8

AUFWÄRMEN, STRETCHING UND ABWÄRMEN

Viele von uns haben gelernt, daß Aufwärmen Dehnen bedeutet. 15 Minuten Klappmesser, Federn, Berühren der Zehenspitzen mit durchgedrückten Knien und andere Körperverrenkungen wurden in der Vergangenheit als ausreichendes Aufwärmen vor einer harten Trainingseinheit angesehen. Diese Übungen gelten jedoch nicht länger als sichere und geeignete Formen des Aufwärmens.
Dieses Kapitel vermittelt Ihnen:

- die Vorteile des Aufwärmens,
- die physiologische Basis eines guten Aufwärmprogramms,
- wie man sich vor dem Training oder Wettkampf richtig aufwärmt,
- die Vorteile des Stretchings im Hinblick auf eine Verbesserung der Beweglichkeit,
- grundlegende Richtlinien eines physiologisch korrekten Stretchings und
- wie Abwärmübungen den Erholungsprozeß beschleunigen.

Alle diese Punkte sollten von jedem Ausdauersportler ernsthaft studiert werden.

Aufwärmen

Das Ziel eines guten Aufwärmprogramms ist, bessere Trainings- oder Wettkampfergebnisse zu erzielen. Der Begriff Aufwärmen besagt, daß sich die Körpertemperatur, oder besser die Muskeltemperatur, durch aktive oder passive Maßnahmen steigern läßt. Aktives Aufwärmen ist aerobe Muskelarbeit, die zu einer Stoffwechselaktivierung führt. Die Stoffwechselprozesse in den Muskelzellen sind temperaturabhängig, d.h., eine erhöhte Temperatur führt zu einer Stoffwechselaktivierung. Astrand und Rodahl (1977) behaupten, daß die Stoffwechselrate einer Zelle pro Grad Temperaturerhöhung um 13% zunimmt. Bei höheren intramuskulären Temperaturen nimmt die Sauerstoffabgabe aus dem Blut in das Gewebe zu. Asmussen und Boje (1960) entdeckten, daß die Arbeitskapazität des Körpers nach einem guten Aufwärmprogramm steigt.

Bei passivem Aufwärmen werden externe Maßnahmen zur Erhöhung der Körpertemperatur eingesetzt, wie z.B. Sauna, heiße Duschen, Whirlpoolbäder, heiße Packungen und Massage. DeVries (1959) zeigte, daß passives Aufwärmen zwar zu einer Leistungsverbesserung führt, daß aktives Aufwärmen aber noch bessere Ergebnisse bewirkt. Im folgenden wird daher schwerpunktmäßig auf aktive Aufwärmmethoden eingegangen.

Verletzungsprophylaxe ist ein weiterer wichtiger Grund, um sich vor hartem Training aufzuwärmen. Eine Steigerung der Muskeltemperatur verbessert die Muskelgewebselastizität, wodurch sich das Risiko von Muskelzerrungen oder -rissen verringert. Ein allmähliches Aufwärmen vor hartem Training scheint auch koronare Zwischenfälle zu verhindern. Barnard (1973) berichtet, daß richtiges Aufwärmen bestimmten elektrokardiographischen Abnormalitäten, die manchmal bei scheinbar gesunden Personen zu Beginn intensiver Laufbelastungen zu beobachten sind, vorbeugen kann. Sportler über 35 Jahre, besonders diejenigen, in deren Familien verstärkt Koronarerkrankungen vorkommen, sollten dies zur Kenntnis nehmen.

Richtiges Aufwärmen vor dem Training

Vor allen Schnelligkeits-, Wettkampf-/Tempo-, Intervall-, Vertikalintervall- und Krafttrainingseinheiten (Überdistanz- und Ausdauertrainingseinheiten stellen eine Ausnahme dar, da sie mit geringer Intensität absolviert werden) sollten Sie sich 10 bis 30 Minuten mit mäßiger Intensität (d.h. mit einer Herzfrequenz der Stufe II) aerob belasten, wobei Sie den gleichen Trainingsinhalt wählen sollten wie in der eigentlichen Trainingseinheit. Es ist am besten, wenn das Aufwärmen nicht später als zehn Minuten vor Beginn der Haupttrainingseinheit endet. Das ist besonders wichtig vor einem Wettkampf oder einer Zeitkontrolleinheit. Ist der zeitliche Abstand zwischen dem Ende des Aufwärmprogramms und dem Beginn der Hauptbelastung zu lang, kommt es wieder zu einem Abkühlen des Gewebes und einer Umkehr der Stoffwechselprozesse in den Ruhezustand.

Richtiges Aufwärmen vor dem Wettkampf

Karvonen (1978) untersuchte die physiologischen Wirkungen des Aufwärmens bei Skilangläufern und Crossläufern und wies überzeugend nach, daß das Aufwärmen bei diesen Sportlern zu einer Leistungssteigerung führte. Er untersuchte Sportler mit und ohne Aufwärmprogramm in verschiedenen Wettkämpfen und maß objektive Daten, wie z.B. die erreichten Zeiten, die Rektaltemperatur und die venöse Blutlaktatkonzentration. Ferner registrierte er die subjektive Leistungseinschätzung der Athleten. Die Resultate zeigten, daß die Athleten nicht nur den subjektiven Eindruck hatten, daß Wettkämpfe nach Aufwärmen leichter fielen, sondern daß die Wettkampfergebnisse der Athleten, die sich vorher aufgewärmt hatten, auch signifikant besser waren.

Das Aufwärmprogramm in Karvonens Untersuchung bestand aus einem allgemeinen Aufwärmen von 10 bis 20 Minuten Länge für Skilangläufer und von 20 bis 40 Minuten Länge für Läufer. Die Belastungsintensität während des Aufwärmens lag im mittleren Bereich. Lediglich in der Mitte des Aufwärmprogramms wurden einige Steigerungen absolviert. Hogberg und Ljunggren (1947) zeigten, daß ein Aufwärmprogramm von 15 bis 30 Minuten Dauer mit einem relativ hohen Energieaufwand unmittelbar vor dem Wettkampf die Gesamtleistung verbessert.

Alles deutet darauf hin, daß die Intensität und Dauer des Aufwärmens auch den Umgebungsbedingungen angepaßt werden muß. Robinson (1963) beobachtete, daß ein Aufwärmen unter Hitzebedingungen (32 Grad C) dazu führte, daß die Rektaltemperatur der aufgewärmten Straßenläufer 1,5 Grad höher war als die der Läufer, die sich vor dem zu absolvierenden 10-km-Lauf nicht aufgewärmt hatten. Der Anstieg der Rektaltemperatur vor einem Hitzerennen kann die Leistung aufgrund einer Überhitzung und daraus entstehender Probleme negativ beeinflussen.

Verbesserte Beweglichkeit durch Stretching

Stretching ist nicht synonym mit Aufwärmen. Im allgemeinen empfehle ich, keine Stretchingübungen in das Aufwärmen einzubeziehen. Die Verletzungsgefahr kann zunehmen, wenn Dehnübungen absolviert werden, bevor die Muskeln richtig aufgewärmt sind. Stretching hat jedoch einen Platz im Training der Ausdauersportarten. Entscheidend ist, wo, wann und wie Sie Stretching in Ihr Programm aufnehmen (Abbildung 8.1).

Abbildung 8.1: Stretchingübungen sind nach einem vollständigen Aufwärmprogramm oder im Anschluß an eine Trainingseinheit am effektivsten.

Vorteile des Stretchings

Ein intensives körperliches Training kräftigt im allgemeinen die spezifischen Muskeln, die bei der jeweiligen Trainingsaktivität belastet werden. Diese Muskelgruppen und das sie umgebende Bindegewebe werden allerdings normalerweise mit zunehmender Kraft weniger beweglich. Die Abnahme der Beweglichkeit wird von einer Zunahme des Verletzungsrisikos begleitet. Dies ist auf eine erhöhte Spannung der Muskelfasern und des Bindegewebes sowie auf einen verringerten Bewegungsumfang, der die richtige Ausführung der Bewegungstechnik verhindert, zurückzuführen. Alle Sportler sollten bemüht sein, Verletzungen vorzubeugen, und ein größerer Bewegungsumfang kann eine Leistungsverbesserung bewirken. Zu einer verbesserten Leistung tragen eine Verlängerung der

Schrittweite im Laufen und Skilanglauf (flache Skiführung), ein längerer Armzug im Schwimmen und eine aerodynamischere Körperhaltung im Radsport bei.

Stretching vor hartem Training

Wenn Sie vor einer harten Trainingseinheit, vor allem vor Schnelligkeits- und Krafttraining, die einen großen Bewegungsumfang verlangen, stretchen wollen, wärmen Sie sich stets vorher auf. Richten Sie sich beim Stretching nach den folgenden Richtlinien:

1. Stretchen Sie jede Muskelgruppe, die Sie während des Trainings belasten wollen, langsam und statisch. Nehmen Sie die Dehnposition ein, und halten Sie sie im Punkt einer angenehmen Spannung. Dehnen Sie NIE bis zur Schmerzschwelle.
2. Halten Sie jede statische Dehnung 15 bis 60 Sekunden. Vermeiden Sie ballistische oder federnde Dehnübungen, denn bei diesen Übungen besteht die Gefahr der Überdehnung der Muskeln und des Bindegewebes.
3. Atmen Sie vor jeder Dehnübung durch die Nase ein, und atmen Sie bei Beginn der Dehnübung durch den Mund aus.
4. Wenn Sie die Dehnposition einmal eingenommen haben, entspannen Sie die Muskeln, die in der Primärdehnung nicht beteiligt sind, und konzentrieren Sie sich dann wieder auf die Muskeln, die Sie zu dehnen versuchen.

Stretching nach dem Training

Die Zeit unmittelbar nach dem Training ist zum Stretching optimal, denn die Muskeln sind jetzt aufgewärmt. Gehen Sie in folgenden Schritten vor:

1. Reduzieren Sie nach einem harten Training zunächst die Belastungsintensität und wärmen Sie sich auf diese Weise 10 bis 15 Minuten ab. Ziehen Sie sich dann trockene Sachen sowie einen Aufwärmanzug an (bei kaltem Wetter zusätzlich eine warme Mütze).
2. Suchen Sie sich zum Stretchen einen warmen, trockenen Ort. Entspannende Musik kann auch hilfreich sein.
3. Befolgen Sie die Richtlinien für das Stretching vor dem Training, und konzentrieren Sie sich auf die Muskelgruppen, die im Training am stärksten belastet wurden. Dies ist auch eine gute Gelegenheit, um alle anderen Muskelbereiche zu dehnen.

4. Sinnvoll ist, die Hauptmuskelgruppen vor dem Stretching zu kneten und zu massieren. Dies trägt zur Lockerung bei.

Allgemeine Richtlinien für Beweglichkeitsübungen

- Stretchen Sie regelmäßig, möglichst täglich. Turner und Aerobic-Lehrer sind nur deswegen so beweglich, weil sie jeden Tag stundenlang Dehnübungen absolvieren. Ich kenne eine Übungsleiterin, die behauptet, oft im Spagat sitzend mit vor dem Körper abgestützten Ellenbogen fernzusehen oder Zeitung zu lesen.
- Führen Sie langsame und statische Stretchingübungen aus. Vermeiden Sie zu federn. Entspannen Sie Ihre Muskeln stattdessen, und bewegen Sie sich langsam in die Dehnung hinein. Stoppen Sie die Bewegung, bevor Sie Schmerzen oder eine zu große Spannung spüren. Atmen Sie regelmäßig aus und ein, und lockern Sie dabei jede Spannung, die Sie spüren. Halten Sie jede Dehnung 15 bis 60 Sekunden, und versuchen Sie, den Dehnungsgrad allmählich zu vergrößern.
- Setzen Sie sich für das Stretching realistische Ziele. Es besteht keine Notwendigkeit, irgend jemand anders zu übertrumpfen oder sich im Vergleich zum Vortag zu verbessern. Das einzige, was Sie tun müssen, ist, die Muskelspannung auf eine angenehme Weise zu lockern, und Sie werden feststellen, wie sich Ihre Beweglichkeit allmählich verbessert.
- Die Zunahme der Beweglichkeit ist ausgeprägter, wenn Sie das Stretching nach körperlicher Aktivität ausüben, denn dann ist die Muskeltemperatur hoch.

Sie müssen eine Formel entwickeln, die für Sie am besten funktioniert. Ich habe herausgefunden, daß Stretching mir am meisten bringt, wenn ich es mittags oder abends nach dem Training absolviere. Häufig dehne ich meine verspannte hintere Oberschenkelmuskulatur mit großem Erfolg, wenn ich in der Sauna oder in einem heißen Bad sitze. Es ist wichtig, daß Sie Beweglichkeitstraining als etwas betrachten, das Ihnen langfristige Vorteile bringt, und nicht so sehr als eine spezifische Aktivität zum Aufwärmen oder zur Verletzungsprophylaxe vor intensivem Training. Wenn Sie sich richtig aufgewärmt haben, sind Ihre Muskeln ganz natürlich auf intensive Bewegungsabläufe vorbereitet.

Anderson hat im Jahr 1980 ein empfehlenswertes Buch vorgelegt (s. Quellenverzeichnis S. 268), das Ihnen beim Erlernen von Beweglichkeitsübungen und der entsprechenden Bewegungstechniken gute Dienste leisten kann. Qualifizierte Aerobic-, Turn- und Tanz-Übungsleiter sowie Leichtathletiktrainer und Physiotherapeuten können Ihnen ebenfalls richtige Stretchingtechniken zeigen.

Abwärmen

Bei intensivem Training sammeln sich normalerweise Stoffwechselabfallprodukte an, wie z.B. Milchsäure. Oft kommt es auch zu leichten Zerrungen oder Rissen des Bindegewebes. Beides führt zu Muskelschmerzen. Vor allem ist es notwendig, die Stoffwechselabfallprodukte zu entfernen, um die Erholung nach dem Training zu beschleunigen. Es hat sich gezeigt, daß ein gründliches Abwärmen nach dem eigentlichen Training die Entfernung von Milchsäure erheblich beschleunigt.

Shevciw (1986) berichtet von einer Untersuchung mit der deutschen Junioren-Hockey-Nationalmannschaft, deren Mitglieder einen 3000-m-Lauf absolvierten, der bei ihnen eine hohe Milchsäurekonzentration hervorrief. Unmittelbar nach dem Lauf wurden jedem Sportler 20 ml Blut entnommen. Drei weitere Blutproben wurden 3, 6 und 30 Minuten nach dem Lauf entnommen. Zwischen der Blutentnahme in der 6. Minute nach dem Lauf und der in der 30. Minute danach lief die Hälfte der Sportler 15 Minuten lang mit einer niedrigen Intensität, während die andere Hälfte inaktiv war. Die Blutproben, die in der 30. Minute nach dem 3000-m-Lauf entnommen wurden, zeigten, daß die Sportler, die sich aktiv abgewärmt hatten, signifikant niedrigere Milchsäurekonzentrationen aufwiesen als die Sportler, die sich nicht abgewärmt hatten.

Ich habe mehrere Spitzensportler beobachtet, die sich nach dem Training und Wettkämpfen stets abwärmten. Bei den Biathlon-Weltmeisterschaften 1987 war ich Zeuge, wie der Amerikaner Josh Thompson die Silbermedaille im 20-km-Rennen gewann – die erste Medaille, die ein amerikanischer Biathlet je bei Biathlon-Weltmeisterschaften gewonnen hatte. Nachdem er diesen Erfolg kurz mit den Trainern und den Mannschaftskameraden gefeiert hatte, zog er sich einen trokkenen Trainingsanzug an und lief sich 30 Minuten auf Skiern aus, bevor er sich den zahlreichen Fans und Reportern präsentierte!

Idealerweise sollte das Abwärmen genauso wie das Aufwärmen erfolgen. Richtig ist eine 15- bis 30minütige Aktivität der Stufe I mit den gleichen Inhalten wie im Training des betreffenden Tages. Im Anschluß an Krafttrainingseinheiten sollten Sie sich 15 bis 30 Minuten leicht aerob belasten. Es besteht kein Anlaß, sich nach dem ÜD- oder Ausdauertraining abzuwärmen, denn diese Trainingsarten werden ohnehin mit Abwärmintensität absolviert. Es ist eine gute Idee, sich vor dem Abwärmen einen trockenen Trainingsanzug (und bei Kälte obendrein eine Mütze) anzuziehen. Das beugt Erkältungen vor. Es ist ebenfalls sinnvoll, bereits während des Abwärmens zu trinken. Suchen Sie sich nach dem Abwärmen einen warmen und trockenen Platz, um Ihr Stretchingprogramm zu absolvieren.

9

ERNÄHRUNG FÜR OPTIMALE LEISTUNGEN

Der wichtigste leistungsbegrenzende Faktor im Bereich der Ernährung ist bei Ausdauersportarten eine chronisch unzureichende Kohlenhydratzufuhr. Gollnick (1985) stellte fest, daß Kohlenhydrate der wichtigste Brennstoff bei intensiven Ausdauerbelastungen sind. Daher ist Ausdauersportlern zu empfehlen, täglich sehr viel Kohlenhydrate zuzuführen. Die Kohlenhydratzufuhr steht folglich auch im Mittelpunkt dieses Kapitels. Das systematische Training erfordert eine umfassende Kenntnis des Energiestoffwechsels und der energetischen Anforderungen unterschiedlicher Trainingsarten, -umfänge und -intensitäten. In diesem Kapitel werden die folgenden Themen behandelt:

- Überblick über die energiereichen Nährstoffe Kohlenhydrate, Fette und Proteine
- Vorteile einer kohlenhydratreichen Ernährung
- Der Kohlenhydratfaktor: Wie man den richtigen „Stoff" findet
- Ernährung vor und nach dem Wettkampf
- Der Flüssigkeitsfaktor: Wasser – der wichtigste Nährstoff

Überblick über energiereiche Nährstoffe

Nahrungsmittel sind Brennstoffe für Ihre Hochleistungsmaschine – Ihren Körper. Dies ist meine Sichtweise der Sporternährung. Die Analogie trifft zu, weil die beste Nahrung für sportliche Leistungen auch am besten für die Gesunderhaltung und die Krankheitsprophylaxe geeignet zu sein scheint. Es ist wichtig, daß Sie mehr über die Nahrungsmittel erfahren, die Sie mit den richtigen Brennstoffen versorgen (Abbildung 9.1).

Abbildung 9.1: Eine gesunde Nahrung ist wichtig für ein erfolgreiches Training

Kohlenhydrate: Der wichtigste energiereiche Nahrungsbestandteil

Kohlenhydrate und Fette sind die wichtigsten Brennstoffe. Der Körper greift zunächst auf diese Brennstoffe als Energiequellen zurück. Kohlenhydrate sind in einer Reihe von Nahrungsmitteln enthalten, z.B. im weißen Zucker, Vollkorn, in Stärke, Gemüse und Obst. Wenn diese Nahrungsmittel einmal verdaut sind, werden sie in gleicher Weise zur Energiebereitstellung verwendet. Verarbeitete Kohlenhydrate finden sich in mobilem Zustand als Glukose im Blut oder gespeichert als Glykogen in den Muskeln und der Leber. Übermäßig zugeführte Kohlenhydrate werden in freie Fettsäuren umgewandelt und als Fettgewebe gespeichert (Körperfett).

Ernährungsfette (im Fleisch, in Milchprodukten, Geflügel, Fisch, Ölen und Nüssen) sind ebenfalls eine wichtige Energiequelle. Sie werden neben den Kohlenhydraten als Brennstoffe verwendet. Fett wird im Körper als Fettgewebe gespeichert, wenn Fett, Kohlenhydrate oder Proteine übermäßig zugeführt werden. Dieses gespeicherte Fett ist das wichtigste Energiereservoir des Körpers, wenn auch nicht notwendigerweise die am effektivsten ausgenutzte Quelle.

Nach Holloszy und Booth (1976) verbrennt der Körper während intensiver Ausdauerbelastungen (mehr als 65% der VO_2max) hauptsächlich Kohlenhydrate. Kohlenhydrate sind der Brennstoff, der den Muskelzellen am leichtesten zur Verfügung steht. Das einzige Problem ist, daß wir nur eine begrenzte Kohlenhydratmenge im Körper speichern können. Wissenschaftler schätzen, daß ein etwa 70 kg schwerer, guttrainierter Ausdauersportler etwa 1800 kcal als Glykogen oder Glukose speichern kann. Eine gut trainierte, etwa 55 kg schwere Ausdauersportlerin kann etwa 1550 kcal speichern.

Diese Energiereserve läßt sich in etwa 90 bis 180 Minuten kontinuierliche Aktivität umsetzen, je nachdem, wie ökonomisch der Sportler sich bewegt, wie hoch die Belastungsintensität ist und welche Umgebungsbedingungen herrschen. Bei hartem Training und einem Wettkampf sind diese Glykogenvorräte nach etwa zwei Stunden aufgebraucht. Vielleicht ist Ihnen das Phänomen des „Gegen-die-Mauer-Laufens" beim Marathonlauf bekannt. Hiermit ist die allmähliche Leerung der Glykogenspeicher des Körpers während des Trainings und Wettkampfs gemeint. Dieser Zustand geht einher mit starken Erschöpfungsgefühlen, Schwindel, lokalen muskulären Schmerzen und einer anormal hohen Herzfrequenz. Der Körper ist zwar zur Fortsetzung der Belastung imstande, aber nur mit stark reduzierter Intensität oder Frequenz, denn nun werden fast ausschließlich die Fettvorräte des Körpers zur Energiebereitstellung herangezogen. Die Fettverbrennung alleine ist eine sehr unökonomische Methode der Energiebereitstellung im Sport. Die beste Methode, eine derartige Situation zu umgehen, ist die höchstmögliche Auffüllung der Muskelglykogenspeicher vor dem Wettkampf.

Wichtig ist, zu berücksichtigen, daß sich Ihre Glykogenspeicherkapazität durch geeignetes Training und die richtige Ernährung verbessern läßt. Wenn Sie so trainieren, daß sich die Gewebsglykogenspeicher leeren und Sie dann eine wirkungsvolle Kohlenhydrat-Fett-Protein-Mischung zu sich nehmen, werden die Muskelzellen in die Lage versetzt, etwas mehr Glykogen als vorher zu speichern. Natürlich ist diese Glykogenspeicherung begrenzt – diese Grenze liegt im Falle hochtrainierter Ausdauerathleten in der Regel bei ungefähr 1800 bis 2000 kcal. Durch ein systematisches Training kann jedoch die Glykogenspeicherkapazität verbessert werden, indem Ihr Körper angeregt wird, sich an höhere Anforderungen anzupassen (natürlich unter der Voraussetzung, daß Kohlenhydrate über die Nahrung zugeführt werden). Es handelt sich hierbei um einen allmählichen, langfristigen Prozeß; Sie können sich nicht einfach mit Kohlenhydraten vollstopfen und dann hinausgehen und glauben, einen Triathlon erfolgreich bestreiten zu können.

Wieviel Prozent Ihrer Nahrung müssen aus Kohlenhydraten bestehen? Wissenschaftliche Ergebnisse zur Sporternährung besagen, daß mindestens 55 bis 65% der Nahrung aus (hauptsächlich komplexen) Kohlenhydraten bestehen sollten. Dies trifft sowohl auf Sportler als auch Nichtsportler zu. Ausdauersportler sollten mehr als 70% ihrer Energie in Form von Kohlenhydraten zuführen, je nachdem, wieviel Zeit sie mit Training verbringen und wie intensiv dieses Training ist.

Leider enthält die Nahrung des Durchschnittsamerikaners weniger als 50% Kohlenhydrate. Starke ökonomische und soziale Einflüsse haben den amerikanischen Verbraucher konditioniert, große Mengen Fleisch und Milchprodukte zu konsumieren, die sehr fett- und proteinreich, aber sehr kohlenhydratarm sind. Sportler, die sich derart ernähren, haben häufig Schwierigkeiten, ihre Glykogenspeicher jeden Tag aufs neue aufzufüllen. Eine chronische Leerung der Glykogenspeicher (selbst wenn sich „chronisch" auf nur wenige Tage bezieht) kann zu Übertraining, Verletzungen und unterdurchschnittlichen Leistungen führen.

Eine Erfahrung, die ich erst kürzlich machte, kann dies belegen. Ein Spitzenläufer besuchte mich und fragte mich um Rat, denn er hatte ein stetiges Nachlassen seiner Leistungen beobachtet. Er klagte über chronische Ermüdung und Lustlosigkeit während des Trainings und der Erholungsphasen. Seine letzten vier Rennen waren sehr schwach gewesen, und in einem 15-km-Rennen hatte er während der letzten Kilometer fast einen Blackout erlitten. Mental jedoch war er noch immer sehr leistungsbereit, seine Arbeitsproduktivität und sein Familienleben waren sehr gut. Er war außerstande, einen Grund für seine Leistungsschwäche anzugeben.

Ich stellte ihm einige Fragen. Eine etwaige Austrocknung konnte ich sofort ausschließen, denn auf einen ausreichenden Flüssigkeitsausgleich hatte er stets sorgfältig geachtet. Schließlich sah ich mir sein Trainingsbuch an. Zwei Wochen vor Beginn der Wettkampfsaison war er an einer Grippe erkrankt. Nach Abklingen der Grippe hatte er sogleich wieder ein hochintensives Training aufgenommen, um für die ersten großen Rennen seine Topform zu erreichen. Sein Training bestand hauptsächlich aus Schnelligkeitsarbeit, Intervallen und Tempotraining, und bei all diesen Trainingsinhalten ist der Körper auf Kohlenhydrate angewiesen.

Ich begann, das Puzzle zusammenzusetzen, und analysierte seine Ernährung, indem ich ihn bat, alles, was er aß, eine Woche lang aufzulisten. Die Analyse bestätigte meine schon länger bestehende Vermutung – dieser Sportler litt an einer chronischen Entleerung der Glykogenspeicher aufgrund einer unzureichenden Wiederauffüllung. Seine Nahrung enthielt nur 40% Kohlenhydrate, 17% Proteine und den Riesenanteil von 43% Fett. Mit Wiederaufnahme seines Trainings nach der Grippe war er geradewegs in diesen chronischen Mangelzustand geraten. Kein Wunder, daß er in Rennen Schwierigkeiten hatte!

Ich erteilte ihm rasch einen Basiskurs in Sporternährung und gab ihm einen Ernährungsplan mit, der eine 70prozentige Kohlenhydraternährung vorschrieb. Er arbeitete hart, um sein Ernährungsbewußtsein und seine Kenntnisse kohlenhydratreicher Nahrungsmittel zu verbessern. Gleichzeitig reduzierte er den hohen Fettanteil seiner Nahrung. Innerhalb weniger Wochen lief er wieder Rennen und trainierte seinen Möglichkeiten entsprechend.

Ellsworth, Hewitt und Haskell (1985) stellten ähnliche Bedingungen bei Skilangläufern der Spitzenklasse fest. Viele Sportler sind demzufolge der Meinung, genug Kohlenhydrate zuzuführen, während eine Analyse ihrer tatsächlichen Kohlenhydratzufuhr jedoch das Gegenteil ergeben würde.

Wieviel Fett in der Nahrung ist ausreichend?

Sehr wenig. Höchstens 25% Ihrer Kalorienzufuhr sollten aus Fetten bestehen. Die Nahrung der meisten Amerikaner besteht zu 40 bis 45% aus Fetten. Sie führen ihrem Körper zu wenig Glykogen zu, um für harte Trainingsbelastungen vorbereitet zu sein. Darüber hinaus laufen sie Gefahr, sich eine der vielen, durch eine fettreiche Ernährung verursachten Erkrankungen zuzuziehen. Das Risiko einer zu hohen Blutcholesterinkonzentration, einer Koronarerkrankung, des Bluthochdrucks, einer Divertikulose, Krebserkrankung, Fettleibigkeit und anderer Krankheiten nimmt bei fettreicher Ernährung zu.

Fette liegen entweder in offenem oder „verstecktem" Zustand vor. Offene Fette sind Nahrungsmittel wie z.B. Öl, Butter, Margarine, Schmalz und sichtbares Fett im Fleisch. Versteckte Fette werden in Kombination mit anderen Nahrungsmitteln aufgenommen – Gebratenes, Gebäck mit viel Öl und Butter, fettes Fleisch, Vollmilchprodukte, Eier, Nüsse und Nußbutter. Es ist häufig schwierig, Fette in der Nahrung zu entdecken, aber sie addieren sich mit Sicherheit auf. Wenn Sie einige der oben erwähnten Nahrungsmittel, ohne auf ihren Fettgehalt zu achten, regelmäßig konsumieren, nehmen Sie vermutlich bereits zuviel Fett zu sich.

Ein wenig Fett in der Nahrung ist notwendig. Es wird benötigt zur Isolierung der Nerven, bei der Herstellung bestimmter Hormone und für Zellmembranen. Fette sind ferner eine wichtige Energiequelle.

„Fette werden in den Flammen der Kohlenhydrate verbrannt" ist eine Phrase, die zur Beschreibung der energieausnutzenden Mechanismen der Muskelzelle gebraucht wird. Bei niedriger bis mittlerer Intensität kann es zu einem glykogensparenden Effekt kommen, wenn Fette zur Energieversorgung des Muskels mit beitragen können. Denken Sie jedoch daran, daß selbst das Bindegewebe der schlanksten Sportler jede Menge Fett enthält, das zur Energieversorgung herangezogen werden kann. Die meisten Experten in Sachen Sportlernahrung glauben daher nicht, daß es notwendig ist, Fette gezielt zuzuführen. Josh Thompson, einer der besten Skilangläufer und Biathleten der Welt, behauptet, an einer „Fett-Phobie“ zu leiden. Er untersucht jedes Stück Nahrung, das er sich in den Mund schiebt, vorher sehr sorgfältig, um sicherzustellen, daß er nicht zuviel Fett zu sich nimmt. Es wäre eine gute Idee, wenn alle Ausdauersportler, aber durchaus auch Nichtsportler, eine gewisse „Fett-Phobie“ entwickeln würden.

Meine Empfehlung lautet: Sehr wenige der von Ihnen konsumierten Fette sollten aus Tierprodukten stammen. Dazu gehören rotes Fleisch, Geflügel, Milchprodukte (Magermilchprodukte sind allerdings akzeptabel), Eier, Tierfette und Margarine. Der Grund hierfür ist, daß Cholesterin sowie die meisten gesättigten Fette nur im tierischen Fett vorkommen. Cholesterin- und fettreiche Ernährung führen zu Koronarerkrankungen und anderen Beschwerden. Es besteht keinerlei Bedarf für Nahrungscholesterin, denn der Körper stellt es selbst her. Versuchen Sie, Ihre Ernährung so umzustellen, daß sie möglichst wenig Cholesterin und Fett enthält.

Proteine: Genug ist genug!

Gehören auch Sie zu den zahlreichen Sportler, die mit Steaks und Eiern „großgezogen“ wurden? Das Bild von Sylvester Stallone alias Rocky Balboa, der vor seinem morgendlichen Trainingslauf drei Eier verschlingt, läßt mir noch immer einen Schauer den Rücken hinunterlaufen. Ist es nicht logisch, daß eine proteinreiche Ernährung dem Muskelaufbau dient? Immerhin bestehen die Muskeln doch aus Proteinen!

Das klingt zwar gut, ist aber nicht richtig. Natürlich müssen die Muskeln andauernd regeneriert und neu aufgebaut werden, vor allem bei hart trainierenden Sportlern, und um dies zu gewährleisten, müssen Proteine in Form essentieller Aminosäuren, die in bestimmten Nahrungsmitteln enthalten sind, ein Bestandteil der Ernährung sein. Die meisten Amerikaner nehmen jedoch 50 bis 100% mehr Proteine zu sich, als ihr Körper für diese wiederaufbauenden Funktionen benötigt. Die übermäßig zugeführten Proteine werden lediglich in Form von Harnstoff wieder ausgeschieden. Das führt dazu, daß die Nieren mehr Arbeit leisten müssen, um die überflüssigen Proteine zu verstoffwechseln. Darüber hinaus werden die überflüssigen Kalorien der Proteine als Fett gespeichert. Eine übermäßige Proteinzufuhr „verschleißt“ also unsere wertvollen Organe und verursacht einen unerwünschten Fettzuwachs.

Tierische Erzeugnisse haben den Vorteil, alle essentiellen Aminosäuren auf einmal zu enthalten. Sie enthalten allerdings auch Cholesterin und hohe Mengen ungesättigter Fettsäuren. Wenn sie jedoch in Maßen konsumiert werden, können aus Tierprodukten stammende essentielle Aminosäuren (muskelzellbildende Bausteine) ein geeigneter Bestandteil der Ernährung eines Ausdauersportlers sein.

Wenn Sie sich nicht die Mühe machen wollen, die essentiellen Aminosäuren einer Kombination verschiedener nichttierischer Quellen zu entnehmen, sollten Sie zumindest das magerste Fleisch verzehren. Schneiden Sie alles sichtbare Fett weg, entfernen Sie die Haut von Geflügelfleisch, sondern Sie das Eigelb aus, und kaufen Sie nur Magermilch und Joghurt bzw. Käse mit niedrigem Fettgehalt. Diese Nahrungsmittel haben einen stark reduzierten Cholesteringehalt, und die in ihnen enthaltenen Proteine sind von hoher Qualität. Entscheidend ist, daß Sie nicht täglich eine große Menge dieser Nahrungsmittel zu sich nehmen müssen. Die Menge hängt von Ihrem Körpergewicht und Ihren Trainingsanforderungen ab. Wenn Sie sich im Training befinden, brauchen Sie täglich 1 bis 1,4 g Proteine pro kg Körpergewicht.

Es gibt viele Alternativen zum Verzehr tierischer Produkte als alleinige Quelle der Nahrungsproteine. Gemüse, Hülsenfrüchte und Vollkorn in richtiger Kombination liefern angemessene Mengen essentieller Aminosäuren. Vollkorn wie z.B. Hafer, Gerste, Weizen und Hirse enthalten alle bekannten 44 essentiellen Nährstoffe (außer Vitamin B12, C und D). Getreide hat normalerweise einen gewichtsmäßigen Proteingehalt zwischen 8 und 15% im Vergleich zu 30% bei Rindfleisch. Getreide enthält jedoch charakteristischerweise nur niedrige Konzentrationen der essentiellen Aminosäuren Tryptophan und Lysin. Der umsichtige Konsument kann dem abhelfen, indem er getrocknete Bohnen mit Getreide mischt oder indem er der Mahlzeit eine geringe Menge tierischer Proteine mit niedrigem Fettgehalt hinzufügt. Einige ausgezeichnete, auf den letzten Seiten dieses Buches aufgelistete Bücher können Ihnen helfen, die geeigneten Proteinquellen und -kombinationen zu bestimmen.

Wie Sie weniger tierische und mehr vegetarische Proteinquellen nutzen können, zeigt der Marathonläufer Jim Miller, der sein eigenes „Abendessen für Champions“ entwickelt hat. Wir nennen Jims Abendmahlzeit liebevoll die „Miller-Mischung“, und glauben Sie mir, seine Mischung hat es in sich! Jim nimmt als Grundlage in Wasser gekochten Naturreis und Linsen. Wenn die Reiskörner etwas weicher geworden sind, fügt er einige Gewürzkräuter, Gemüse, eine Dose in Wasser eingelegten Thunfisch und hin und wieder Gemüsebrühe hinzu. Ich war mehrmals Zeuge der Herstellung der Miller-Mischung und habe viele Variationen des Grundrezeptes kennengelernt. Jim hat dieser Mahlzeit sogar schon einmal einen Stich Erdnußbutter, etwas mageren Hüttenkäse und Rosinen hinzugefügt. Er erhält auf diese Weise ein Essen, das sehr reich an komplexen Kohlenhydraten ist (etwa 70%) und das seinen täglichen Proteinbedarf durch den Thunfisch und

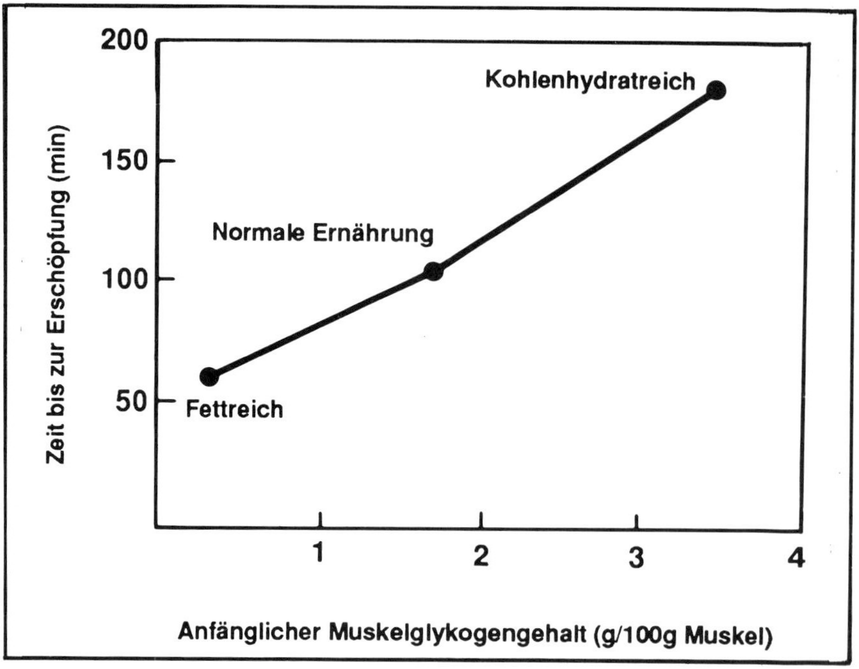

Abbildung 9.2: Die Auswirkungen verschiedener Ernährungsweisen auf die Zeit bis zur Erschöpfung bei Ausdauersportlern. (Aus: J. Bergstrom/L. Hermansen/E. Hultman et al.: „Diet, Muscle Glycogen and Physical Performance". In: Acta Physiologica Scandinavia, 71, S. 140. Copyright 1967. Nachdruck mit freundlicher Genehmigung.)

die Reis-Linsen-Kombination ausreichend abdeckt. Diese Mahlzeit ist jedoch sehr arm an Fetten.

Vorteile einer kohlenhydratreichen Ernährung

Es gibt verschiedene Gründe, die für eine kohlenhydratreiche Ernährung sprechen. Zunächst einmal wird der Körper auf diese Weise mit der am leichtesten verfügbaren Energie für Trainings- und Wettkampfbelastungen versorgt. Zweitens kann eine kohlenhydratreiche Ernährung den Erholungsprozeß beschleunigen. Drittens spricht vieles dafür, daß eine kohlenhydratreiche Ernährung zu einer guten Gesundheit beiträgt.

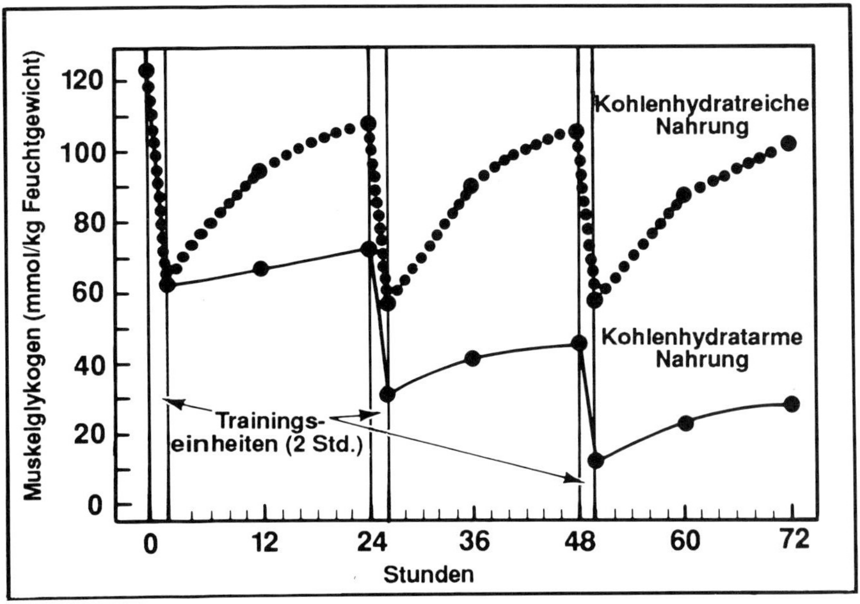

Abbildung 9.3: Eine kohlenhydratreiche Ernährung beschleunigt den Prozeß der Erholung nach dem Training. (Aus: D.L. Costill/J.M. Miller: „Nutrition for Endurance Sport: Carbohydrate and Fluid Balance". In: International Journal of Sports Medicine, 1, S. 2. Copyright 1980. Abgedruckt mit freundlicher Genehmigung.)

Brennstoffe für Training und Wettkampf

Es wird allgemein angenommen, daß die Glykogenvorräte des Körpers nach etwa zweistündiger Belastung zur Neige gehen. Damit diese Glykogenvorräte jeden Tag zur Verfügung stehen, ist es notwendig, sich kohlenhydratreich zu ernähren. Bergstrom, Hermansen, Hultman und Saltin (1967) haben nachgewiesen, daß die Ausdauer (Zeit bis zur Erschöpfung) signifikant verbessert werden kann, wenn man sich kohlenhydratreich ernährt (siehe Abbildung 9.2).

Wiederherstellung

Mit Wiederherstellung ist nicht einfach Erholung gemeint – also das Gefühl, das sich nach einer kurzen Ruhephase einstellt. Unter Wiederherstellung wird vielmehr der Prozeß der Regeneration der im Training belasteten Muskeln und physiologischen Prozesse verstanden. Unabhängig von den Gesamttrainingsstunden pro Jahr, aber besonders bei mehr als 350 Jahresstunden, führt das Training nur dann zu bestmöglichen Resultaten, wenn geeignete Maßnahmen der Wiederherstellung durchgeführt werden. Die Ernährung ist ein wichtiger Bestandteil des Regenerationsplans. Costill und Miller (1980) haben darauf hingewiesen, daß ein Verzicht auf die tägliche Auffüllung der Glykogenspeicher sehr wahrscheinlich zu einer chronischen Entleerung dieser Speicher und einer daraus resultierenden Ermüdung führt (siehe Abbildung 9.3).

Es wird empfohlen, daß der tägliche Kohlenhydratverbrauch eines Ausdauersportlers zwischen 65 und 80% der täglichen Gesamtkalorienaufnahme beträgt. Auf diese Weise werden die verbrauchten Glykogenvorräte in der Muskulatur und Leber wiederaufgefüllt. Dies ist zwar ideal, aber nicht unbedingt einfach. Eine an Skilangläufern der Spitzenklasse durchgeführte Untersuchung von Ellsworth, Hewitt und Haskill (1985) ließ die Schlußfolgerung zu, daß die Kohlenhydrataufnahme dieser Sportler im Durchschnitt bei 39 bis 52% der Gesamtkalorienaufnahme schwankte, was weit unter dem Optimalbereich liegt.

Allgemeine Gesundheitsvorsorge

In den meisten Fällen ist eine Ernährung, die reich an Kohlenhydraten und deswegen leistungsfördernd ist, gleichzeitig auch eine gesunde Ernährung. Der Sportler, der sich kohlenhydratreich ernährt, nimmt normalerweise auch sehr viel komplexe Kohlenhydrate in Form von Vollkornspeisen und -brot, frischem Obst und Gemüse zu sich. Diese Nahrungsmittel, vor allem Vollkornnahrung, sind ausgezeichnete Quellen anderer essentieller Nährstoffe, wie z.B. Proteine, Vitamine, Mineralien, Ballaststoffe und essentieller Fette. Sie stellen reichhaltig Kohlenhydrate zur Auffüllung der Muskel- und Leberglykogenspeicher zur Verfügung.

Der begleitende reduzierte Verbrauch fettreicher Tierprodukte hilft, einen gesunden Prozentsatz an Körperfett beizubehalten und die Blutcholesterin-Konzentration zu senken. Magermilchprodukte, fettarmes Fleisch, weißes Geflügelfleisch und Fisch sowie ein generell reduzierter Fleischverzehr führen zu einer ausreichenden Kohlenhydratversorgung. Diese Maßnahmen tragen dazu bei, daß bei Ihnen eine unzureichende Ernährung als Ursache schlechter Leistungen ausscheidet. Sie garantieren nicht nur, daß Ihr Körper ausreichend Kohlenhydrate als Brennstoff erhält, sondern auch ausreichend Eiweiß für den Zellaufbau, eine ausgeglichene Mischung aus Vitaminen und Mineralien für eine optimale Zellfunktion und ausreichend Wasser und andere Flüssigkeiten zur Aufrechterhaltung aller körperlichen Funktionen. Eine gute Ernährung ist ein weiteres Hilfsmittel zur Erreichung Ihrer persönlichen sportlichen Bestleistung sowie einer guten Gesundheit.

Der Kohlenhydratfaktor: Wie Sie den richtigen „Stoff" finden

Es ist eine allgemein akzeptierte Tatsache, daß Kohlenhydrate der beste Nährstoff sind, um die im Training entleerten Glykogenspeicher wiederaufzufüllen. Die tägliche Nahrung muß zu mindestens 65% aus Kohlenhydraten bestehen (70 bis 80% in Phasen harten Trainings). Andernfalls besteht die Gefahr einer langsamen Entleerung der Muskel- und Leberglykogenspeicher. Symptome einer derartigen Entleerung sind chronische Ermüdung, Reizbarkeit, Verletzungsanfälligkeit und der Abbruch geplanter Trainingseinheiten.

Tabelle 9.1:

Der tägliche Kohlenhydratbedarf von Ausdauersportlern (1 lb = 454 g)

	Trainingsumfänge und -intensitäten			
	Niedrig (3-6 Std./ Woche)	Mäßig (6-8 Std./ Woche)	Hoch (8-10 Std./ Woche)	Sehr hoch (über 10 Std./ Woche)
	Pro Tag benötigte Kohlenhydratmenge in Gramm			
Gewicht des Sportlers (lb)	2,5 g/lb	2,8 g/lb	3,3 g/lb	3,8 g/lb
100	250	280	330	380
110	275	308	363	418
120	300	336	396	456
130	325	364	429	494
140	350	392	464	532
150	375	420	495	570
160	400	448	528	608
170	425	476	561	646
180	450	504	594	684
190	475	532	627	722
200	500	560	660	760

Anmerkung: Diese Werte beruhen auf Schätzungen des tatsächlichen Energieverbrauchs. Die Schwankungen hängen ab von der Bewegungsökonomie des jeweiligen Sportlers und dem Trainingsinhalt.

Neben der Kontrolle des Prozentwerts der aufgenommenen Kohlenhydrate in Relation zur Gesamtnahrungsmenge gibt es noch eine weitere Möglichkeit, genug Kohlenhydrate über die Nahrung zuzuführen. Bei dieser Methode bestimmen Sie Ihren täglichen Bedarf in Form von Gramm Kohlenhydrat pro Pfund (hier und im folgenden: 454 g = 1 lb) Körpergewicht in Relation zu den unterschiedlichen Aktivitätsstufen. Blom, Vaage und Kardel (1980) untersuchten die Schnelligkeit der Wiederauffüllung der Glykogenspeicher nach erschöpfendem Training und schlugen vor, daß Ausdauerathleten, die ein hochintensives Training absolvieren, 3,6 bis 5,4 Gramm Kohlenhydrat pro Pfund Körpergewicht pro Tag zuführen müssen, um die Wiederauffüllung der Glykogenspeicher zu beschleunigen. Dies trifft auf Sportler zu, die zwischen 3500 und 5000 Kilokalorien pro Tag verbrauchen. Sportler, die mit geringerem Umfang und niedrigerer Intensität trainieren, brauchen weniger Kohlenhydrate pro Tag, normalerweise zwischen 2,5 und 3,8 Gramm pro Pfund Körpergewicht. Tabelle 9.1 gibt einen Überblick über den Kohlenhydratbedarf von Sportlern unterschiedlichen Körpergewichts und mit verschiedenen Aktivitätsstufen.

Weil die meisten Sportler regelmäßig versäumen, ihre entleerten Glykogenspeicher wiederaufzufüllen, ist die beste Methode, genug Kohlenhydrate zuzuführen, sich auf Gramm pro Tag zu konzentrieren. Daher ist es notwendig, sich genauere Kenntnisse der Nahrungsmittel anzueignen, um die richtigen Nahrungsmittel auszuwählen, und um den Gehalt an Kohlenhydraten, Eiweißen und Fett in den Nahrungsmitteln, die Sie normalerweise verzehren, bestimmen zu können.

Bei den meisten verpackten Nahrungsmitteln finden sich auf der Verpackung bestimmte Informationen. Diese Informationen können sehr nützlich sein, auch wenn Sie ein wenig Übung brauchen, um sie zu verstehen. Normalerweise können Sie der Information auf der Packung folgendes entnehmen (siehe Tabelle 9.2):

- Portionen pro Packung,
- Größe der Portionen,
- Kalorien pro Portion,
- Proteingehalt in Gramm,
- Kohlenhydratgehalt in Gramm,
- Fettgehalt in Gramm,
- verschiedene andere Informationen, wie z.B. Kochsalz- oder Vitamingehalt etc.

Der Schlüssel zur Entzifferung all dieser Informationen ist die Kenntnis der Energie (in Kilokalorien), die in jeweils 1 Gramm Protein, Kohlenhydrate und Fett enthalten ist. 1 Gramm Protein enthält 4 Kilokalorien, 1 Gramm Kohlenhydrate 4 und 1 Gramm Fett die vergleichsweise hohe Menge von 9 Kilokalorien (siehe Tabelle 9.3).

Tabelle 9.2:
Beispiele der auf Nahrungsmittelpackungen enthaltenen Informationen

„Columbo" Blaubeerjoghurt	
Menge	ca. 225 g
Portion	1
Kalorien	250
Proteingehalt	8 g
Kohlenhydratgehalt	38 g
Fettgehalt	7 g

„Columbo" fettarmer Himbeerjoghurt	
Menge	ca. 225 g
Portion	1
Kalorien	206
Proteingehalt	8 g
Kohlenhydratgehalt	42 g
Fettgehalt	0 g

Anmerkung: Normaler Joghurt enthält 13,8 % Proteine, 62 % Kohlenhydrate und 24,2 % Fett, während fettarmer Joghurt 16,4 % Proteine, 83,6 % Kohlenhydrate und 0 % Fett enthält.

Tabelle 9.3:
Kalorisches Äquivalent von Nährstoffen

Nährstoff	Energie (in kcal/g)
Kohlenhydrate	4,1
Proteine	4,3
Fette	9,3

Anmerkung: Alkohol enthält 7,1 kcal/g. Diese Kalorien sind jedoch „leere Kalorien", da sie keinen Nährwert in Form von Vitaminen, Mineralstoffen oder Ballaststoffen besitzen.

Fett enthält also 2 1/4 mal mehr Energie pro Gramm als Kohlenhydrate und Fette. Ein Eßlöffel Butter (= 100 % Fett) enthält z.B. 100 kcal, was dem Kaloriengehalt eines mittelgroßen Apfels, der zu 100 % aus Kohlenhydraten besteht, entspricht.

Um daher die Protein-, Kohlenhydrat- und Fettprozentanteile in der Nahrung zu bestimmen, gehen Sie folgendermaßen vor: Multiplizieren Sie die Gramman-

Tabelle 9.4:
Gesunde, kohlenhydratreiche Nahrungsmittel

Nahrung	Größe der Portion	Kcal/ Portion	CHO (g)	Protein (g)	Fett (g)	% CHO	% Protein	% Fett
Milchprodukte								
Magermilch	225 g	100	13	10	<1	52	43	5
Fettarmer Joghurt	225 g	200	42	8	0	86	14	0
Fettarmer Hüttenkäse	115 g	90	3	14	2	14	67	19
Eiweiß	1 großes	17	0,3	3,6	0	7	93	0
Geflügel & Fisch								
Hähnchenbrust	85 g	74	0	14	2,5	0	76	24
Schellfisch	85 g	67	0	15,6	0,5	0	93	7
Schwertfisch	85 g	100	0	16,3	3,4	0	65	35
Thunfisch (in Wasser)	85 g	95	0	21	0,6	0	88	12
Getreide und Mehlspeisen								
Naturreis (gekocht)	225 g	178	38,2	3,8	1,2	86	8	6
Linsen (gekocht)	225 g	212	38,6	15,6	Spuren	70	29	1
Gartenbohnen (gekocht)	225 g	218	39,6	14,4	0,9	70	26	4
Spaghetti (gekocht)	225 g	155	32,2	4,8	0,6	83	12	3
Weißes Weizenbrot	1 Scheibe	56	11	2,4	0,7	73	16	11
Haferflocken (gekocht)	225 g	132	23,3	4,8	2,4	69	15	16
Geraspelter Weizen	30 g	110	23	3	1	81	11	8
Trauben-Nuss-Mischung	30 g	110	24	3	0	84	16	0
Obst & Gemüse								
Apfel	1 mittelgroßer	96	24	0,3	0	98	2	0
Banane	1 durchschnittliche	142	33,3	1,6	0,3	94	4	2
Kartoffel (gebacken)	1 große	114	25,7	3,2	0,2	90	9	1

zahl des betreffenden Nahrungsmittels mit dem Kilokaloriengehalt pro Gramm und dividieren Sie das Ergebnis durch die Gesamtkalorienzahl pro Portion. Ein Stück Reiskuchen, das insgesamt 66 Kilokalorien enthält, besteht z.B. aus 1,4 g Proteinen, 14 g Kohlenhydraten und 0,5 g Fett. Die Gesamt-Proteinkalorien betragen in diesem Fall 5,6 (1,4 x 4 kcal/g). Dies bedeutet, daß die Kalorien des Reiskuchenstücks zu 8,4 % aus Proteinen bestehen (5,6 : 66 Gesamtkalorien pro Portion). Die Gesamtkohlenhydratkalorien betragen 56 (14 x 4 kcal/g), was 85 % des Kaloriengehalts des Reiskuchenstücks entspricht. Die Gesamtfettkalorien betragen 4,5 (0,5 x 9 kcal/g), was 6,8 % des Kaloriengehalts entspricht.

Wenn Sie beim Einkauf nach dieser Rechnung vorgehen, können Sie feststellen, welche Nahrungsmittel fettreich und welche fettarm sind. Es ist eine gute Idee, sich bei der Auswahl der Nahrungsmittel eines Ernährungsalmanachs zu bedienen, damit Sie auch bei Fleisch und Käse, die in der Regel ohne Ernährungsinformationen angeboten werden, Bescheid wissen. In Tabelle 9.4 sind verschiedene gesunde Nahrungsmittel, ihr Kaloriengehalt pro Portion sowie Gramm und Prozentanteile Protein, Kohlenhydrat (CHO) und Fett im Vergleich mit weniger gesunden Nahrungsmitteln aufgeführt.

Wenn ich einen Vortrag zur Ernährung halte oder mit einer Gruppe Sportler arbeite, setze ich u.a. die sogenannte Einkaufstütentechnik ein. Ich fülle zwei Einkaufstüten mit Lebensmitteln, auf deren Verpackung Ernährungshinweise stehen. Dann unterteile ich die Gruppe in zwei Untergruppen, von denen jede eine Einkaufstüte erhält. Eine Gruppe bekommt die „Magerkost"-Tüte und die andere die Tüte mit „typisch amerikanischer Ernährung". Die beiden Gruppen werden gebeten, die Prozentanteile Protein, Kohlenhydrat und Fett jedes Nahrungsmittels in der Tüte zu bestimmen. Dann bilden sie einen Durchschnittswert für alle diese Bestandteile, d.h. die relativen Prozentanteile der Protein-, Kohlenhydrat- und Fettkalorien, die sie aufnehmen würden, wenn sie eine Portion jedes Nahrungsmittels in ihrer Tüte an diesem Tag essen würden. Die Ergebnisse sind normalerweise amüsierend, und alle lernen sehr viel über den Nährstoffgehalt der Lebensmittel, die sie normalerweise essen, und wie sie auf wertvollere Nahrungsmittel zurückgreifen können, z.B. Magerjoghurt anstelle von normalem Joghurt, der bis zu 40 % Fett enthalten kann.

In Tabelle 9.5 sind zehn Getreidearten aufgeführt, die jeweils über 70 % Kohlenhydrate und weniger als 5 % Fett enthalten, sowie ferner zehn Hülsenfrüchte, die über 20 % Protein und weniger als 20 % Fett enthalten.

Der Ultramarathonläufer und -skilangläufer Skip Hamilton scheint diese Liste studiert und seiner Tochter Jennie Ruth den Wert von Getreide erklärt zu haben. Eines Tages rief ich Skip an und hörte seine sympathische Stimme auf dem Anrufbeantworter: „Tut mir leid, daß ich Deinen Anruf nicht entgegennehmen kann, aber Jennie Ruth und ich sind hinunter zum Bioladen gegangen, um unsere Tagesration Haferflocken zu besorgen. Ich muß sehen, daß die Kohlenhy-

Tabelle 9.5:
Die für Ausdauersportler zehn geeignetsten Getreidearten und Hülsenfrüchte

Beste Proteinquellen: >20% Protein und <20% Fett	Beste Kohlenhydratquellen: >70% Kohlenhydrat und <5% Fett
Schwarze Bohnen	Naturreis
Gartenbohnen	Wasserreis
Limabohnen	Vollgerste
Navybohnen	Vollbruchweizen
Sojabohnen	Haferflocken
Halbe Erbsen	Vollroggen
Getrocknete ganze Erbsen	Vollkorn
Linsen	Borstenhirse
Weizenkeime	Perlhirse

dratspeicher voll sind, verstehst Du! Hinterlaß eine Nachricht, und ich rufe Dich zurück, sobald ich kann." Er hätte genausogut sagen können: „Ich rufe Dich zurück, sobald meine Glykogenspeicher wieder voll sind."

Kohlenhydrate vor dem Wettkampf

Vor einem Wettkampf besteht kein Anlaß zur Durchführung der radikalen Kohlenhydratmast. Diese Technik besteht darin, daß man zunächst seine Glykogenspeicher durch ein erschöpfendes Training und eine daran anschließende dreitägige kohlenhydratarme Ernährung leert, um sich dann fünf Tage lang bis zum Wettkampf sehr kohlenhydratreich zu ernähren. Sherman, Costill, Fink und Miller (1981) haben gezeigt, daß diese Vorgehensweise unnötig ist und sogar leistungseinschränkend sein kann. Eine optimale Kohlenhydratspeicherung erzielt man demnach nur, indem man sich täglich kohlenhydratreich ernährt. Daher sollte eine konstant kohlenhydratreiche Ernährung die Regel sein, wenn Sie Ihre Glykogenspeicher gefüllt halten bzw. wieder auffüllen wollen.

Kohlenhydrate während der Belastung: Versorgung auf der Strecke

Die Länge der Trainingseinheit oder des Rennens entscheidet darüber, ob es sinnvoll ist, während der Belastung Kohlenhydrate zu sich zu nehmen. Allgemein gilt, daß es vor allem während intensiver Belastungen über 90 Minuten Dauer ratsam ist, Kohlenhydrate aufzunehmen. Theoretisch verfügt der Körper über ausreichend gespeichertes Glykogen, um jede Trainingseinheit, die kürzer als 60 Minuten ist, durchführen zu können. Falls die Speicher voll Kohlenhydrate sind, ist der Organismus sogar imstande, Belastungen von 2 1/2 Stunden Dauer zu absolvieren. Macaraeg (1983) hat jedoch nachgewiesen, daß eine wissenschaftlich fundierte Flüssigkeitssubstitution und Zufuhr energiespendender Getränke während intensiver Ausdauerbelastungen die Ermüdung hinauszögert. (Die Vorteile energiespendender Getränke werden später in diesem Kapitel behandelt.) Die Aufnahme von Kohlenhydraten ist daher während Belastungen von über 90 Minuten Dauer zur Verhinderung von Ermüdung und zur Wiederauffüllung der Glykogenvorräte zu empfehlen.

Kohlenhydratzufuhr nach der Belastung

Im allgemeinen sollte die Nahrung, die Sie nach einer Belastung zu sich nehmen, der entsprechen, die Sie vor der Belastung zu sich genommen haben. Es gibt jedoch einige Regeln hinsichtlich des zeitlichen Abstands, in dem Sie nach der Belastung Nahrung zu sich nehmen sollten. Eine durch Training oder einen Wettkampf erzeugte Entleerung der Glykogenspeicher steigert die Aktivität des Enzyms Glykogensynthetase, das die Bereitschaft der Zelle, Glykogen zu speichern, erhöht. Die Aktivität der Glykogensynthetase ist zwischen zwei bis vier Stunden nach der Belastung am höchsten und geht innerhalb von 12 bis 24 Stunden nach Belastungsende wieder auf das Vorbelastungsniveau zurück. Mit anderen Worten, Kohlenhydrate werden unmittelbar nach intensiver Belastung am effektivsten in gespeichertes Glykogen umgewandelt.

Wenn Sie hart trainieren, ist es wichtig, daß Sie diese günstige Gelegenheit zur Glykogenzufuhr nutzen. Andernfalls könnte es sein, daß Sie während Spitzenbelastungsphasen Ihre Glykogenspeicher nicht voll auffüllen, selbst wenn Sie sich kohlenhydratreich ernähren (400 g/Tag). Wenn z.B. bei einer Trainingseinheit 50 bis 55 mmol Glykogen pro kg Muskelgewebe verbraucht werden, werden die Muskelglykogenspeicher durch eine kohlenhydratreiche Ernährung innerhalb von 24 Stunden wiederaufgefüllt. Wenn die verbrauchte Glykogenmenge allerdings 70 bis 80 mmol Glykogen pro kg Muskelgewebe beträgt, wird diese Menge normalerweise nicht innerhalb 24 Stunden wiederaufgefüllt. Obwohl ein Marathonläufer also während eines Rennens etwa 150 mmol Glykogen pro kg Muskelgewebe verbraucht, werden in 24 Stunden nur 50 bis 60 mmol Glykogen pro kg Gewebe wiederaufgefüllt. Daraus läßt sich die Wichtigkeit einer vermehrten Kohlenhydratzufuhr unmittelbar nach langdauernden Belastungen ableiten.

Checkliste zur Kohlenhydratsubstitution

1. Es ist am besten, wenn die verbrauchten Kohlenhydrate innerhalb von zwei bis vier Stunden nach dem Training ersetzt werden, weil zu diesem Zeitpunkt die Aktivität des Enzyms Glykogensynthetase am höchsten ist und ein größerer Teil der aufgenommenen Kohlenhydrate gespeichert wird.
2. Stärke, z.B. in Reis, Vollkorn, Brot, Nudelspeisen, Kartoffeln, Obst, Obstsäften und auf wissenschaftlicher Basis zusammengestellten Energiegetränken, ist die geeignetste Kohlenhydratform zur Wiederauffüllung der Gylykogenspeicher während dieser Phase unmittelbar nach dem Training.
3. Entscheidend ist, daß Sie sich ständig kohlenhydratreich ernähren (65 bis 80 % Kohlenhydrat). Wenn Sie z.B. Teigwaren, Pfannengerichte oder Eiscreme, die Zuckerraffinade enthalten, essen, nehmen Sie zwar Kohlenhydrate auf, aber auch eine große Menge versteckter Fette. Am besten ist, wenn Sie keine Nahrungsmittel essen, die mit Öl, Butter oder Fett zubereitet sind – essen Sie stattdessen frisches Obst, Sorbets oder fettarmes Gebäck als Nachtisch.

Vorwettkampfernährung

Erfahrung ist der beste Lehrer, wenn es darum geht, die beste Vorwettkampfernährung für sich selbst herauszufinden. Testen Sie die von Ihnen ausgewählte Vorwettkampfernährung weit vor dem Wettkampf im Training. Das folgende sollten Sie bei der Planung der Vorwettkampfernährung berücksichtigen:

1. Konzentrieren Sie sich während der letzten zehn Tage vor dem Wettkampf darauf, Ihre Kohlenhydratzufuhr auf 70 bis 80 % der Gesamtkalorien Ihrer Nahrung zu erhöhen.
2. Essen Sie 24 Stunden vor dem Wettkampf kohlenhydratreiche, ballaststoffreiche Nahrung, um eine eventuelle Verstopfung zu verhindern. Nehmen Sie viel Flüssigkeit in Form von Wasser, Säften und Energiegetränken zu sich.
3. Reduzieren Sie zwölf Stunden vor dem Wettkampf die Aufnahme fester Nahrungsstoffe und nehmen Sie mehr Energiegetränke zu sich. Stopfen Sie sich nicht voll. Essen Sie leicht verdauliche Nahrungsmittel, die Sie im Training getestet haben.

4. Trinken Sie vier Stunden vor dem Wettkampf Wasser oder Energiegetränke. Essen Sie etwas Leichtes, wenn Sie Hunger haben, wie z.B. Brot, Hefegebäck, Bananen etc. Testen Sie die Nahrung Ihrer Wahl weit vor dem Wettkampf während harter Trainingseinheiten oder Kontrollrennen.
5. Zwei Stunden oder weniger vor dem Wettkampf sollten Sie nur noch Wasser oder Energiegetränke zu sich nehmen.

Der Flüssigkeitsfaktor

Von allen in Betracht kommenden Nährstoffen ist Wasser der wichtigste. Der Flüssigkeitsaufnahme wird allerdings sehr häufig zu wenig Aufmerksamkeit gewidmet.

Unabhängig vom Niveau, auf dem Sie Sport treiben, sind Sie Spitzensportlern in einem Punkt sehr ähnlich: Sie werden durstig. Bei den meisten Jugendlichen und Erwachsenen sind 60 % der fettfreien Körpermasse Wasser. Viele Funktionen des Körpers sind von Wasser abhängig. Bei intensiven sportlichen Belastungen gewinnt diese Abhängigkeit an Bedeutung, und die Notwendigkeit der Flüssigkeitssubstitution nimmt zu. Körperliche Belastungen führen zur Erhöhung der Körpertemperatur. Diese steigt bei intensiven Belastungen, vor allem bei heißem Wetter, bei zweimal täglichem Training und bei Wettkämpfen noch mehr an.

Ihr Hypothalamus – der Thermostat Ihres Körpers – nimmt den Anstieg der Körpertemperatur wahr und schickt Botschaften an die Muskeln und zur Haut, um den Kühlungsprozeß in die Wege zu leiten. Wenn Ihr Hypothalamus einen Anstieg Ihrer Körpertemperatur über 37 Grad C wahrnimmt, verlagert sich das erwärmte Blut aus Ihrem Körperinneren in den Bereich Ihrer Haut. Der Mechanismus des Schwitzens wird aktiviert, und die Luft, die über Ihre feuchte Haut hinwegstreicht, erzeugt den auf Verdampfung zurückzuführenden Kühleffekt. Ihre Hauttemperatur sinkt mehrere Grade unter Ihre Kerntemperatur, so daß aus Ihrem Körperinneren stammendes erwärmtes Blut sich im Bereich Ihrer Haut abkühlt. Dieses Blut fließt dann zurück zum Körperkern und führt zu einer Senkung der dort herrschenden Temperatur. Anschließend beginnt dieser Zyklus von neuem.

Bei diesem Prozeß verliert der Körper eine große Menge wertvolles Wasser. Die Schweißausscheidung ist tatsächlich die wichtigste Ursache eines Wasserverlustes. Während intensiver körperlicher Aktivität, z.B. beim Laufen, Skilanglauf, Radfahren etc., kann ein Mensch zwischen einem und drei Litern Wasser pro Stunde verlieren. Dies kommt einem Gewichtsverlust von bis zu 3 kg pro Stunde gleich. Wenn dieser Prozeß sich über eine Stunde und länger fortsetzt, kann der Körper weder seine Kühlfunktion noch andere grundlegende Funktionen angemessen erfüllen. Es kommt zur Ermüdung, und die Leistungsfähigkeit läßt nach. Selbst eine verhältnismäßig geringe Dehydration führt zu Leistungseinbußen. Fink (1982) zeigte, daß ein Verlust von lediglich 2 bis 3 % der Körperflüssigkeit durch Dehydration (was etwa 1,3 bis 1,8 kg Körpergewicht entspricht) die Leistungsfähigkeit eines Mittel- und Langstrecklers um 3 bis 7 % reduziert. In Abbildung 9.4 sind die Auswirkungen einer Dehydrierung auf die körperliche Leistungsfähigkeit dargestellt.

Eine verstärkte Atemtätigkeit trägt auch zur Dehydration bei. Wie Ihr Atemdampf an einem kalten Morgen zeigt, enthält die Luft, die Sie ausatmen, einen großen Wasseranteil. Sie verlieren mehr Wasser, wenn die Luft trocken oder heiß ist, oder wenn Sie eine große Luftmenge ein- und ausatmen (wie z.B. beim Langstreckenlauf). Bei sportlicher Belastung ist es möglich, alleine durch Respiration 150 bis 300 Milliliter Wasser zu verlieren.

Je länger die Trainingseinheit, desto größer ist der Wasserverlust. Theoretisch verlieren ein Marathonläufer, Triathlet oder ein Skilangläufer während eines 2 1/2 bis 3stündigen Wettkampfs durchschnittlich 4,5 Liter Wasser. Selbst wenn der Sportler auf der Strecke 1 Liter Flüssigkeit zu sich nehmen würde, bliebe ein Verlust von 3,5 Litern.

Es ist unmöglich, diese Flüssigkeitsmenge im Verlauf des Rennens oder der Trainingseinheit zu ersetzen. Ihr Körper muß vor der Belastung ausreichend hydriert sein, so daß Sie sowohl von der gespeicherten als auch von der während der Belastung zugeführten Flüssigkeit zehren können. Gespeichertes Wasser wird folgendermaßen freigesetzt: Für jedes Gramm Kohlenhydrat (Glykogen), das in den Muskeln, der Leber und dem Blut gelagert ist, speichert der Körper 3 bis 4 Gramm Wasser. Während der Verbrennung dieses Glykogens im Rahmen der Energiebereitstellung wird das Wasser ebenfalls freigesetzt und kann im Kühlprozeß eingesetzt werden. Aus diesem Grunde können Sportler, die sich vor dem Training oder Wettkampf ausreichend hydrieren, die Distanz bewältigen, ohne die insgesamt verlorene Flüssigkeitsmenge zu ersetzen. Natürlich sind Spitzensportler in dieser Hinsicht effizienter als Durchschnittssportler.

Wasser ist als Getränk während körperlicher Belastungen immer gut geeignet. Kommerzielle Zucker- und Elektrolytlösungen können allerdings auch sehr effektiv sein, besonders dann, wenn sie Glukose enthalten. Macaraeg (1983) hat gezeigt, daß die Anwendung polyremisierter Glukosegetränke (im Vergleich zu keiner Flüssigkeitsaufnahme oder einer bloßen Wasseraufnahme) bei guttrainierten Sportlern die Ermüdung hinauszögert (siehe Abbildung 9.5).

Am besten ist, wenn es sich bei der zugeführten Flüssigkeit um eine hypotonische Lösung handelt (d.h. eine Flüssigkeit mit einem niedrigeren osmotischen Druck als der der körpereigenen Flüssigkeiten). Dies ist nötig, um während der Belastung eine gute Absorption der Flüssigkeit zu gewährleisten. Wenn die Flüssigkeit zu konzentriert ist, wird sie vom Körper schlechter absorbiert. Dies kann

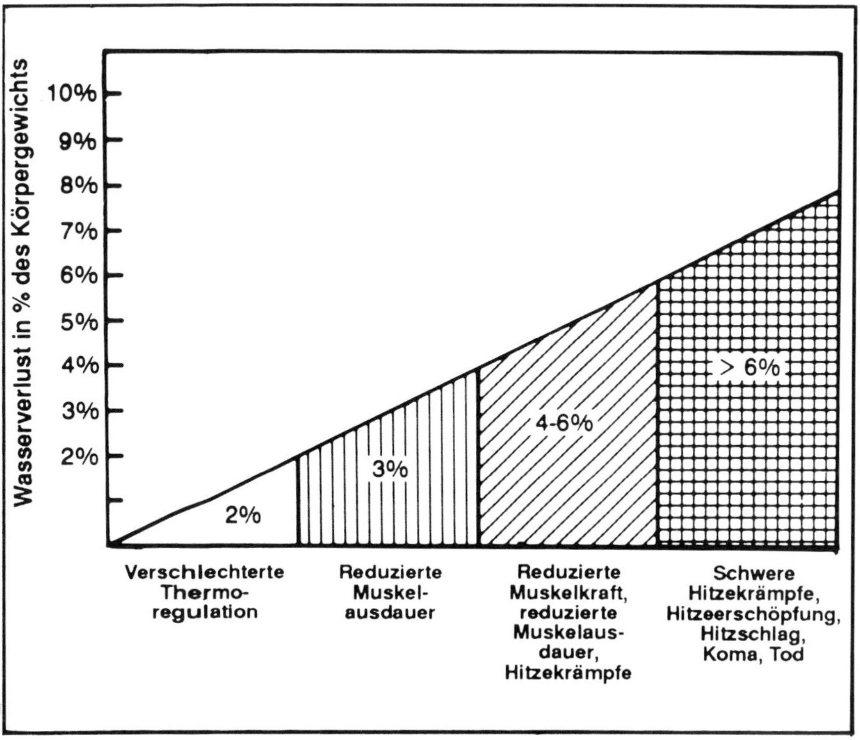

Abbildung 9.4: Die Auswirkungen verschiedener Grade einer Dehydration auf die Ausdauerleistung

zu Magenbeschwerden und einer schlechten Assimilation des Wassers führen. Halten Sie also nach Produkten Ausschau, die Glukosepolymerlösungen enthalten und während Belastungen vollständig absorbiert werden. Stellen Sie auch sicher, daß Sie die Flüssigkeiten, die bei Rennen an den Getränkestationen gereicht werden, bereits im Vorfeld ausprobiert haben. Wenn dies nicht der Fall ist, oder wenn Ihnen diese Flüssigkeiten nicht gut bekommen, sollten Sie sich die Flüssigkeiten selbst zubereiten und sich während des Wettkampfs reichen lassen. Einige grundlegende Prinzipien der Flüssigkeitssubstitution sind die folgenden:

Trinken Sie jeden Tag, vor allem vor einem Wettkampf oder längeren Ausdauerbelastungen, acht bis zehn 0,2-Liter-Gläser Wasser oder Saft. Wenn Sie mehr brauchen, trinken Sie mehr. Trinken Sie eine bis zwei Stunden vor dem Wettkampf oder der Trainingseinheit einige Gläser Wasser oder verdünnte Glukoselösung. Trinken Sie 10 bis 20 Minuten vor der Belastung 150 bis 300 ml Wasser.

Wenn der Wettkampf oder das Training länger als eine Stunde dauern, ist es am besten, alle 15 bis 20 Minuten die verlorene Flüssigkeit zu ersetzen. Dies könnte z.B. bedeuten, daß Sie an jeder Getränkestation 150 bis 200 ml Wasser trinken.

Es ist wichtig, daß Sie mit dem Trinken nicht warten, bis Sie Durst bekommen. Ansonsten laufen Sie Gefahr, daß Ihr Körper einen zu großen, nicht mehr kompensierbaren Flüssigkeitsverlust eingeht. Aus diesem Grunde ist es wichtig, daß Sie den ganzen Tag über und auch während des Wettkampfs in regelmäßigen Abständen verlorenes Wasser ersetzen. Die Farbe Ihres Urins sollte stets klar sein. Wenn Ihr Urin ständig trübe oder gelblich gefärbt ist, könnte dies ein Zeichen für einen Flüssigkeitsmangel sein (es sei denn, Sie nehmen Vitamine des B-Komplexes zu sich, die dem Urin eine leuchtende grün-gelbliche Farbe verleihen). Prüfen Sie die Farbe Ihres Urins regelmäßig und gleichen Sie Flüssigkeitsverluste aus.

Kaltes Wasser wird schneller absorbiert als warmes. Wenn Sie sich nur mäßig belasten, ist dies unerheblich. An kalten Tagen kann eine warme Flüssigkeit sehr angenehm sein. An heißen Tagen oder während intensiver Belastungen muß das Wasser jedoch möglichst schnell absorbiert werden. Am besten ist, wenn die aufgenommene Flüssigkeit eine Temperatur von 15 Grad C hat.

Die Trockenheit in Höhen über 1500 m zusammen mit der höheren, durch den niedrigeren Sauerstoffpartialdruck bedingten Belastung steigert den Flüssigkeitsbedarf. Stellen Sie daher sicher, daß Sie bei einem Training oder Aufenthalt in Höhenlage zusätzliche Flüssigkeit aufnehmen.

Nach einer harten Trainingseinheit oder einem Wettkampf kann es 10 bis 20 Stunden dauern, bis Ihr Körper wieder völlig rehydriert ist. Rehydrieren Sie sich mit Wasser, Fruchtsäften, Magermilch oder Kräutertees, wenn Sie für den nächsten Tag ein hartes Training planen. Koffeinhaltige Getränke wie Kaffee, Tee, Coca Cola sowie Alkohol (z.B. das Bier nach dem Training) sind Diuretika (d.h., sie provozieren eine Wasserausscheidung) und sollten daher gemieden werden. Kontrollieren Sie allmorgendlich und -abendlich Ihr Körpergewicht, um Ihre Flüssigkeitsverluste abzuschätzen; ein Gewichtsverlust von etwa 2 kg im Verlaufe von 24 Stunden entspricht einem Flüssigkeitsverlust von 2 Litern.

Wenn Sie sich hinsichtlich des Flüssigkeitsverlusts im Training oder Wettkampf Sorgen machen, berücksichtigen Sie die folgenden Richtlinien:

1. Trinken Sie am Tag vor einem Wettkampf oder einer langen Trainingseinheit acht bis zehn Gläser Wasser oder Saft.
2. Trinken Sie bis zu einem Liter Wasser oder verdünntes Energiegetränk ein bis zwei Stunden vor dem Training oder Wettkampf.
3. Trinken Sie, wenn die Belastung länger als 60 Minuten dauert, ein bis zwei Gläser Wasser 20 Minuten vor dem Wettkampf oder dem Training.

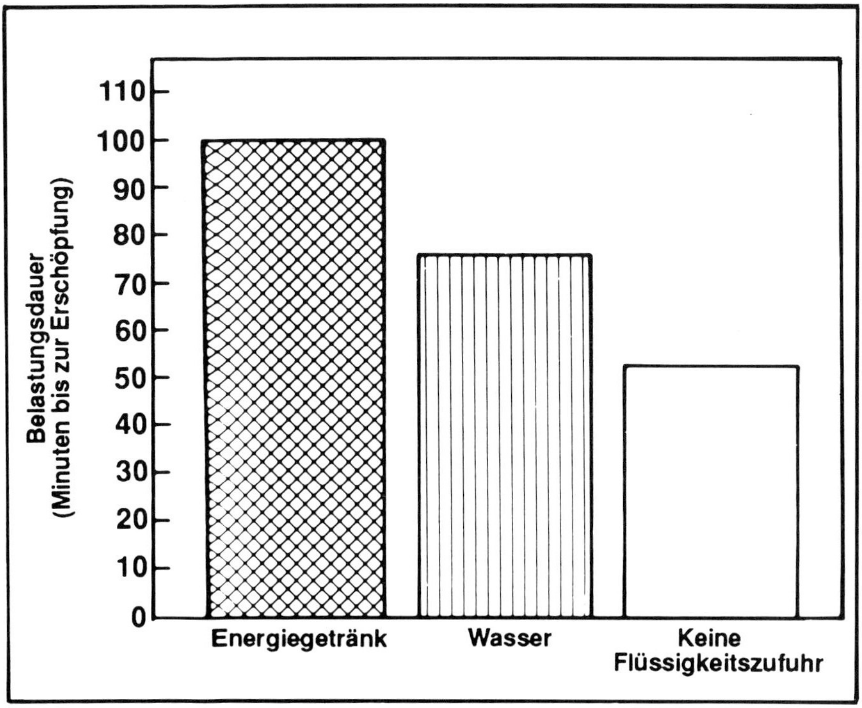

Abbildung 9.5: Die Flüssigkeitssubstitution mittels Wasser und energiereichen Getränken verbessert die Leistung. (Aus: „The Effect of Glucose Polymer-Electrolyte Solution on Exercise Duration" von P.V.J. Macaraeg und C. Abad-Santos. In: *Proceedings of Australian Sports Medicine Federation: Medical and Scientific Aspects of Elitism in Sport and Science* (S. 29-35). Copyright 1984. Nachdruck mit freundlicher Genehmigung.)

4. Trinken Sie während eines Wettkampfs oder einer Trainingseinheit von 60 bis 90 Minuten Dauer alle 15 bis 20 Minuten 85 bis 130 ml Wasser oder verdünntes Energiegetränk.
5. Die meisten kommerziellen Energiegetränke sollten bis zu doppelt so stark verdünnt werden, wie auf der Packung angegeben ist (verwenden Sie also doppelt soviel Wasser wie empfohlen).
6. Ersetzen Sie nach einem Wettkampf oder dem Training stets den eingegangenen Flüssigkeitsverlust mit Wasser, Energiegetränken oder Fruchtsäften.
7. Wenn Sie Ihren Flüssigkeitsverlust regelmäßig ausgleichen, ist Ihr Urin klar.

8. Machen Sie sich einen Plan zur Flüssigkeitssubstitution und probieren Sie ihn mehrmals im Training aus, bevor Sie ihn in einem wichtigen Wettkampf anwenden.

10

ERHOLUNG ALS EIN WESENTLICHER BESTANDTEIL DES TRAININGSPROZESSES

Bislang handelte dieses Buch vor allem von der Entwicklung systematischer Trainingspläne und ihrer praktischen Umsetzung. Obwohl dies entscheidende Teile des gesamten Trainingspuzzles sind, verdient eine weitere Komponente ebenfalls eine sehr große Aufmerksamkeit. Wiederherstellung, Erholung und Regeneration werden hier als synonym betrachtet, und es sind diese Begriffe, mit denen diese weitere wesentliche Trainingskomponente bezeichnet wird.

Viele Sportler und Trainer bezeichnen den Erholungsprozeß als erfolgreich, wenn der Sportler nachts genug Schlaf bekommt und zwischen den Trainingseinheiten so lange Pausen macht, daß er sich völlig ausgeruht fühlt. An das, was der Sportler eigentlich während dieser Auszeiten macht, werden nicht viele Gedanken verschwendet. Mit Wiederherstellung ist nicht nur dieses allgemeine Gefühl der Erholung gemeint, das sich nach einer kurzen Ruhezeit einstellt. Wiederherstellung bezieht sich vielmehr auf den aktiven Prozeß der Wiederherstellung der Muskeln und physiologischen Prozesse, die während einer spezifischen Trainingseinheit einer Belastung ausgesetzt waren. Darüber hinaus berücksichtigt eine ernsthafte Wiederherstellung die verschiedenen psychosozialen Stressoren, die im Alltagsleben eine Rolle spielen, wie z.B. Beruf, Schule, soziale Beziehungen und finanzielle Probleme, und schafft ein gesteigertes Bewußtsein der Auswirkungen dieser Stressoren. Wiederherstellung darf auch nicht mit der Rehabilitation nach einer Verletzung verwechselt werden. Dies ist eine völlig andere Angelegenheit.

Betrachten Sie den Trainingsprozeß als eine Waage (Abbildung 10.1). Während eines kleinen Prozentsatzes der Gesamtzeit erreichen wir ein stabiles Gleichgewicht. Die restliche Zeit wird damit verbracht, daß man auf der einen Seite Energie hinzufügt oder von der anderen Seite fortnimmt und auf diese Weise das Gleichgewicht stets kontrolliert. Unser Lernen basiert auf diesem Prozeß. Wir lernen mehr über die Effekte verschiedener Stressoren, über ihre Beziehung zu anderen Faktoren im Leben und letztlich über Strategien, die uns helfen, diesen täglichen Balanceakt zu verbessern. Ohne ein Bewußtsein und ein Beachten der für das Leben typischen Stressoren würde ein Sportler immer weiter mit voller Energie trainieren, ohne die intuitiven und erlernten Brems- und Kompensationsstrategien, über die der menschliche Körper und Geist verfügt, einzusetzen.

Abbildung 10.1: Das Aufrechterhalten eines Gleichgewichts zwischen der Trainingsbelastung und den Stressoren auf der einen und den Wiederherstellungsprozessen auf der anderen Seite erfordert ein permanentes Bewußtsein der Auswirkungen der Stressoren und der notwendigen Erholungstechniken.

Wie in Kapitel 3 besprochen, reagiert der Körper positiv auf eine physiologische Überlastung, wenn die notwendigen Wiederherstellungsprozesse berücksichtigt werden. Das Leben der meisten Sportler besteht jedoch nicht nur aus

Training; sie sind darüber hinaus noch anderen Stressoren ausgesetzt, die die Wiederherstellung beeinflussen. Diese Faktoren können einzeln oder gleichzeitig auftreten. Es würde den Umfang dieses Buches sprengen, wenn hier die psychoemotionalen Aspekte verschiedener Stressoren behandelt würden, von einer Auflistung der vielfältigen Stressorvariablen ganz abgesehen. Dennoch scheint eine Auflistung der Streßfaktoren sinnvoll, die in Ihrem Leben am häufigsten auftreten. Dadurch erhöht sich Ihr Bewußtsein dafür, wie Sie den Trainings- und Wiederherstellungsprozeß beeinflussen können. In Tabelle 10.1 sind einige der vielfältigen Faktoren aufgelistet, die die Erholung beeinflussen und ein Übertraining hervorrufen können.

Tabelle 10.1:

Ursachen des Übertrainings

Trainingsmethode

Fehler in der Struktur:

- Vernachlässigung der Erholung im Wochen- und 4-Wochen-Zyklus der Trainingsperiodisierung
- Zu schnelle Steigerung des Trainingsumfangs und/oder der Trainingsintensität
- Zuviel Training im Bereich oder nahe der anaeroben Schwelle (Schwellenintensität)
- Zu hohe Intensität beim aeroben Ausdauertraining (ÜD oder lockerer, langer Dauerlauf)
- Zu viele Wettkämpfe mit gleichzeitigen Veränderungen des Tagesrhythmus und zu wenig Training
- Nicht ausreichende Abwechslung der Trainingsmethoden
- Häufiges Versagen aufgrund einer unrealistischen Zielsetzung

Schlechte Anpassung des Plans an sich verändernde äußere Umstände:

- Verzicht auf eine Änderung des Trainingsmusters oder -umfangs, um anderen Stressoren, wie z.B. Beruf, Examen oder Familie etc. zu begegnen
- Ein zu frühes hartes Training nach verletzungs- oder krankheitsbedingten Zwangsunterbrechungen

Schlechte Planung und Trainingsmethodik:

- Unzureichende Kenntnis der Wiederherstellung und Streßbewältigung oder der Hygiene (d.h. all der Faktoren, die mit der körperlichen und mentalen Gesundheit zusammenhängen)
- Mangelndes Vertrauen in den Trainingsplan oder Trainer

- Zuviel erzwungenes kompliziertes Techniktraining; zu wenig Gelegenheit für abwechslungsreiche Spiele und alternatives Training

Lebensstil

Planung:

- Übertriebene Hast
- Unregelmäßiger Tagesablauf
- Wenig Vergnügen und Freizeit (keine Entspannung)
- Schlechter oder ungenügender Schlaf

Ernährung:

- Mangelnde Ausgewogenheit von Kohlenhydraten, Fetten und Proteinen
- Mangelnde Flüssigkeitssubstitution
- Zu starker Alkoholkonsum
- Zu starker Koffeinkonsum
- Vitamin- und Mineralmangel aufgrund einer schlechten Ernährungswahl

Wohnen:

- Schlechte Wohnbedingungen, z.B. Lärm, Enge, schlechtes Licht etc.
- Unruhiges Zuhause

Umwelt

Ablenkungen:

- Dauernde Konflikte mit anderen (Familie, Trainer etc.)
- Ungeeignete Reize (Fernsehen, Kinofilme etc.)

Beruf/Schule:

- Unzufriedenheit im Beruf
- Zu hohe zeitliche Belastung im Beruf
- Konflikte mit anderen Menschen am Arbeitsplatz
- Überlastung in Beruf oder Schule
- Schlechte Leistungen in Beruf oder Schule

Persönliche Aspekte:

- Spannungen in der Familie
- Unglückliche Liebesbeziehung
- Familienpflichten

Gesundheit

- Allergien
- Asthma
- Erkältung oder Grippe
- Magen-Darm-Probleme
- Nachwirkungen von Infektionserkrankungen
- Andere chronische Beschwerden

Ein Großteil der verfügbaren Informationen zum Training der Ausdauersportarten konzentriert sich auf den richtigen Trainingsumfang und geeignete Trainingsmethoden. Trainer und Sportler setzen größere Trainingsumfänge normalerweise mit Leistungssteigerungen gleich, vorausgesetzt, daß der Trainingsumfang im Verlauf mehrerer Jahre wie auch innerhalb einer bestimmten Trainings- und Wettkampfsaison allmählich gesteigert wird. Meine Erfahrung ist jedoch, daß die meisten Sportler und Trainer das Training nicht systematisch planen, mit der Konsequenz, daß der Gesamttrainingsumfang für den einzelnen Sportler oft unangemessen ist. Natürlich gehen einige nach dem „Hart-Leicht-Prinzip" vor, d.h., sie wechseln hochintensive mit wenig intensiven Trainingstagen ab, aber wenige achten genau auf die in Kapitel 7 besprochenen Streßsignale (Morgenpuls und -gewicht, Schlafstunden, subjektives Gefühl während des Trainings und vollständigen Absolvierens der Trainingseinheit).

Wiederherstellung und Trainingsbelastungen

Hohe Trainingsbelastungen (gemessen in Jahrestrainingsstunden) sind in der Tat notwendig, um die funktionalen Fähigkeiten des Körpers zu steigern. Bei der systematischen Steigerung des Trainingsumfangs von Jahr zu Jahr sowie innerhalb eines Trainingsjahres sollte folgendes berücksichtigt werden:

1. Eine allmähliche Steigerung der Trainingsstunden pro Jahr – normalerweise um 5 bis 20% pro Jahr unter Berücksichtigung Ihres individuellen Entwicklungsniveaus.
2. Einsatz qualifizierten Coachings sowie wissenschaftlicher und medizinischer Unterstützung mit genauer Befolgung des Trainingsplan und der geplanten Ruhepausen.
3. Anwendung einer Kombination moderner Trainingsmethoden und -mittel, psychologischer Vorbereitung und effektiver Methoden der Erholung nach dem Training.

Es ist wahr, daß die Fähigkeit des Körpers zur Erholung mit zunehmender Anpassung an gesteigerte Trainingsbelastungen zunimmt. Wenn jedoch die Trainingsprogramme immer anspruchsvoller werden, stellen erfahrene Trainer und Sportwissenschaftler fest, daß die Erholungszeit mit den Trainingssteigerungen nicht Schritt hält. Sowjetische, deutsche und skandinavische Sportwissenschaftler haben daher darauf gedrängt, daß das gesamte Training unter Einbeziehung eines einfachen, aber wirkungsvollen Wiederherstellungsprogramms, das auf eine Beschleunigung des Erholungsprozesses ausgerichtet ist, geplant wird.

Viele Weltklasse-Ausdauersportler trainieren zwischen 700 bis 1000 Stunden pro Jahr. Einige Athleten in Sportarten wie z.B. Triathlon trainieren bis zu acht Stunden pro Tag! Ein derartiges Training verbessert sicherlich die Wettkampfleistung. Allerdings ist zu berücksichtigen, was der sowjetische Trainer Zalessky (zitiert nach Yessis, 1986) sagt, nämlich daß „weitere Steigerungen der körperlichen Belastungen zu Veränderungen führen, die über physiologische Normen hinausgehen, den funktionellen Zustand verschlechtern und die Arbeitskapazität des Sportlers reduzieren“ (S. 2). Zalessky fährt fort mit der Feststellung, daß die effektivste Methode, dies zu korrigieren, der Einsatz verschiedener Wiederherstellungsmethoden ist. Sowjetische Trainer, Sportler und Wissenschaftler setzen die Erholungsmethoden systematisch ein. Hierdurch wird es möglich, Trainingsumfang und -intensität ohne Verletzung und Übertraining zu steigern. Es trifft wirklich zu, daß ein durchdachter Trainingsplan in Verbindung mit geeigneten Wiederherstellungsmethoden die Verletzungsrate senkt.

Das Training so zu planen, daß auch die Erholung von eben diesem Training eine wichtige Rolle spielt, ist jedoch auch noch in anderer Hinsicht von Vorteil. Erstens kommt es zu einer schnelleren physischen und psychischen Regeneration des Körpers zwischen den Trainingseinheiten. Mit anderen Worten, der Organismus paßt sich schneller an die ihm auferlegten Belastungen an. Zweitens kann ein höherer Trainingsumfang länger beibehalten werden, was letztlich zu einer höheren Arbeitskapazität führt. Drittens wird das Bewußtsein der Auswirkungen von Stressoren erhöht, wodurch geeignete Anpassungen an eben diese Stressoren ermöglicht werden.

Der Erholungsprozeß

Nach Yessis (1986) besteht der Erholungsprozeß aus drei Phasen: der *laufenden Erholung* während einer Trainingseinheit; der *schnellen Erholung*, die am Ende einer Trainingseinheit einsetzt und durch die Beseitigung von Stoffwechselabfallproduktion gekennzeichnet ist; der *tiefen Erholung*, die durch Trainingsanpassungen gekennzeichnet ist und die dazu führt, daß die physiologischen und psychischen Reserven des Sportlers größer als vorher werden. Die erwünschten physischen Verbesserungen scheinen in sehr großem Maße von dieser tiefen Erholungsphase abzuhängen.

Einige Systeme des Körpers brauchen länger, um sich zu erholen, als andere. Das Bindegewebe (Sehnen und Faszien) sowie das Stützgewebe (Bänder und Knochen) benötigen aufgrund ihrer schlechteren Versorgung mit Blutgefäßen normalerweise mehr Zeit zur Erholung als die Stoffwechselsysteme und kardiovaskulären Systeme. Auch die Regeneration der Muskelproteine und das Wiederauffüllen der Muskelglykogenspeicher dauern typischerweise länger als die Wiederanreichung anderer biochemischer Substanzen. Es ist wichtig, daß die zur Wiederherstellung eingesetzten Praktiken auf die Systeme gerichtet sind, die mehr Zeit zur Regeneration bedürfen.

Muskuläre Azidose (Übersäuerung) ist der wichtigste leistungsbegrenzende Faktor für Ausdauersportler. Wie bereits oben erklärt, wird das Gefühl der Muskelermüdung durch die Anhäufung von Milchsäure im Muskelgewebe verursacht. Diese Anhäufungen können anhand damit korrespondierender Steigerungen der Blutlaktatkonzentration erkannt werden. Wissenschaftler untersuchen bereits seit geraumer Zeit das Blutlaktat von Sportlern, und diese Messungen werden mittlerweile routinemäßig zur Kontrolle des Trainings- und Erholungszustandes eines Sportlers eingesetzt. Mehrere Methoden zur Beschleunigung der Laktatbeseitigung aus der Muskulatur sind entwickelt und getestet worden und werden heute von Sportlern und Trainern eingesetzt. So hat sich z.B. herausgestellt, daß ein einfaches Auf- und Abwärmprogramm mit niedriger Intensität die Beseitigung von Stoffwechselabfallprodukten beschleunigt (siehe Kapitel 8).

Shevciw (1986) berichtet, daß auch passive Wiederherstellungsmethoden die Beseitigung des Laktats beschleunigen können. Entspannungsbäder (Wassertemperatur 36 Grad C) und Entspannungsmassagen (von 30 Minuten Dauer), die bei einer Gruppe von Elite-Handballspielern nach 30 Minuten intensiven Spiels angewandt wurden, reduzierten die Blutlaktatkonzentration signifikant im Vergleich zu Handballspielern, die sich nach dem Spiel keinerlei regenerativer Maßnahmen unterzogen. Die Untersuchungen deuten darauf hin, daß die Reduzierung der Laktatkonzentration durch eine Anwendung regenerativer Bäder und Massagen nach der Belastung beschleunigt wird.

Das Leitziel des Trainingsplans und Wiederherstellungsprogramms ist das Erzeugen des bestmöglichen physiologischen und psychologischen Trainingseffekts und das Vermeiden eines Übertrainingszustandes. Übertraining wird durch eine Vielzahl von Faktoren hervorgerufen, z.B. durch ein Nichtbeachten des Erholungsbedürfnisses innerhalb des Trainingszyklus, zuviel Training im Bereich oder nahe der Schwellenintensität, eine zu hohe Anzahl von Wettkämpfen, schlechte Planung, ungeeignete Ernährung, streßintensives Leben, Belastungen in Beruf und Schule oder die persönliche Situtation. Übertraining läßt sich jedoch durch Anwendung geeigneter Wiederherstellungsmethoden vermeiden.

Regenerationsmethoden

Gegenwärtig werden viele Regenerationsmethoden eingesetzt. Der Zeitpunkt und die Häufigkeit des Einsatzes der verschiedenen Methoden wird sowohl in der Klinik als auch in der Praxis untersucht. Obwohl es im Rahmen dieses Buches nicht möglich ist, eine allen Faktoren gerecht werdende Regenerationsmethode anzubieten, will ich verschiedene Regenerationsmethoden beschreiben, die gegenwärtig von Sportlern, Trainern und Wissenschaftlern angewandt werden. Es handelt sich hierbei um *aktive* oder *passive* Methoden.

Aktive Regeneration

Aktive Wiederherstellung wird auch als natürliche Wiederherstellung bezeichnet. Hierzu gehören:

1. Abwärmen

Wie in Kapitel 8 beschrieben, scheint ein 15minütiges Auslaufen die Durchblutung des Muskelgewebes zu verbessern und damit zur Laktatbeseitigung beizutragen. Das Auslaufen ist normalerweise nur nach intensiven Belastungen notwendig, wie z.B. Schnelligkeits-, Renn-/Tempo-, Intervall-, Vertikalintervall- und Krafttrainingseinheiten. Es ist wichtig, daß die Intensität des Auslaufens niedrig ist (ungefähr im Bereich der Intensität der Stufe I wie in Kapitel 5 beschreiben). Es ist wissenschaftlich noch nicht belegt, ob es besser ist, beim Abwärmen die Aktivität zu wählen, die auch im Zentrum der vorangegangenen Trainingseinheit stand, oder ob es sinnvoller ist, eine andere Aktivität zu wählen. Sicher ist es weniger umständlich, die in der Trainingseinheit durchgeführte Intensität fortzusetzen, aber es kann auch von Vorteil sein, die Aktivität zu wechseln. So kann z.B. ein Skilangläufer im Anschluß an eine Ski-Trainingseinheit 15 Minuten joggen.

2. Wochen-Trainingsmuster

In der Regel sollte auf einen harten Trainingstag (Intervall-, Renn-/Tempotraining) ein lockerer Trainingstag folgen, um eine Erholung zu gewährleisten. In Abhängigkeit von der Trainingsphase, dem Trainingsumfang und Ihrer eigenen Erfahrung können Sie mit unterschiedlichen Wochenmustern experimentieren. Allgemein gilt, daß die Notwendigkeit, das wöchentliche Trainingsmuster nach dem Hart-Leicht-Prinzip zu strukturieren, umso mehr wächst, je härter das Training im Hinblick auf Umfang und Charakteristik der Trainingseinheiten wird. Es kann sogar sinnvoll sein, auf einen harten Trainingstag zwei Tage mit lockerem Training folgen zu lassen. Der Nutzen des Trainings wie auch der aktiven Erholung kann durch Einsatz unterschiedlicher Ausrüstungsgegenstände und Aktivitäten sowie durch eine abwechslungsreiche Trainingsumgebung gesteigert werden. Cross-Training (der Einsatz vielfältiger Sportaktivitäten zur Realisierung des Trainingsplans) kann die Belastung des Bewegungsapparates sowie die Gefahr eines psychischen Ausbrennens mildern und die Regenerationsfähigkeit steigern.

3. Flüssigkeitssubstitution

Flüssigkeiten, vor allem Wasser, müssen vor, während und nach dem Training zugeführt werden. Der Urin sollte relativ klar sein. Es ist sinnvoll, auf ein mit Glukosepolymer hergestelltes Energiegetränk während und nach langen Trainingseinheiten zurückzugreifen, um die verlorenen Flüssigkeiten und Kohlenhydrate gleichzeitig zu ersetzen (siehe Kapitel 8).

4. Ernährung

Die Ernährung sollte reich an komplexen Kohlenhydraten sein und unmittelbar nach dem Training wie auch zwischen den Trainingseinheiten eingenommen werden. Die während des Trainings gelehrten Glykogenspeicher können auf diese Weise am besten wiederaufgefüllt werden. Außerdem sollten ausreichend Spurenelemente wie Eisen, Zink, Chrom, Selen, Kalzium, Kalium und Magnesium, die für den normalen Ablauf biochemischer Reaktionen erforderlich sind, mit der täglichen Nahrung aufgenommen werden (siehe Kapitel 9).

5. Schlaf

Vor allem während hochintensiver Trainingsphasen sollten normale Schlafdauer und -rhythmus beibehalten werden. Die Schlafdauer sollte nach Möglichkeit nur wenig variieren, und das Bett sollte bequem und fest sein. Wenn zweimal täglich trainiert wird, können kleine Nickerchen zwischen den Trainingseinheiten – falls sie möglich sind – regenerationsfördernd sein.

6. Spaziergänge

Schlichte entspannende Spaziergänge können im Rahmen der Regeneration zweckmäßig sein. Am effektivsten sind normalerweise Abendspaziergänge nach dem täglichen Training.

Passive Erholung

Es gibt zahlreiche passive Methoden der Regeneration. Im Sport gehören Entspannungsbäder und -massagen zu den effektivsten passiven Methoden.

1. Massage

Die Massage gehört vielleicht zu den verbreitetsten Wiederherstellungsmethoden (Abbildung 10.2.). Massage kann in vielen Formen angewandt werden, und verschiedene Techniken sind bei Sportlern beliebt und effektiv. Eine richtige Massage beschleunigt die Erholung nach Trainingseinheiten und kann die Leistungsfähigkeit verbessern. Die verbesserte Muskeldurchblutung während der Massage fördert die Laktatausschwemmung und die Versorgung des Muskelgewebes mit Nährstoffen.

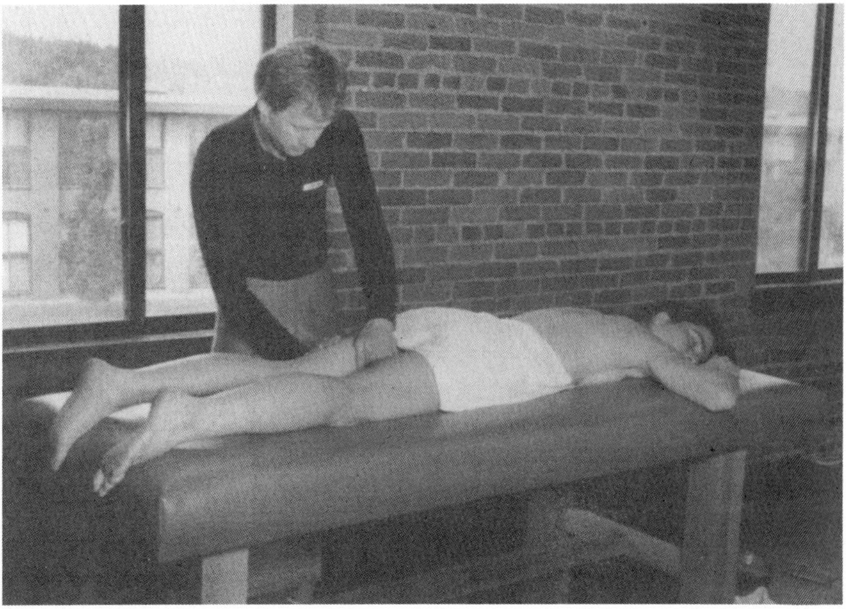

Abbildung 10.2: Sportmassage kann die Erholungszeit zwischen den Trainingseinheiten verkürzen.

Am effektivsten ist vielleicht die von qualifiziertem Personal durchgeführte Sportmassage, die meisten Sportler aber können sich eine teure Massagetherapie finanziell nicht leisten. Sehr hilfreich können jedoch auch Techniken der Selbstmassage sein. Die wichtigsten Techniken der Selbstmassage sind Klopfen, Kneten und Ausstreichen der Muskeln mit langsamen und sanften Bewegungen unmittelbar nach dem Training oder dem Wettkampf. Selbstmassage kann auch noch mehrere Stunden nach der Trainingseinheit durchgeführt werden. Wenn Sie mehr über Massage wissen wollen, beachten Sie bitte die am Ende des Buches aufgeführten Literaturquellen.

2. Entspannungsbäder

Entspannungsbäder gehören zu den ältesten Formen der Regeneration. Es gibt Quellen, die belegen, daß schon Aristoteles Vergnügen an Entspannungsbädern fand. Es besteht jedoch keine hundertprozentige Klarheit darüber, wie die Bäder den Körper regenerieren. Sie scheinen die Durchblutung und die Muskelentspannung zu verbessern. Bäder in 36 Crad C warmen Whirlpools beschleunigen die Ausschwemmung des Blutlaktats und fördern die Regeneration der Herzfrequenz.

3. Progressive Muskelentspannung

Die Muskelentspannung kann durch die Anwendung erlernter Techniken der progressiven Reduzierung der Muskelspannung verbessert werden. Eine Vielzahl von Techniken kann angewandt werden, einschließlich Selbsthypnose, Visualisierung, sowie Muskelanspannung mit anschließender -entspannung. Es ist empfehlenswert, sich von qualifiziertem Personal in diese Techniken einweisen zu lassen. Als Vermittler können auch Tonbänder dienen. Die Vorteile dieser Techniken sind eine verbesserte Durchblutung, eine schnellere Entfernung von Stoffwechselabfallprodukten sowie eine verbesserte Versorgung der Muskulatur mit im Blut befindlichen Nährstoffen.

4. Andere Methoden

Sowjetische Wissenschaftler berichten über anspruchsvolle Regenerationsmethoden wie z.B. Massagen während des Trainings; verschiedene Wasseranwendungen wie z.B. Duschen, Saunagänge und Bäder (Abbildungen 10.3 und 10.4); Ultraschall und Elektrostimulation; autogene Psychoregulations- und Entspannungstherapie; spezielle, aus der Pharmakologie abgeleitete Ernährungs- und Flüssigkeitsubstitutionstherapien. Viele dieser Verfahren erfordern eine sorgfältige Anwendung und Kontrolle und sind für den normalen, breitensportlich orientierten Läufer sehr schwierig oder unmöglich durchzuführen.

Im Laufe der vergangenen zwei Jahre hat die Männer-Biathlon-Nationalmannschaft der USA ein extensives Regenerationsprogramm durchgeführt. Im Rahmen eines typischen täglichen Regenerationsplans kommen folgende Aktivitäten in der angegebenen Reihenfolge zum Einsatz:

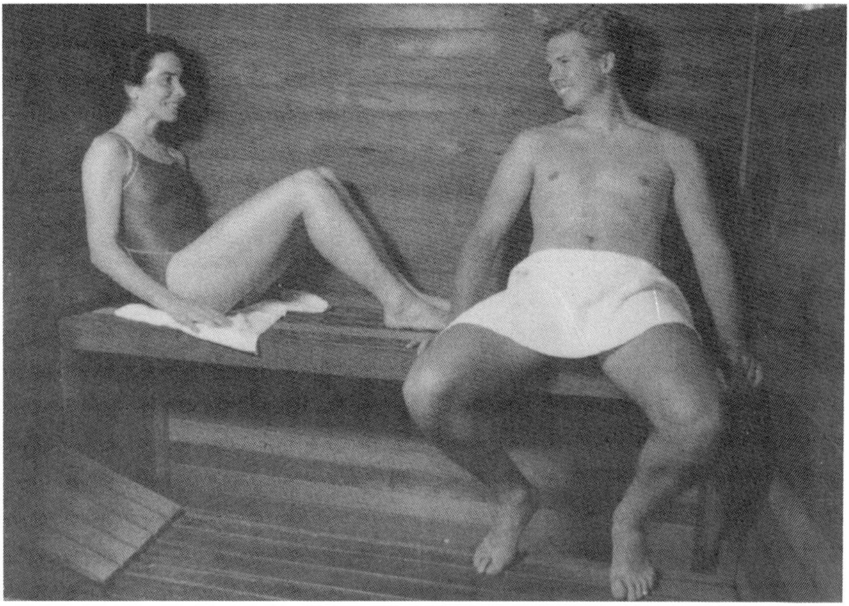

Abbildung 10.3: Saunabäder sind eine angenehme Methode der Entspannung und beschleunigen den Wiederherstellungsprozeß.

Abbildung 10.4: Viele Spitzenathleten benutzen Whirlpoolbäder als einen Bestandteil ihres Regenerationsplans.

Nach dem Morgentraining:

1. Abwärmen von 15 bis 45 Minuten Dauer in Abhängigkeit von der Intensität der vorangegangenen Trainingseinheit
2. Warme Dusche
3. Leichte 20- bis 30minütige Massage
4. Kohlenhydratreiche Mahlzeit und Flüssigkeitsersatz
5. Nickerchen oder Entspannungstraining

Nach dem Nachmittagstraining:

1. Abwärmen
2. Warme Dusche
3. Spezifische 30- bis 60minütige Massage zwei bis sechs Stunden nach dem Training
4. Kohlenhydratreiche Mahlzeit und Flüssigkeitsersatz
5. Sauna oder Whirlpool abwechselnd mit kalten Duschen
6. Entspannungstraining, falls nötig

Obwohl es schwierig ist, die Ergebnisse eines derartigen Programms objektiv zu messen, absolvieren diese Athleten jetzt einen höheren Trainingsumfang als vorher; ihre Verletzungsrate ist niedriger, und ihre Ergebnisse in internationalen Wettkämpfen haben sich beträchtlich verbessert.

Die meisten Athleten haben jedoch gravierende Schwierigkeiten, derartig viele Methoden der passiven Regeneration in ihre Trainingsprogramme aufzunehmen. Die beschriebenen aktiven Regenerationsmethoden sind vermutlich praktikabler. Sie und Ihr Trainer müssen diese Methoden als einen wesentlichen Teil der Trainingseinheit auffassen. Die in Kapitel 7 beschriebenen Streßsignale können, falls sie genau beobachtet und in das Trainingsprotokoll eingetragen werden, eine wesentlich zielgerichtetere Anwendung dieser Regenerationsmethoden ermöglichen.

Fühlen Sie sich besser – Haben Sie mehr Spaß

Regeneration nach dem Training kann Ihnen sowohl physisch wie psychisch von Nutzen sein. Regeneration ist ein wichtiger Bestandteil der allgemeinen Gesundheitspflege. Eine ausreichende Regeneration trägt dazu bei, daß Sie positive Gefühle gegenüber sich selbst, Ihren Mitmenschen und dem Training entwickeln. Die Regeneration bewirkt, daß Sie sowohl im Training wie auch in Ihrem Leben ein Gleichgewicht erreichen. Letztendlich trainieren Sie effektiver, fühlen sich besser, bringen bessere Leistungen und haben hoffentlich mehr Spaß bei Training und Wettkampf.

11

WIE MAN ALLES ZUSAMMENFÜGT: TECHNIKEN DES EFFEKTIVEN TRAININGS-MANAGEMENTS

Selbst die besten Sportler müssen ihre Trainingspläne korrigieren, manchmal sogar häufig. Es wäre schön, wenn Sie Ihr einmal geplantes Trainingsprogramm ohne Schwierigkeiten durchziehen könnten. Die meisten Sportler müssen jedoch Änderungen in ihrem Trainingsplan vornehmen, um einer Vielzahl von Faktoren Rechnung zu tragen. Dieses Kapitel behandelt die möglichen Korrekturen, die Sie vornehmen müssen sowie Strategien für positive Veränderungen im Plan. Darüber hinaus wird eine Checkliste zur Vorbereitung auf Trainingseinheiten und Wettkämpfe vorgestellt.

Korrekturen in Ihrem Trainingsplan

Es gibt zwei wesentliche Arten von Korrekturen im Trainingsplan. Die erste Art betrifft die Änderung der Grundstruktur des Plans, also Wochenmuster, Periodisierung, Trainingsumfang pro Zyklus, Prozentsätze der systematischen Trainingskomponenten pro Zyklus und Jahresumfang. Die Korrekturart wird auf einer Tages- oder Wochenbasis angewandt und betrifft hauptsächlich die Reaktion auf streßintensive Umstände, wie z.B. Krankheit, Überstunden im Beruf, Beziehungsprobleme oder Reisen.

Änderung der Struktur des Plans

Die in Kapitel 6 vorgestellten Arbeitsblätter können dazu verwendet werden, grundlegende Änderungen in der Struktur des Plans vorzunehmen und die Auswirkungen dieser Änderungen auf das Gesamtprogramm zu beobachten. Wenn Sie z.B. das Periodisierungsmuster in einem Zyklus ändern, können Sie die Auswirkungen im nächsten Zyklus daran erkennen, wie gut Sie sich zwischen den Zyklen erholen. Wenn Sie sich entscheiden, in einem Zyklus mehr Schnelligkeitstraining zu absolvieren, können Sie die effektive Veränderung in diesem Zyklus sehen, und – wichtiger noch – Sie können versuchen, die Auswirkung dieser Veränderung anhand Ihrer Leistung im Wettkampf zu beobachten und zu messen.

Die Korrektur einer Variable in einem systematischen Plan beeinflußt die anderen Variablen in einem bestimmten Ausmaß. Die folgenden Bereiche könnten einer Korrektur unterzogen werden:

Jahresumfang (Jahresstunden)

Es ist sehr wahrscheinlich, daß Sie einmal in die Situation kommen, den Umfang zu senken, weil Sie sich im Planungsstadium ein übertrieben ehrgeiziges Ziel gesetzt haben, oder weil sich die zum Training verfügbare Zeit aufgrund einer hohen Belastung in der Schule, beruflicher und familiärer Anforderungen oder anderer Faktoren reduziert hat. Manchmal ist es notwendig, den Umfang zu erhöhen. In der Regel wird der Umfang um 5 bis maximal 10 % gesteigert. Wenn die Korrektur des Umfangs die einzige Änderung Ihres Plans ist, sind die Rechenarbeiten einfach, denn Sie verwenden die ursprüngliche Schablone so wie sie ist.

Prozentsatz des Gesamtumfangs pro Zyklus

Manchmal ist es notwendig, den Umfang innerhalb eines einzelnen Zyklus aufgrund äußerer Umstände zu steigern oder zu reduzieren. Wenn Sie solche Änderungen vornehmen, müssen auch die anderen Zyklen im Hinblick auf den ihnen zugeordneten Prozentsatz des Gesamtjahrestrainingsumfangs geändert werden, um einen Gesamtwert von 100 % aufrechtzuerhalten.

Periodisierungsmuster

Bisher ist noch nicht eindeutig geklärt, welches das beste Periodisierungsmuster für jeden Trainingszyklus ist. Es ist wichtig, grundlegende Richtlinien, die von anderen erfolgreich eingesetzt wurden, zu verfolgen, so wie die in Kapitel 6 vorgestellten Periodisierungsmuster. Aber auch das Experimentieren mit verschiedenen Periodisierungsmustern ist nützlich, um herauszufinden, was am besten für einen selbst geeignet ist und was auch über einen bestimmten Zeitraum effektiv zu sein scheint. Wenn z.B. alle zwei Wochen innerhalb eines Zyklus ein Wettkampf ansteht, erscheint es sinnvoll, auf jeweils eine harte Trainingswoche eine leichte folgen zu lassen, wobei die Wettkämpfe am Ende der leichten Trainingswochen liegen (z.B. ein Periodisierungsmuster von 30-20-30-20). Es gibt viele Möglichkeiten, die Periodisierung eines Zyklus zu gestalten, und mit diesen Möglichkeiten sollte unter Berücksichtigung der jeweiligen Jahresetappe, des Umfangs pro Zyklus etc. experimentiert werden.

Prozentsatz der systematischen Trainingskomponenten

Auch im Hinblick auf die Prozentsätze der unterschiedlichen Trainingskomponenten, die in einem bestimmten Zyklus oder einer Etappe eingesetzt werden, besteht keine absolute Klarheit. Ein erfahrener Athlet, der sich im Verlaufe einiger Jahre ein gute Grundlage erarbeitet hat, hat vermutlich einen wesentlich größeren Erfolg, wenn er einen höheren Prozentsatz hochintensiven Trainings absolviert, als ein schlechter trainierter Sportler. Zweifellos werden neue Trainingstheorien entwickelt werden. Wenn Sie nach dem systematischen Ansatz trainieren, können Sie diese neuen Ansätze effektiv in Ihre Grundstruktur einbauen und dann die Auswirkungen dieser Änderungen anhand Ihrer Wettkampfleistungen und subjektiven Gefühle bewerten.

Variation von Tages- und Wochenplänen

Die zweite Möglichkeit, Ihren Plan zu korrigieren, ist die Änderung auf einer Tages- oder Wochenbasis aufgrund einer Kontrolle der durch bestimmte Lebensumstände verursachten Stressoren. Es ist wichtig, darauf vorbereitet zu sein, eine Trainingseinheit auszulassen oder die für eine Trainingseinheit vorgesehene Zeit zu reduzieren. Im folgenden finden Sie einige Ideen, wann und wie Sie diese Änderungen vornehmen können:

Streßsignale

Die im Rahmen des in Kapitel 7 vorgestellten Trainingsprotokollsystems aufgelisteten Streßsignale können sehr hilfreich für die Kontrolle des Trainingsfortschritts sowie für die Frühentdeckung von Ermüdungs- und Übertrainingssymptomen sein. Wenn z.B. Ihr Morgenpuls 20 % höher als normal, Ihr Gewicht 4 % niedriger als normal und Ihr Urin sehr konzentriert ist, ist es sinnvoll, a) sehr viel Wasser zu trinken, b) auf eine geplante 60minütige harte Intervall-Trainingseinheit zu verzichten. Stattdessen sollten Sie die Trainingszeit um die Hälfte reduzieren, die Intensität der Trainingseinheit deutlich verringern oder sogar ganz auf das Training verzichten, bis Sie sich wieder völlig erholt haben. Sie sollten auch versuchen, die Ursachen dieser Streßsignale herauszufinden. Vielleicht gibt Ihnen diese Analyse neue Einsichten in Ihren Gesamtplan, so daß Sie imstande sind, entsprechende Änderungen vorzunehmen.

Lebensumstände

Schulische Belastungen, berufliche Projekte oder Überstunden, Beziehungsprobleme, finanzielle Schwierigkeiten, Konflikte mit Freunden, Kollegen, dem Arbeitgeber oder der Familie, Reisen, unzureichende Nahrung, schlechter Schlaf und plötzliche Krankheit – all diese Faktoren haben einen Einfluß auf Ihren Organismus, und es ist schwierig, die Auswirkungen objektiv zu messen. Die oben beschriebenen Streßsignale können in vielen Fällen helfen. Für den Fall, daß Sie nicht imstande sind, die Ursachen für ein Leistungstief zu identifizieren, ist es manchmal am besten, einfach einen Tag mit dem Training auszusetzen oder die Trainingsumgebung bzw. den Trainingsinhalt zu ändern. Seien Sie darauf vorbereitet, Ihrem Gefühl entsprechende Korrekturen vorzunehmen. Es besteht keine Notwendigkeit, sich zum Sklaven seines Trainingsplans zu machen. Wenn Sie eine Trainingseinheit verpassen oder bewußt ausfallen lassen, sollten Sie diese Ruhe willentlich nutzen und nicht später versuchen, das Training nachzuholen – auf diese Weise verschlimmern Sie nur alles. Machen Sie in diesen Fällen schlicht mit der nächsten geplanten Trainingseinheit weiter.

Unrealistische Ziele

Viele neigen dazu, sich zu hohe Leistungsziele zu setzen und riskieren, daß im Falle des Nichterfüllens der Erwartungen Enttäuschungen vorprogrammiert sind. Seien Sie darauf vorbereitet, Ihre Ziele zu korrigieren, Ihren Trainingsplan entsprechend zu ändern und Ihre Erwartungen bezüglich Leistungsverbesserungen auf ein realistisches Maß zu bringen. Sprechen Sie mit einem Trainer oder mit jemandem, der Sie und Ihre Zielsetzungen gut kennt und der Ihnen helfen kann, Ihre Erwartungen objektiver zu gestalten.

Cross-Training sorgt für Abwechslung und Vergnügen

Genauso wie Sie hin und wieder Korrekturen Ihres Plans vornehmen müssen, können Sie es als hilfreich empfinden, bei der Realisierung Ihres Trainingsplans vielseitig vorzugehen. Der gelegentliche Einsatz unterschiedlicher Aktivitäten (bzw. der häufige Einsatz, wenn Sie Triathlet oder Skilangläufer sind und sich in der Etappe des Nicht-Schnee-Trainings befinden) hält Ihren Körper frisch und stimuliert Ihre Psyche. Läufer können z.B. eine lockere Skiwanderung unternehmen oder eine Wassertrainingseinheit absolvieren. Beide Aktivitäten sind dem Laufen sehr ähnlich, jedoch wesentlich gelenkschonender.

Es ist sinnvoll, die Trainingsumgebung häufig zu wechseln und gelegentlich in einer unbekannten Gegend zu laufen. Eine ebenso gute Idee ist es, hin und wieder den Trainingspartner zu wechseln. Dies kann stimulierend sein, und vielleicht lernen Sie auch etwas von dem neuen Partner.

Erlauben Sie sich hin und wieder auch unstrukturiertes Training. Spielen Sie Fußball, Frisbee, Volleyball oder Tennis, ohne sonderlich auf die Belastungsintensität zu achten. Wenn Sie das Gefühl haben, diese Spiele irgendwie in Ihren Plan integrieren zu müssen, entnehmen Sie die dafür notwendige Zeit einer Ausdauer- oder lockeren Dauerlauftrainingseinheit. Eine andere Möglichkeit des unstrukturierten Trainings besteht darin, seine Uhr und eventuell auch sein Pulskontrollgerät zu Hause zu lassen und schnell zu laufen, eine Pause einzulegen oder langsam zu laufen, wenn einem danach ist – d.h. das zu tun, was einem gerade einfällt. Fartlek bedeutet Spiel mit dem Tempo, und die Erfinder dieser Methode, die Skandinavier, wußten zu spielen. So kann z.B. ein Waldlauf aufgelockert werden durch Klimmzüge an einem Ast, ein Bad in einem See und eine daran anschließende Pause in der Sonne, einen darauf folgenden kurzen, zügigen Lauf bergan, einige Gymnastikübungen und schließlich den Lauf nach Hause, wobei Sie die ganze Strecke über Hopserabschnitte einlegen! Erlauben Sie dem Kind, das noch tief in Ihnen existiert, sich auszuleben.

Vernünftige Vorbereitung auf Training und Wettkämpfe

Sie sollten auf Rennen wie auch auf jede Trainingseinheit gut vorbereitet sein. Wie wichtig eine gute Vorbereitung ist, wird vor allem dem Läufer klar, der nach dem Zieleinlauf erfahren muß, daß er disqualifiziert wurde, weil er von der markierten Strecke abgewichen ist, und das nur, weil er sich vor dem Rennen den Kurs nicht eingeprägt hatte. Klar wird dies auch dem Radsportler, der nach dem

Rennen erfährt, daß ein hautenger Lycra-Anzug eine entscheidende Zeitverbesserung gebracht hätte. Sich auf ein Rennen vorzubereiten, bedeutet also auch, seinen gesunden Menschenverstand einzusetzen, um alle Hindernisse, die eine optimale Leistung verhindern könnten, aus dem Wege zu räumen. In den folgenden Abschnitten werden Sie auf einige Aspekte, die Sie bei der Wettkampfplanung berücksichtigen sollten, hingewiesen.

Checkliste zur Rennvorbereitung

Im Rahmen der optimalen Rennvorbereitung spielt die Erfahrung eine dominierende Rolle. Es gibt jedoch auch viele Fälle, in denen einem erfahrenen Athleten ein entscheidender Fehler unterlief. So kenne ich z.B. eine Skilangläuferin der Nationalauswahl, die sich, als sie zur Startlinie lief, die falschen Skier griff. Sie bemerkte diesen Fehler leider erst zu spät. Falsches Wachs, falsche Skier, schlechtes Rennen!

Es ist sinnvoll, sich eine Checkliste anzulegen und diese einige Male vor dem Rennen durchzugehen. Zu den in dieser Checkliste aufgelisteten Punkten sollten gehören: Ausrüstung, Kleidung, Startmeldung, Startnummern, Nahrung und Getränke vor und während des Rennens, medizinische Probleme, genug Schlaf, ausreichend Zeit vor dem Rennen, um sich aufzuwärmen und alles noch einmal durchzugehen. Stellen Sie sich prinzipiell auf den Standpunkt, daß Sie selbst für alles verantwortlich sind, und überlassen Sie nichts dem Zufall. So ist es z.B. entmutigend, wenn Sie bei einem Triathlon auf Ihr Fahrrad steigen und feststellen, daß Sie vergessen haben, Ihre Wasserflasche zu füllen. Grundsätzlich sollten Sie bemüht sein, alle Überraschungen zu vermeiden. Machen Sie sich mit allem vertraut, seien Sie jedoch gleichzeitig darauf vorbereitet, notwendige Korrekturen vorzunehmen.

Streckenkontrolle

Nehmen Sie sich entweder am Tag oder irgendwann in den letzten Wochen vor dem Rennen die Zeit, die Wettkampfstrecke zu kontrollieren. Studieren Sie die Abschnitte, auf denen Sie Schwierigkeiten haben oder auf denen Sie einen Vorstoß wagen könnten. Ideal ist, irgendwann während der letzten drei Wochen oder länger vor dem Rennen die komplette Strecke auf Zeit zu absolvieren. Wenn dies nicht möglich ist, versuchen Sie, so früh vor dem Start einzutreffen, daß Sie die Strecke noch einmal abfahren können. Eine andere Möglichkeit ist das genaue Studium von Streckenverlaufs- und -profilplänen und das Einholen von Informationen zu Getränkestationen und anderen logistischen Aspekten.

Körperzusammensetzung und Leistung

Allgemein gilt, daß jeder Ausdauersportler davon profitiert, wenn er über einen idealen Körperfettanteil verfügt. Bei männlichen Ausdauersportlern der Spitzenklasse schwankt der Körperfettanteil zwischen 3 und 8 %, bei Elite-Ausdauersportlerinnen liegt der Körperfettanteil zwischen 8 und 18 %. Zusätzliches Fett ist eine Last, die Sie im ungünstigen Falle Berge hinaufschleppen müssen. Stellen Sie sich vor, Sie müßten während eines Rennens einen 5 kg schweren Rucksack eine Steigung hinauftragen. Dies würde einen erheblich höheren Energieaufwand bedeuten. Zusätzliches Fett ist vor allem im Langstreckenlauf hinderlich. Ein gewisser Anteil Körperfett ist allerdings stets notwendig, um die normalen physiologischen Funktionen zu gewährleisten und gegen Kälte zu schützen, besonders beim Skilanglauf und Schwimmen. Wenn Sie überflüssiges Körperfett loswerden wollen, müssen Sie planmäßig vorgehen. Durch das Befolgen der Diätvorschläge in Kapitel 9 halten Sie Ihren Körper schlank und versorgen ihn gleichzeitig mit den für Ausdauerbelastungen notwendigen Energiestoffen.

Lassen Sie Ihren Körperfettanteil bestimmen. Dies geht am schnellsten und bequemsten mit einer Spezialzange zur Messung der Hautfaltendicke an verschiedenen Körperstellen (Abbildung 11.1). Die genauesten Hautfaltenwerte erhalten Sie, wenn Sie zu jemandem gehen, der in der Technik der Hautfaltenmessung ausgebildet wurde und der weiß, wie Ihr Alter, Geschlecht und Ihre Sportart bei der Berechnung zu berücksichtigen sind. Eine andere allgemein akzeptierte Methode der Messung des Körperfettanteils ist das hydrostatische Wiegen, d.h. das Wiegen unter Wasser. Diese Methode wird gegenwärtig als die genaueste eingeschätzt. Viele Laboratorien für Leistungsphysiologie und sportmedizinische Zentren verfügen über die hierzu notwendigen Anlagen. Sie werden unter Wasser gewogen, und Ihr Körperfettanteil wird auf der Grundlage der Körperdichte berechnet. Allgemein gilt, daß Sie bei einer gegebenen Körperhöhe unter Wasser umso mehr wiegen, je geringer Ihr Körperfettanteil ist und je schlanker Sie sind.

Wenn Sie der Meinung sind, daß Sie Ihren Körperfettanteil reduzieren müssen, versuchen Sie allmählich abzunehmen, indem Sie Ihre tägliche Kalorienaufnahme reduzieren, sich kohlenhydratreich und fettarm ernähren und Ihren Trainingsumfang leicht erhöhen. Beginnen Sie mit der Gewichtsreduzierung sechs bis neun Monate vor der Wettkampfsaison, und versuchen Sie, nur 200 bis 450 g Fett pro Woche zu verlieren.

Ernährung und Flüssigkeitsersatz

Die in Kapitel 9 vorgestellten Richtlinien informieren Sie über die bestgeeigneten Nährstoffe und Getränke. Im Hinblick auf die Ernährung am Wettkampftag und

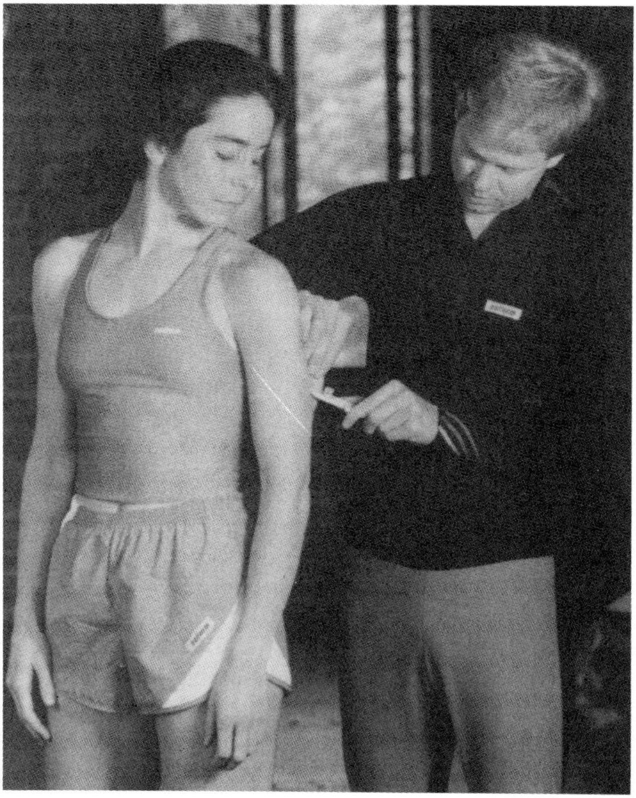

Abbildung 11.1: Eine genaue Messung Ihres Körperfettanteils ist die beste Methode zu entscheiden, ob Sie abnehmen müssen. Übermäßiges Körperfett ist nur eine zusätzliche Last für den Ausdauersportler.

die Flüssigkeitszufuhr vor dem Start ist es gut, wenn Sie genau wissen, was bei Ihnen wirkt und was nicht. Die beste Methode, dies herauszufinden, ist der Test im Training. Wenn Sie vorhaben, am Wettkampftag ein Energiegetränk zu sich zu nehmen, sollten Sie dies unter ähnlichen Bedingungen während einer Tempotrainingseinheit oder eines unwichtigeren Rennens bereits ausprobiert haben. Es ist sehr riskant, während des Rennens etwas zu trinken, was Sie vorher noch nicht ausprobiert haben. Sorgen Sie dafür, daß ein Freund Sie an der Strecke mit vorher zubereiteten Getränken versorgt, oder nehmen Sie als Radsportler, Triathlet oder Skilangläufer Ihre Getränke in speziellen Tragevorrichtungen mit.

Das Gleiche trifft auf die Vorwettkampfernährung zu. Testen Sie sie lange vor dem Wettkampftag. Sinnvoll ist herauszufinden, ob Sie einige Stunden vor dem Start etwas in Ihrem Magen brauchen. Wichtig ist auch, inwiefern die Startzeit mit Ihrem normalen Eßrhythmus korrespondiert. Auch hier besteht das Hauptziel darin, Überraschungen auszuschalten, so daß Sie sich auf das Rennen konzentrieren können.

Die Vorbereitung der Ausrüstung und technische Aspekte

Es gibt viele Methoden, die Gesamtleistung zu verbessern, ohne dem Körper einen höheren Energieaufwand abzuverlangen. Einigen Athleten gelingt es sogar, Energie zu sparen. Wenn es darum geht, Ihr Sportgerät, Ihre Kleidung, Ihre Trainingsmethoden und Kontrolltests zu verbessern, müssen Sie eine Experimentier- und Problemlösungseinstellung einnehmen. Wie der Lauf-Autor George Sheehan richtig feststellte: „Jeder von uns ist eine Versuchsperson.“ Beginnen wir also mit dem Experiment.

Aerodynamische Sportgeräte und Kleidung sind der letzte Schrei, wenn es in den Ausdauersportarten darum geht, seine Leistung um Sekunden und sogar Minuten zu verbessern. Die Eisschnelläufer gehörten zu den ersten, die sich hautenge Lycra-Anzüge und -Kapuzen anzogen. Schwimmer rasieren sich schon seit langem die Körperhaare ab, um den Wasserwiderstand zu verringern. Auch Radsportler experimentieren mit ihrer Kleidung, ihren Helmen und vor allem mit ihren Fahrrädern selbst. Bei einer durchschnittlichen Renngeschwindigkeit von mehr als 32 Stundenkilometern auf einer ebenen Strecke setzt ein Radfahrer fast 90 % seines Energieaufwandes zur Überwindung des Luftwiderstandes ein. Der Luftwiderstand steigt im Quadrat zur Geschwindigkeit proportional an. In zahlreichen Tests wurde nachgewiesen, daß ein geringerer Luftwiderstand schnellere Fahrtzeiten bedeutet. Dieses Prinzip trifft auf alle Sportarten zu.

Aerodynamische Gegenstände sind geformt wie schnittige Flugzeuge oder Wassertropfen; sie gleiten nahezu störungsfrei durch die Luft. Plumpe Formen, wie Quadrate, Zylinder oder Kugeln, sind nicht aerodynamisch und verursachen großflächige Turbulenzen, wenn sie sich gegen den Luftwiderstand bewegen.

Obwohl es wichtig ist, daß er Luftwiderstand unserer Sportgeräte, wie z.B. des Fahrrads, reduziert wird, sind die höchsten aerodynamischen Anforderungen an unsere Körper zu stellen. Beim Radfahren verursacht der Körper z.B. 70 % des gesamten Luftwiderstands, das Fahrrad jedoch nur 30 %. Verbesserungen der Form des menschlichen Körpers sind daher am effektivsten (Abbildung 11.2). Entscheidende Verbesserungen können bereits durch das Tragen aerodynamischer Kleidung erreicht werden. Weite Hosen, Trikots oder Anzüge, die im Wind

Abbildung 11.2: Der Elite-Radrennfahrer Jack Nash trägt beim Einzelzeitfahren einen aerodynamischen Lycra-Anzug und einen windschlüpfrigen Helm. Achten Sie auch auf seine tief über dem Lenker gebeugte Oberkörperhaltung.

flattern oder im Wasser Falten werfen, erhöhen den Luft- oder Wasserwiderstand erheblich. Hautenge Kleidung bewirkt hingegen, daß die Luft gleichmäßig über den Körper hinwegstreicht. Wissenschaftler behaupten, daß ein enger Spandex-Anzug den Luftwiderstand im Vergleich zu Baumwoll- oder Wollkleidung um 6 % verringert. Lycra Spandex ist ferner leichter und kühler als Baumwoll- oder Wollkleidung. Skiläufer, Radsportler, Triathleten und Schwimmer profitieren allesamt von einem derartigen Bekleidungsmaterial. Skiläufer und Radfahrer sollten ebenfalls an Lycra-Schuhabdeckungen und -Handschuhe denken, die auch den Luftwiderstand verringern.

Dr. Chet Kyle, ein Ingenieur an der kalifornischen Staatsuniversität in Long Beach, leitete das Forschungsteam, das die Ausrüstung der amerikanischen Radmannschaft für die Olympischen Spiele 1984 entwickelte. Zu Dr. Kyles Forschungsergebnissen gehört überraschenderweise auch, daß das Kopfhaar die Fahrgeschwindigkeit verringern kann. So erzeugt langes oder dichtes, buschiges Haar einen sehr hohen Luftwiderstand – folglich ist das Tragen eines aerodynamisch geformten Helms für Radsportler wichtig. Viele Top-Radfahrer und -Triathleten verwenden tropfenförmige Helme.

Skilangläufern ist zu empfehlen, einen auch den Kopf umhüllenden Ganzkörperanzug aus Lycra zu tragen, ähnlich wie die Eisschnelläufer. Noch immer tragen die meisten Skilangläufer Woll- oder Polypropylenmützen mit Quasten und ähnlich unnützem Beiwerk. Schwimmer sollten ihre Körperhaare abrasieren und Schwimmkappen tragen.

Die Suche nach aerodynamischer Effizienz hat zu einigen wirkungsvollen Produkten geführt. Wiederum ist der Radsport hier führend: aerodynamische Rahmen, Rennlenker, Wasserflaschen, Tretarme, Pedalen, 24er Vorderräder, widerstandsärmer gespeichte Räder und Scheibenräder können in Rennen dazu beitragen, Sekunden und Minuten zu sparen. Die Skilanglauf-Technologie hat festere Verbindungen zwischen Schuh und Bindung speziell für die Skating-Technik entwickelt, ferner schnellere Skier, neue Stöcke, schnellere Wachse und, im Biathlon, leichtere Gewehre. Es würde hier zu weit führen, die Vorteile all dieser Entwicklungen im Detail aufzulisten. Sie sollten diese Faktoren jedoch auf jeden Fall kennen und unter Berücksichtigung Ihrer Trainingsziele und Ihres -plans zu Ihrem Vorteil nutzen.

Allerdings wurde mir vor kurzem, als ich mir ein Triathlonrennen hier in der Nähe ansah, bewußt, daß man auch all diese technologischen Fortschritte mit einer gewissen Distanz betrachten muß. Als ich mir nämlich die aerodynamische Ausrüstung – Schutzhelme, Scheibenräder, hautenge Anzüge – vieler Athleten ansah, kam plötzlich ein Triathlet mit khakifarbenen Shorts, alten, durchlöcherten Laufschuhen und einem im Wind flatternden T-Shirt auf einem alten schweren Rad vorbei. Er grinste übers ganze Gesicht, als er viele seiner „windschlüpfrigen" Konkurrenten überholte!

Kleidung und Ausrüstung haben einen rein funktionellen Zweck. Schuhe müssen bequem sein. Sie müssen häufig ersetzt werden, um Verletzungen, die aufgrund einer schlechten Dämpfung oder Stützung entstehen können, zu vermeiden. Naßanzüge (Wetsuits) erhöhen den Auftrieb von Schwimmern und Triathleten und schützen ferner vor Wasserkälte, wodurch das Training und Wettkämpfe leichter fallen. Radsportler, die gepolsterte Rennhosen, winddichte Trikots, Sonnenbrillen und gepolsterte Handschuhe tragen, sind auf langen Fahrten dem Wetter nicht so ausgesetzt. Einige Läufer bekämpfen Verletzungen mit Wassertraining. Fragen Sie sich selbst nach der Funktion der von Ihnen verwendeten

Ausrüstung, ob sie Überlastungsschäden verhindert und ob Sie es sich leisten können, Ihre Ausrüstung auf Vordermann zu bringen.

Weiter nach vorne

Denken Sie stets daran, daß der Trainingsplan nur so gut ist wie die Arbeit, die in seine Entwicklung, Beibehaltung und Korrektur einfließt. Der kluge Sportler oder Trainer wird den Trainingsprozeß und die Erholung stets kontrollieren und bewerten. Seien Sie darauf vorbereitet, notwendige Änderungen vorzunehmen, vor allem, wenn die Veränderungen durch genaue, aus dem Trainingsprotokoll hervorgehende Informationen und durch Streßsignale begründbar sind.

Gehen Sie das Training, die Ernährung, Flüssigkeitszufuhr, Ausrüstung und Wettkampfvorbereitung mit Vernunft an. Stellen Sie sicher, daß Sie am Wettkampftag keine Überraschungen aufgrund einer schlechten Planung und Vorbereitung erleben. Trotzdem sollten Sie darauf eingestellt sein, am Wettkampftag Korrekturen vorzunehmen, wenn sich bestimmte Bedingungen ändern.

ANHANG A

ARBEITSBLÄTTER ZUM SYSTEMATISCHEN TRAININGSPLAN

ARBEITSBLATT A.1:
Ziele des Gesamtjahresplans

Trainingsplan für das Jahr 19___

Name ______________________________

1 Disziplinen und Wettkämpfe ______________________________

____

2 **Leistungsziele**	
3 **Körperliche Vorbereitung**	
4 **Psychische Vorbereitung**	
5 **Technische Vorbereitung**	
6 **Tests und Normwerte**	

ARBEITSBLATT A.2:
Bestimmung des Charakters jedes 4-Wochen-Zyklus

Trainingsplan für das Jahr 19____
Name ____________________
Jahrestrainingsstunden ______

					5 Periodisierung %			
					Wochen			
Zyklus	2 Zeitraum	3 Etappe	3 Schwerpunkt	4 % Jahresstd.	1	2	3	4
1								
2								
3								
4								
5								
6								
7								
8								
9								
10								
11								
12								
13								

ARBEITSBLATT A.3:
Bestimmung der Prozentsätze der Trainingskomponenten pro 4-Wochen-Zyklus

Trainingsplan für das Jahr 19____
Name ______________________

Zyklus	1 Etappe	2 Stunden-prozentsatz	Prozentsatz pro 4-Wochen-Zyklus						
			3 Schnelligkeit	Audauer	Wettkampf/Tempo	Intervall	Überdistanz	Vertikalintervall	Kraft
1									
2									
3									
4									
5									
6									
7									
8									
9									
10									
11									
12									
13									

ARBEITSBLATT A.4: Jahrestrainingsplan – Arbeitsblattberechungen

Trainingsplan für das Jahr 19____

Name ______________________

Geplante Jahrestrainingsstunden____

1	4-Wochen-Zyklus	1				2				3				4				5			
2	Trainingsetappe																				
	Zahl der Wochen	1-4				5-8				9-12				13-16				17-20			
3	Zeiträume																				
4	% der Jahresstunden																				
5	Trainingsstd. pro Zyklus																				
	Wochenziffer	1	2	3	4	5	6	7	8	9	10	11	12	13	14	15	16	17	18	19	20
6	Periodisierungsmuster																				
7	Trainingsstd. pro Woche																				
8	Schnelligkeit																				
	Ausdauer																				
	Wettkampf/Tempo																				
	Intervall																				
	Überdistanz																				
	Vertikalintervall																				
	Kraft																				

ARBEITSBLATT A.4, Fortsetzung

1	**4-Wochen-Zyklus**	**6**				**7**				**8**				**9**			
2	**Trainingsetappe**																
	Zahl der Wochen	**21-24**				**25-28**				**29-32**				**33-36**			
3	**Zeiträume**																
4	**% der Jahresstunden**																
5	**Trainingsstd. pro Zyklus**																
	Wochenziffer	**21**	**22**	**23**	**24**	**25**	**26**	**27**	**28**	**29**	**30**	**31**	**32**	**33**	**34**	**35**	**36**
6	**Periodisierungsmuster**																
7	**Trainingsstd. pro Woche**																
8	**Schnelligkeit**																
	Ausdauer																
	Wettkampf/Tempo																
	Intervall																
	Überdistanz																
	Vertikalintervall																
	Kraft																

(wird fortgesetzt)

ARBEITSBLATT A.4, Fortsetzung

1	**4-Wochen-Zyklus**	**10**				**11**				**12**				**13**			
2	**Trainingsetappe**																
	Zahl der Wochen	**37-40**				**41-44**				**45-48**				**49-52**			
3	**Zeiträume**																
4	**% der Jahresstunden**																
5	**Trainingsstd. pro Zyklus**																
	Wochenziffer	**37**	**38**	**39**	**40**	**41**	**42**	**43**	**44**	**45**	**46**	**47**	**48**	**49**	**50**	**51**	**52**
6	**Periodisierungsmuster**																
7	**Trainingsstd. pro Woche**																
8	**Schnelligkeit**																
	Ausdauer																
	Wettkampf/Tempo																
	Intervall																
	Überdistanz																
	Vertikalintervall																
	Kraft																

ARBEITSBLATT A.5:
Bestimmung des Wochenmusters für jeden 4-Wochen-Zyklus

1 Trainingszyklus #		2 Zeitraum des Zyklus					
				Wochen			
Tag	3 Ziel	4 Sportart	5 Intensität	6 Dauer der Trainingseinheit in min			
1A							
B							
2A							
B							
3A							
B							
4A							
B							
5A							
B							
6A							
B							
7A							
B							

ARBEITSBLATT A.5 Fortsetzung:

Typische Wochenmuster und damit assoziierte Trainingskomponenten für die Grundlagenphase, Intensitätsphase, die Phase der Topform und die Wettkampfphase des Trainingsjahres (auf Basis von Prozentsätzen der für jedes Trainingselement vorgesehenen Gesamtzeit)

Tag	Grundlagenetappe		Intensitätsetappe		Etappe der Topform		Wettkampfetappe	
	Ziel	%	Ziel	%	Ziel	%	Ziel	%
1A	ÜD	50	ÜD	50	ÜD	50	ÜD	50
B	Ruhe		Ruhe		Ruhe		Ruhe	
2A	A	33	VI	100	VI	100	Ruhe	
B	K	33	K	50	K	100	Ruhe	
3A	ÜD	25	ÜD	25	ÜD	25	ÜD	25
B	Ruhe		Ruhe		S	50	S	50
4A	A	33	IN	100	In	100	IN	100
B	K	33	K	50	Ruhe		Ruhe	
5A	ÜD	25	ÜD	25	ÜD	25	ÜD	25
B	Ruhe		S	100	S	100	S	100
6A	A	33	A	100	A	100	A	100
B	K	33	Ruhe		Ruhe		Ruhe	
7A	Ruhe		WT	100	WT	100	WT	100
B	Ruhe		Ruhe		Ruhe		Ruhe	

S = Schnelligkeitstraining
A = Ausdauertraining
WT = Wettkampf-/Tempotraining
IN = Intervalltraining
ÜD = Überdistanztraining
VI = Vertikalintervalltraining
K = Krafttraining

ANHANG B

ARBEITSBLATT-SCHABLONEN FÜR SPEZIELLE SPORTARTEN

Schablonen

Arbeitsblatt B.1: Triathlon – Anfänger bis Mitteldistanz, eine Wettkampfsaison pro Jahr

Arbeitsblatt B.2: Triathlon – Ironman-Distanzen, eine Wettkampfsaison pro Jahr

Arbeitsblatt B.3: Laufen – 5, 10, 15 km, eine Wettkampfsaison pro Jahr

Arbeitsblatt B.4: Marathon – eine Wettkampfsaison pro Jahr

Arbeitsblatt B.5: Radsport – Kriterien, kurze Straßenrennen, Zeitfahren, eine Wettkampfsaison pro Jahr

Arbeitsblatt B.6: Radsport – längere Straßenrennen, eine Wettkampfsaison pro Jahr

Arbeitsblatt B.7: Skilanglauf – 5 bis 35 km, eine Wettkampfsaison pro Jahr

Arbeitsblatt B.8: Skilanglauf – 25 bis 50 km, eine Wettkampfsaison pro Jahr

Arbeitsblatt B.9: Zwei Wettkampfperioden pro Jahr – Skilanglauf 10 bis 50 km, Wochen 1 bis 24; Triathlon, Mittel- bis Ironman-Distanz, Wochen 25 bis 52

Arbeitsblatt B.10: Zwei Wettkampfperioden pro Jahr – Skilanglauf 10 bis 50 km, Wochen 1 bis 24; Radsport, Straßenrennen, Wochen 25 bis 52

Arbeitsblatt B.11: Zwei Wettkampfperioden pro Jahr – Laufen, 10 km, Wochen 1 bis 24; Laufen, Marathon, Wochen 25 bis 52

Hinweise

Die Schablonen im Anhang B unterscheiden sich hinsichtlich ihres Formats von den Arbeitsblättern im Anhang A und Kapitel 6. Wenn Sie die folgenden Schritte beachten, fällt Ihnen der Gebrauch der Schablonen leichter:

Schritt 1: Bestimmen Sie die für Ihren Plan vorgesehenen Jahresstunden. Tragen Sie sie hinter (A) ein.

Schritt 2: Bestimmen Sie die Daten jedes 4-Wochen-Zyklus. Tragen Sie sie hinter (B) ein.

Schritt 3: Multiplizieren Sie den Prozentsatz der Jahresstunden pro Zyklus (C) mit den Gesamtjahresstunden (A). Tragen Sie den jeweiligen Wert hinter (D) ein.

Schritt 4: Multiplizieren Sie das Ergebnis des 3. Schritts, d.h. die Stunden pro Zyklus (D), mit den Periodisierungsmuster-Prozentsätzen (F) für jede Woche eines jeden Zyklus. Tragen Sie den Wert hinter (G) ein.

Schritt 5: Multiplizieren Sie das Ergebnis des 4. Schritts, die Stunden pro Woche (G), mit den Prozentsätzen jeder systematischen Trainingskomponente pro Zyklus (E). Tragen Sie die errechneten Werte in die Freiräume hinter den Trainingskomponenten ein (H).

Anmerkung: Schlagen Sie Kapitel 6, Arbeitsblatt 6.5 auf, wenn Sie bei der Bestimmung der Wochen-Trainingsmuster für die Planung der Dauer der Trainingseinheiten Hilfe benötigen.

ARBEITSBLATT B.1: Triathlon-Anfänger – bis Mitteldistanzen, eine Wettkampfsaison pro Jahr

Trainingsplan für das Jahr 19___ Name ________________________ **1** Geplante Jahrestrainingsstunden (A) ______

4-Wochen-Zyklus	1				2				3				4				5			
Trainingsetappe	Grundlagenetappe				Grundlagenetappe				Grundlagenetappe				Grundlagenetappe				Intensitätsetappe			
Zahl der Wochen	1-4				5-8				9-12				13-16				17-20			
2 Zeiträume (B)																				
% der Jahresstunden (C)	7				7				7,5				8				8,5			
3 Trainingsstunden pro Zyklus (D)																				
[Prozent pro Zyklus] Schnelligkeit (E)	0				0				0				0				0			
Ausdauer	10				10				10				10				10			
Wettkampf/Tempo	0				0				0				0				0			
Intervall	0				0				0				5				5			
Überdistanz	70				70				70				65				60			
Vertikalintervall	0				0				0				5				10			
Kraft	20				20				20				15				15			
Wochenziffer	1	2	3	4	5	6	7	8	9	10	11	12	13	14	15	16	17	18	19	20
Periodisierung (%) (F)	23	26	29	22	23	26	29	22	23	26	29	22	23	26	29	22	22	27	33	18
4 Trainingsstunden pro Woche (G)																				
5 [Stunden pro Woche] Schnelligkeit (H)																				
Ausdauer																				
Wettkampf/Tempo																				
Intervall																				
Überdistanz																				
Vertikalintervall																				
Kraft																				

ARBEITSBLATT B.1, Fortsetzung

	4-Wochen-Zyklus	**6**				**7**				**8**				**9**			
	Trainingsetappe	Intensitätsetappe				Intensitätsetappe				Intensitätsetappe				Etappe der Topform			
	Zahl der Wochen	**21-24**				**25-28**				**29-32**				**33-36**			
2	**Zeiträume (B)**																
	% der Jahresstunden (C)	9				9,5				10				8			
3	**Trainingsstunden pro Zyklus (D)**																
Prozent pro Zyklus	**Schnelligkeit (E)**	5				5				5				10			
	Ausdauer	5				5				5				10			
	Wettkampf/Tempo	5				5				5				10			
	Intervall	10				10				10				15			
	Überdistanz	60				60				60				50			
	Vertikalintervall	5				5				5				0			
	Kraft	10				10				10				5			
	Wochenziffer	**21**	**22**	**23**	**24**	**25**	**26**	**27**	**28**	**29**	**30**	**31**	**32**	**33**	**34**	**35**	**36**
	Periodisierung (%) (F)	22	27	33	18	22	27	33	18	22	27	33	18	22	27	33	18
4	**Trainingsstunden pro Woche (G)**																
5	**Schnelligkeit (H)**																
Stunden pro Woche	**Ausdauer**																
	Wettkampf/Tempo																
	Intervall																
	Überdistanz																
	Vertikalintervall																
	Kraft																

(wird fortgesetzt)

ARBEITSBLATT B.1, Fortsetzung

	4-Wochen-Zyklus	10				11				12				13			
	Trainingsetappe	Wettkampfetappe				Wettkampfetappe				Wettkampfetappe				Erholungsetappe			
	Zahl der Wochen	37-40				41-44				45-48				49-52			
2	Zeiträume (B)																
	% der Jahresstunden (C)	7				7				6,5				5			
3	Trainingsstunden pro Zyklus (D)																
Prozent pro Zyklus	Schnelligkeit (E)	10				10				10				0			
	Ausdauer	5				5				5				40			
	Wettkampf/Tempo	15				15				15				0			
	Intervall	15				10				10				0			
	Überdistanz	50				55				55				60			
	Vertikalintervall	0				0				0				0			
	Kraft	5				5				5				0			
	Wochenziffer	37	38	39	40	41	42	43	44	45	46	47	48	49	50	51	52
	Periodisierung (%) (F)	30	20	30	20	30	20	30	20	30	20	30	20	25	25	25	25
4	Trainingsstunden pro Woche (G)																
5	Schnelligkeit (H)																
Stunden pro Woche	Ausdauer																
	Wettkampf/Tempo																
	Intervall																
	Überdistanz																
	Vertikalintervall																
	Kraft																

ARBEITSBLATT B.2: Triathlon – Mitteldistanzen, eine Wettkampfsaison pro Jahr

Trainingsplan für das Jahr 19___ Name ______________________ **1** Geplante Jahrestrainingsstunden (A) ______

	4-Wochen-Zyklus	1				2				3				4				5			
	Trainingsetappe	Grundlagenetappe				Grundlagenetappe				Grundlagenetappe				Grundlagenetappe				Intensitätsetappe			
	Zahl der Wochen	1-4				5-8				9-12				13-16				17-20			
2	Zeiträume (B)																				
	% der Jahresstunden (C)	6				7				8				9				9			
3	Trainingsstunden pro Zyklus (D)																				
Prozent pro Zyklus	Schnelligkeit (E)	0				0				0				0				5			
Prozent pro Zyklus	Ausdauer	10				10				5				10				5			
Prozent pro Zyklus	Wettkampf/Tempo	0				0				0				0				0			
Prozent pro Zyklus	Intervall	0				0				0				5				5			
Prozent pro Zyklus	Überdistanz	70				70				70				65				60			
Prozent pro Zyklus	Vertikalintervall	0				0				5				5				10			
Prozent pro Zyklus	Kraft	20				20				20				15				15			
	Wochenziffer	1	2	3	4	5	6	7	8	9	10	11	12	13	14	15	16	17	18	19	20
	Periodisierung (%) (F)	23	26	29	22	23	26	29	22	23	26	29	22	23	26	29	22	22	27	33	18
4	Trainingsstunden pro Woche (G)																				
5 Stunden pro Woche	Schnelligkeit (H)																				
Stunden pro Woche	Ausdauer																				
Stunden pro Woche	Wettkampf/Tempo																				
Stunden pro Woche	Intervall																				
Stunden pro Woche	Überdistanz																				
Stunden pro Woche	Vertikalintervall																				
Stunden pro Woche	Kraft																				

(wird fortgesetzt)

	4-Wochen-Zyklus	**6**				**7**				**8**				**9**			
	Trainingsetappe	Intensitätsetappe				Intensitätsetappe				Intensitätsetappe				Etappe der Topform			
	Zahl der Wochen	**21-24**				**25-28**				**29-32**				**33-36**			
2	**Zeiträume (B)**																
	% der Jahresstunden (C)	10				11				9				8			
3	**Trainingsstunden pro Zyklus (D)**																
Prozent pro Zyklus	**Schnelligkeit (E)**	5				5				5				10			
	Ausdauer	5				5				5				10			
	Wettkampf/Tempo	5				5				5				10			
	Intervall	8				10				10				15			
	Überdistanz	60				60				60				50			
	Vertikalintervall	7				5				5				0			
	Kraft	10				10				10				5			
	Wochenziffer	**21**	**22**	**23**	**24**	**25**	**26**	**27**	**28**	**29**	**30**	**31**	**32**	**33**	**34**	**35**	**36**
	Periodisierung (%) (F)	22	27	33	18	22	27	33	18	22	27	33	18	22	27	33	18
4	**Trainingsstunden pro Woche (G)**																
5 Stunden pro Woche	**Schnelligkeit (H)**																
	Ausdauer																
	Wettkampf/Tempo																
	Intervall																
	Überdistanz																
	Vertikalintervall																
	Kraft																

ARBEITSBLATT B.2, Fortsetzung

	4-Wochen-Zyklus	10				11				12				13			
	Trainingsetappe	Wettkampfetappe				Wettkampfetappe				Wettkampfetappe				Erholungsetappe			
	Zahl der Wochen	37-40				41-44				45-48				49-52			
2	Zeiträume (B)																
	% der Jahresstunden (C)	7				7				6				3			
3	Trainingsstunden pro Zyklus (D)																
Prozent pro Zyklus	Schnelligkeit (E)	10				10				10				0			
	Ausdauer	5				5				5				40			
	Wettkampf/Tempo	15				15				15				0			
	Intervall	15				10				10				0			
	Überdistanz	50				55				55				60			
	Vertikalintervall	0				0				0				0			
	Kraft	5				5				5				0			
	Wochenziffer	37	38	39	40	41	42	43	44	45	46	47	48	49	50	51	52
	Periodisierung (%) (F)	30	20	30	20	30	20	30	20	30	20	30	20	25	25	25	25
4	Trainingsstunden pro Woche (G)																
5	Schnelligkeit (H)																
Stunden pro Woche	Ausdauer																
	Wettkampf/Tempo																
	Intervall																
	Überdistanz																
	Vertikalintervall																
	Kraft																

ARBEITSBLATT B.3: Laufen – 5, 10, 15 km, eine Wettkampfsaison pro Jahr

Trainingsplan für das Jahr 19___ Name ______________________ **1** Geplante Jahrestrainingsstunden (A) ______

	4-Wochen-Zyklus	1				2				3				4				5			
	Trainingsetappe	Grundlagenetappe				Grundlagenetappe				Grundlagenetappe				Grundlagenetappe				Intensitätsetappe			
	Zahl der Wochen	1-4				5-8				9-12				13-16				17-20			
2	Zeiträume (B)																				
	% der Jahresstunden (C)	7				7				7,5				8				8,5			
3	Trainingsstunden pro Zyklus (D)																				
Prozent pro Zyklus	Schnelligkeit (E)	0				0				0				0				0			
Prozent pro Zyklus	Ausdauer	10				10				10				10				10			
Prozent pro Zyklus	Wettkampf/Tempo	0				0				0				0				0			
Prozent pro Zyklus	Intervall	0				0				0				5				5			
Prozent pro Zyklus	Überdistanz	70				70				70				65				60			
Prozent pro Zyklus	Vertikalintervall	0				0				0				5				10			
Prozent pro Zyklus	Kraft	20				20				20				15				15			
	Wochenziffer	1	2	3	4	5	6	7	8	9	10	11	12	13	14	15	16	17	18	19	20
	Periodisierung (%) (F)	23	26	29	22	23	26	29	22	23	26	29	22	23	26	29	22	22	27	33	18
4	Trainingsstunden pro Woche (G)																				
5	Schnelligkeit (H)																				
Stunden pro Woche	Ausdauer																				
Stunden pro Woche	Wettkampf/Tempo																				
Stunden pro Woche	Intervall																				
Stunden pro Woche	Überdistanz																				
Stunden pro Woche	Vertikalintervall																				
Stunden pro Woche	Kraft																				

ARBEITSBLATT B.3, Fortsetzung

	4-Wochen-Zyklus	6				7				8				9			
	Trainingsetappe	Intensitätsetappe				Intensitätsetappe				Intensitätsetappe				Etappe der Topform			
	Zahl der Wochen	21-24				25-28				29-32				33-36			
2	Zeiträume (B)																
	% der Jahresstunden (C)	9				9,5				10				8			
3	Trainingsstunden pro Zyklus (D)																
Prozent pro Zyklus	Schnelligkeit (E)	5				5				5				5			
	Ausdauer	5				5				5				5			
	Wettkampf/Tempo	5				5				5				5			
	Intervall	10				10				10				10			
	Überdistanz	60				60				60				60			
	Vertikalintervall	5				5				5				5			
	Kraft	10				10				10				10			
	Wochenziffer	21	22	23	24	25	26	27	28	29	30	31	32	33	34	35	36
	Periodisierung (%) (F)	22	27	33	18	22	27	33	18	22	27	33	18	22	27	33	18
4	Trainingsstunden pro Woche (G)																
5	Schnelligkeit (H)																
Stunden pro Woche	Ausdauer																
	Wettkampf/Tempo																
	Intervall																
	Überdistanz																
	Vertikalintervall																
	Kraft																

(wird fortgesetzt)

ARBEITSBLATT B.3, Fortsetzung

	4-Wochen-Zyklus	**10**				**11**				**12**				**13**			
	Trainingsetappe	Wettkampfetappe				Wettkampfetappe				Wettkampfetappe				Erholungsetappe			
	Zahl der Wochen	**37-40**				**41-44**				**45-48**				**49-52**			
2	**Zeiträume (B)**																
	% der Jahresstunden (C)	7				7				6,5				5			
3	**Trainingsstunden pro Zyklus (D)**																
Prozent pro Zyklus	**Schnelligkeit (E)**	10				10				10				0			
	Ausdauer	5				5				5				40			
	Wettkampf/Tempo	15				15				15				0			
	Intervall	15				10				10				0			
	Überdistanz	50				55				55				60			
	Vertikalintervall	0				0				0				0			
	Kraft	5				5				5				0			
	Wochenziffer	**37**	**38**	**39**	**40**	**41**	**42**	**43**	**44**	**45**	**46**	**47**	**48**	**49**	**50**	**51**	**52**
	Periodisierung (%) (F)	30	20	30	20	30	20	30	20	30	20	30	20	25	25	25	25
4	**Trainingsstunden pro Woche (G)**																
5 Stunden pro Woche	**Schnelligkeit (H)**																
	Ausdauer																
	Wettkampf/Tempo																
	Intervall																
	Überdistanz																
	Vertikalintervall																
	Kraft																

ARBEITSBLATT B.4: Marathon – eine Wettkampfsaison pro Jahr

Trainingsplan für das Jahr 19___ Name ______________________ **1** Geplante Jahrestrainingsstunden (A) ______

	4-Wochen-Zyklus	1				2				3				4				5			
	Trainingsetappe	Grundlagenetappe				Grundlagenetappe				Grundlagenetappe				Grundlagenetappe				Intensitätsetappe			
	Zahl der Wochen	1-4				5-8				9-12				13-16				17-20			
2	Zeiträume (B)																				
	% der Jahresstunden (C)	6				7				8				9				9			
3	Trainingsstunden pro Zyklus (D)																				
Prozent pro Zyklus	Schnelligkeit (E)	0				0				0				0				5			
Prozent pro Zyklus	Ausdauer	10				10				5				10				5			
Prozent pro Zyklus	Wettkampf/Tempo	0				0				0				0				0			
Prozent pro Zyklus	Intervall	0				0				0				5				5			
Prozent pro Zyklus	Überdistanz	70				70				70				65				60			
Prozent pro Zyklus	Vertikalintervall	0				0				5				5				10			
Prozent pro Zyklus	Kraft	20				20				20				15				15			
	Wochenziffer	1	2	3	4	5	6	7	8	9	10	11	12	13	14	15	16	17	18	19	20
	Periodisierung (%) (F)	23	26	29	22	23	26	29	22	23	26	29	22	23	26	29	22	22	27	33	18
4	Trainingsstunden pro Woche (G)																				
5 Stunden pro Woche	Schnelligkeit (H)																				
Stunden pro Woche	Ausdauer																				
Stunden pro Woche	Wettkampf/Tempo																				
Stunden pro Woche	Intervall																				
Stunden pro Woche	Überdistanz																				
Stunden pro Woche	Vertikalintervall																				
Stunden pro Woche	Kraft																				

(wird fortgesetzt)

ARBEITSBLATT B.4, Fortsetzung

	4-Wochen-Zyklus	6				7				8				9			
	Trainingsetappe	Intensitätsetappe				Intensitätsetappe				Intensitätsetappe				Etappe der Topform			
	Zahl der Wochen	21-24				25-28				29-32				33-36			
2	Zeiträume (B)																
	% der Jahresstunden (C)	10				11				9				8			
3	Trainingsstunden pro Zyklus (D)																
Prozent pro Zyklus	Schnelligkeit (E)	5				5				5				10			
	Ausdauer	5				5				5				10			
	Wettkampf/Tempo	5				5				5				10			
	Intervall	8				10				10				15			
	Überdistanz	60				60				60				50			
	Vertikalintervall	7				5				5				0			
	Kraft	10				10				10				5			
	Wochenziffer	21	22	23	24	25	26	27	28	29	30	31	32	33	34	35	36
	Periodisierung (%) (F)	22	27	33	18	22	27	33	18	22	27	33	18	22	27	33	18
4	Trainingsstunden pro Woche (G)																
5 Stunden pro Woche	Schnelligkeit (H)																
	Ausdauer																
	Wettkampf/Tempo																
	Intervall																
	Überdistanz																
	Vertikalintervall																
	Kraft																

ARBEITSBLATT B.4, Fortsetzung

	4-Wochen-Zyklus	10				11				12				13			
	Trainingsetappe	Wettkampfetappe				Wettkampfetappe				Wettkampfetappe				Erholungsetappe			
	Zahl der Wochen	37-40				41-44				45-48				49-52			
2	Zeiträume (B)																
	% der Jahresstunden (C)	7				7				6				3			
3	Trainingsstunden pro Zyklus (D)																
Prozent pro Zyklus	Schnelligkeit (E)	10				10				10				0			
	Ausdauer	5				5				5				40			
	Wettkampf/Tempo	15				15				15				0			
	Intervall	15				10				10				0			
	Überdistanz	50				55				55				60			
	Vertikalintervall	0				0				0				0			
	Kraft	5				5				5				0			
	Wochenziffer	37	38	39	40	41	42	43	44	45	46	47	48	49	50	51	52
	Periodisierung (%) (F)	30	20	20	20	30	20	30	20	30	20	30	20	25	25	25	25
4	Trainingsstunden pro Woche (G)																
5	Schnelligkeit (H)																
Stunden pro Woche	Ausdauer																
	Wettkampf/Tempo																
	Intervall																
	Überdistanz																
	Vertikalintervall																
	Kraft																

ARBEITSBLATT B.5: Radsport – Kriterien, kurze Straßenrennen, Zeitfahren; eine Wettkampfsaison pro Jahr

Trainingsplan für das Jahr 19___ Name ______________________ **1** Geplante Jahrestrainingsstunden (A) ______

	4-Wochen-Zyklus	1				2				3				4				5			
	Trainingsetappe	Grundlagenetappe				Grundlagenetappe				Grundlagenetappe				Grundlagenetappe				Intensitätsetappe			
	Zahl der Wochen	1-4				5-8				9-12				13-16				17-20			
2	Zeiträume (B)																				
	% der Jahresstunden (C)	7				7				7,5				8				8,5			
3	Trainingsstunden pro Zyklus (D)																				
Prozent pro Zyklus	Schnelligkeit (E)	0				0				0				0				0			
Prozent pro Zyklus	Ausdauer	10				10				10				10				10			
Prozent pro Zyklus	Wettkampf/Tempo	0				0				0				0				0			
Prozent pro Zyklus	Intervall	0				0				0				5				5			
Prozent pro Zyklus	Überdistanz	70				70				70				65				60			
Prozent pro Zyklus	Vertikalintervall	0				0				0				5				10			
Prozent pro Zyklus	Kraft	20				20				20				15				15			
	Wochenziffer	**1**	**2**	**3**	**4**	**5**	**6**	**7**	**8**	**9**	**10**	**11**	**12**	**13**	**14**	**15**	**16**	**17**	**18**	**19**	**20**
	Periodisierung (%) (F)	23	26	29	22	23	26	29	22	23	26	29	22	23	26	29	22	22	27	33	18
4	Trainingsstunden pro Woche (G)																				
5 Stunden pro Woche	Schnelligkeit (H)																				
Stunden pro Woche	Ausdauer																				
Stunden pro Woche	Wettkampf/Tempo																				
Stunden pro Woche	Intervall																				
Stunden pro Woche	Überdistanz																				
Stunden pro Woche	Vertikalintervall																				
Stunden pro Woche	Kraft																				

ARBEITSBLATT B.5, Fortsetzung

	4-Wochen-Zyklus	6				7				8				9			
	Trainingsetappe	Intensitätsetappe				Intensitätsetappe				Intensitätsetappe				Etappe der Topform			
	Zahl der Wochen	**21-24**				**25-28**				**29-32**				**33-36**			
2	**Zeiträume (B)**																
	% der Jahresstunden (C)	9				9,5				10				8			
3	**Trainingsstunden pro Zyklus (D)**																
Prozent pro Zyklus	**Schnelligkeit (E)**	5				5				5				10			
	Ausdauer	5				5				5				10			
	Wettkampf/Tempo	5				5				5				10			
	Intervall	10				10				10				15			
	Überdistanz	60				60				60				50			
	Vertikalintervall	5				5				5				0			
	Kraft	10				10				10				5			
	Wochenziffer	**21**	**22**	**23**	**24**	**25**	**26**	**27**	**28**	**29**	**30**	**31**	**32**	**33**	**34**	**35**	**36**
	Periodisierung (%) (F)	22	27	33	18	22	27	33	18	22	27	33	18	22	27	33	18
4	**Trainingsstunden pro Woche (G)**																
5	**Schnelligkeit (H)**																
Stunden pro Woche	**Ausdauer**																
	Wettkampf/Tempo																
	Intervall																
	Überdistanz																
	Vertikalintervall																
	Kraft																

(wird fortgesetzt)

ARBEITSBLATT B.5, Fortsetzung

	4-Wochen-Zyklus	**10**				**11**				**12**				**13**			
	Trainingsetappe	Wettkampfetappe				Wettkampfetappe				Wettkampfetappe				Erholungsetappe			
	Zahl der Wochen	**37-40**				**41-44**				**45-48**				**49-52**			
2	**Zeiträume (B)**																
	% der Jahresstunden (C)	7				7				6,5				5			
3	**Trainingsstunden pro Zyklus (D)**																
Prozent pro Zyklus	**Schnelligkeit (E)**	10				10				10				0			
	Ausdauer	5				5				5				40			
	Wettkampf/Tempo	15				15				15				0			
	Intervall	15				10				10				0			
	Überdistanz	50				55				55				60			
	Vertikalintervall	0				0				0				0			
	Kraft	5				5				5				0			
	Wochenziffer	**37**	**38**	**39**	**40**	**41**	**42**	**43**	**44**	**45**	**46**	**47**	**48**	**49**	**50**	**51**	**52**
	Periodisierung (%) (F)	30	20	30	20	30	20	30	20	30	20	30	20	25	25	25	25
4	**Trainingsstunden pro Woche (G)**																
5 **Stunden pro Woche**	**Schnelligkeit (H)**																
	Ausdauer																
	Wettkampf/Tempo																
	Intervall																
	Überdistanz																
	Vertikalintervall																
	Kraft																

ARBEITSBLATT B.6: Radsport – längere Rennen, eine Wettkampfsaison pro Jahr

Trainingsplan für das Jahr 19___ Name ______________________ **1** Geplante Jahrestrainingsstunden (A) ______

	4-Wochen-Zyklus	1				2				3				4				5			
	Trainingsetappe	Grundlagenetappe				Grundlagenetappe				Grundlagenetappe				Grundlagenetappe				Intensitätsetappe			
	Zahl der Wochen	**1-4**				**5-8**				**9-12**				**13-16**				**17-20**			
2	**Zeiträume (B)**																				
	% der Jahresstunden (C)	6				7				8				9				9			
3	**Trainingsstunden pro Zyklus (D)**																				
Prozent pro Zyklus	**Schnelligkeit (E)**	0				0				0				0				5			
	Ausdauer	10				10				5				10				5			
	Wettkampf/Tempo	0				0				0				0				0			
	Intervall	0				0				0				5				5			
	Überdistanz	70				70				70				65				60			
	Vertikalintervall	0				0				5				5				10			
	Kraft	20				20				20				15				15			
	Wochenziffer	**1**	**2**	**3**	**4**	**5**	**6**	**7**	**8**	**9**	**10**	**11**	**12**	**13**	**14**	**15**	**16**	**17**	**18**	**19**	**20**
	Periodisierung (%) (F)	23	26	29	22	23	26	29	22	23	26	29	22	23	26	29	22	22	27	33	18
4	**Trainingsstunden pro Woche (G)**																				
5	**Schnelligkeit (H)**																				
Stunden pro Woche	**Ausdauer**																				
	Wettkampf/Tempo																				
	Intervall																				
	Überdistanz																				
	Vertikalintervall																				
	Kraft																				

(wird fortgesetzt)

ARBEITSBLATT B.6, Fortsetzung

4-Wochen-Zyklus	**6**				**7**				**8**				**9**			
Trainingsetappe	Intensitätsetappe				Intensitätsetappe				Intensitätsetappe				Etappe der Topform			
Zahl der Wochen	**21-24**				**25-28**				**29-32**				**33-36**			
2 **Zeiträume (B)**																
% der Jahresstunden (C)	10				11				9				8			
3 **Trainingsstunden pro Zyklus (D)**																
Prozent pro Zyklus: **Schnelligkeit (E)**	5				5				5				10			
Ausdauer	5				5				5				10			
Wettkampf/Tempo	5				5				5				10			
Intervall	8				10				10				15			
Überdistanz	60				60				60				50			
Vertikalintervall	7				5				5				0			
Kraft	10				10				10				5			
Wochenziffer	**21**	**22**	**23**	**24**	**25**	**26**	**27**	**28**	**29**	**30**	**31**	**32**	**33**	**34**	**35**	**36**
Periodisierung (%) (F)	22	27	33	18	22	27	33	18	22	27	33	18	22	27	33	18
4 **Trainingsstunden pro Woche (G)**																
5 *Stunden pro Woche:* **Schnelligkeit (H)**																
Ausdauer																
Wettkampf/Tempo																
Intervall																
Überdistanz																
Vertikalintervall																
Kraft																

ARBEITSBLATT B.6, Fortsetzung

4-Wochen-Zyklus	10				11				12				13			
Trainingsetappe	Wettkampfetappe				Wettkampfetappe				Wettkampfetappe				Erholungsetappe			
Zahl der Wochen	37-40				41-44				45-48				49-52			
2 Zeiträume (B)																
% der Jahresstunden (C)	7				7				6				3			
3 Trainingsstunden pro Zyklus (D)																
Prozent pro Zyklus: Schnelligkeit (E)	10				10				10				0			
Ausdauer	5				5				5				40			
Wettkampf/Tempo	15				15				15				0			
Intervall	15				10				10				0			
Überdistanz	50				55				55				60			
Vertikalintervall	0				0				0				0			
Kraft	5				5				5				0			
Wochenziffer	**37**	**38**	**39**	**40**	**41**	**42**	**43**	**44**	**45**	**46**	**47**	**48**	**49**	**50**	**51**	**52**
Periodisierung (%) (F)	30	20	30	20	30	20	30	20	30	20	30	20	25	25	25	25
4 Trainingsstunden pro Woche (G)																
5 Stunden pro Woche: Schnelligkeit (H)																
Ausdauer																
Wettkampf/Tempo																
Intervall																
Überdistanz																
Vertikalintervall																
Kraft																

ARBEITSBLATT B.7: Skilanglauf – 5 bis 25 km, eine Wettkampfsaison pro Jahr

Trainingsplan für das Jahr 19___ Name ______________________ **1** Geplante Jahrestrainingsstunden (A) ______

	4-Wochen-Zyklus	1				2				3				4				5			
	Trainingsetappe	Grundlagenetappe				Grundlagenetappe				Grundlagenetappe				Grundlagenetappe				Intensitätsetappe			
	Zahl der Wochen	**1-4**				**5-8**				**9-12**				**13-16**				**17-20**			
2	**Zeiträume (B)**																				
	% der Jahresstunden (C)	7				7				7,5				8				8,5			
3	**Trainingsstunden pro Zyklus (D)**																				
Prozent pro Zyklus	**Schnelligkeit (E)**	0				0				0				0				0			
	Ausdauer	10				10				10				10				10			
	Wettkampf/Tempo	0				0				0				0				0			
	Intervall	0				0				0				5				5			
	Überdistanz	70				70				70				65				60			
	Vertikalintervall	0				0				0				5				10			
	Kraft	20				20				20				15				15			
	Wochenziffer	**1**	**2**	**3**	**4**	**5**	**6**	**7**	**8**	**9**	**10**	**11**	**12**	**13**	**14**	**15**	**16**	**17**	**18**	**19**	**20**
	Periodisierung (%) (F)	23	26	29	22	23	26	29	22	23	26	29	22	23	26	29	22	22	27	33	18
4	**Trainingsstunden pro Woche (G)**																				
5 Stunden pro Woche	**Schnelligkeit (H)**																				
	Ausdauer																				
	Wettkampf/Tempo																				
	Intervall																				
	Überdistanz																				
	Vertikalintervall																				
	Kraft																				

ARBEITSBLATT B.7, Fortsetzung

	4-Wochen-Zyklus	**6**				**7**				**8**				**9**		
	Trainingsetappe	Intensitätsetappe				Intensitätsetappe				Intensitätsetappe				Etappe der Topform		
	Zahl der Wochen	**21-24**				**25-28**				**29-32**				**33-36**		
2	**Zeiträume (B)**															
	% der Jahresstunden (C)	9				9,5				10				8		
3	**Trainingsstunden pro Zyklus (D)**															
Prozent pro Zyklus	**Schnelligkeit (E)**	5				5				5				10		
	Ausdauer	5				5				5				10		
	Wettkampf/Tempo	5				5				5				10		
	Intervall	10				10				10				15		
	Überdistanz	60				60				60				50		
	Vertikalintervall	5				5				5				0		
	Kraft	10				10				10				5		
	Wochenziffer	**21**	**22**	**23**	**24**	**25**	**26**	**27**	**28**	**29**	**30**	**31**	**32**	**33**	**34**	**35**	**36**
	Periodisierung (%) (F)	22	27	33	18	22	27	33	18	22	27	33	18	22	27	33	18
4	**Trainingsstunden pro Woche (G)**																
5	**Schnelligkeit (H)**																
Stunden pro Woche	**Ausdauer**																
	Wettkampf/Tempo																
	Intervall																
	Überdistanz																
	Vertikalintervall																
	Kraft																

(wird fortgesetzt)

ARBEITSBLATT B.7, Fortsetzung

	4-Wochen-Zyklus	10				11				12				13			
	Trainingsetappe	Wettkampfetappe				Wettkampfetappe				Wettkampfetappe				Erholungsetappe			
	Zahl der Wochen	37-40				41-44				45-48				49-52			
2	Zeiträume (B)																
	% der Jahresstunden (C)	7				7				6,5				5			
3	Trainingsstunden pro Zyklus (D)																
Prozent pro Zyklus	Schnelligkeit (E)	10				10				10				0			
	Ausdauer	5				5				5				40			
	Wettkampf/Tempo	15				15				15				0			
	Intervall	15				10				10				0			
	Überdistanz	50				55				55				60			
	Vertikalintervall	0				0				0				0			
	Kraft	5				5				5				0			
	Wochenziffer	**37**	**38**	**39**	**40**	**41**	**42**	**43**	**44**	**45**	**46**	**47**	**48**	**49**	**50**	**51**	**52**
	Periodisierung (%) (F)	30	20	30	20	30	20	30	20	30	20	30	20	25	25	25	25
4	Trainingsstunden pro Woche (G)																
5 Stunden pro Woche	Schnelligkeit (H)																
	Ausdauer																
	Wettkampf/Tempo																
	Intervall																
	Überdistanz																
	Vertikalintervall																
	Kraft																

ARBEITSBLATT B.8: Skilanglauf – 25 bis 50 km, eine Wettkampfsaison pro Jahr

Trainingsplan für das Jahr 19___ Name ______________________ **1** Geplante Jahrestrainingsstunden (A) ______

	4-Wochen-Zyklus	1				2				3				4				5			
	Trainingsetappe	Grundlagenetappe				Grundlagenetappe				Grundlagenetappe				Grundlagenetappe				Intensitätsetappe			
	Zahl der Wochen	1-4				5-8				9-12				13-16				17-20			
2	Zeiträume (B)																				
	% der Jahresstunden (C)	6				7				8				9				9			
3	Trainingsstunden pro Zyklus (D)																				
Prozent pro Zyklus	Schnelligkeit (E)	0				0				0				0				5			
	Ausdauer	10				10				5				10				5			
	Wettkampf/Tempo	0				0				0				0				0			
	Intervall	0				0				0				5				5			
	Überdistanz	70				70				70				65				60			
	Vertikalintervall	0				0				5				5				10			
	Kraft	20				20				20				15				15			
	Wochenziffer	1	2	3	4	5	6	7	8	9	10	11	12	13	14	15	16	17	18	19	20
	Periodisierung (%) (F)	23	26	29	22	23	26	29	22	23	26	29	22	23	26	29	22	22	27	33	18
4	Trainingsstunden pro Woche (G)																				
5 Stunden pro Woche	Schnelligkeit (H)																				
	Ausdauer																				
	Wettkampf/Tempo																				
	Intervall																				
	Überdistanz																				
	Vertikalintervall																				
	Kraft																				

(wird fortgesetzt)

ARBEITSBLATT B.8, Fortsetzung

	4-Wochen-Zyklus	**6**				**7**				**8**				**9**			
	Trainingsetappe	Intensitätsetappe				Intensitätsetappe				Intensitätsetappe				Etappe der Topform			
	Zahl der Wochen	**21-24**				**25-28**				**29-32**				**33-36**			
2	**Zeiträume (B)**																
	% der Jahresstunden (C)	10				11				9				8			
3	**Trainingsstunden pro Zyklus (D)**																
Prozent pro Zyklus	**Schnelligkeit (E)**	5				5				5				10			
	Ausdauer	5				5				5				10			
	Wettkampf/Tempo	5				5				5				10			
	Intervall	8				10				10				15			
	Überdistanz	60				60				60				50			
	Vertikalintervall	7				5				5				0			
	Kraft	10				10				10				5			
	Wochenziffer	**21**	**22**	**23**	**24**	**25**	**26**	**27**	**28**	**29**	**30**	**31**	**32**	**33**	**34**	**35**	**36**
	Periodisierung (%) (F)	22	27	33	18	22	27	33	18	22	27	33	18	22	27	33	18
4	**Trainingsstunden pro Woche (G)**																
5 Stunden pro Woche	**Schnelligkeit (H)**																
	Ausdauer																
	Wettkampf/Tempo																
	Intervall																
	Überdistanz																
	Vertikalintervall																
	Kraft																

ARBEITSBLATT B.8, Fortsetzung

	4-Wochen-Zyklus	10				11				12				13			
	Trainingsetappe	Wettkampfetappe				Wettkampfetappe				Wettkampfetappe				Erholungsetappe			
	Zahl der Wochen	37-40				41-44				45-48				49-52			
2	Zeiträume (B)																
	% der Jahresstunden (C)	7				7				6				3			
3	Trainingsstunden pro Zyklus (D)																
Prozent pro Zyklus	Schnelligkeit (E)	10				10				10				0			
	Ausdauer	5				5				5				40			
	Wettkampf/Tempo	15				15				15				0			
	Intervall	15				10				10				0			
	Überdistanz	50				55				55				60			
	Vertikalintervall	0				0				0				0			
	Kraft	5				5				5				0			
	Wochenziffer	37	38	39	40	41	42	43	44	45	46	47	48	49	50	51	52
	Periodisierung (%) (F)	30	20	30	20	30	20	30	20	30	20	30	20	25	25	25	25
4	Trainingsstunden pro Woche (G)																
5	Schnelligkeit (H)																
Stunden pro Woche	Ausdauer																
	Wettkampf/Tempo																
	Intervall																
	Überdistanz																
	Vertikalintervall																
	Kraft																

ARBEITSBLATT B.9: Zwei Wettkampfperioden pro Jahr – Skilanglauf, 10 bis 50 km, Wochen 1 bis 24; Triathlon, Mittel- bis Ironman-Distanzen, Wochen 25 bis 52

Trainingsplan für das Jahr 19___ Name ______________________ **1** Geplante Jahrestrainingsstunden (A) ______

	4-Wochen-Zyklus	1				2				3				4				5			
	Trainingsetappe	Grundlagenetappe				Grundlagenetappe				Intensitätsetappe				Intensitätsetappe				Wettkampfetappe 1			
	Zahl der Wochen	1-4				5-8				9-12				13-16				17-20			
2	Zeiträume (B)																				
	% der Jahresstunden (C)	7,5				7,5				8,5				9				7,5			
3	Trainingsstunden pro Zyklus (D)																				
Prozent pro Zyklus	Schnelligkeit (E)	0				0				5				5				10			
	Ausdauer	10				10				10				10				5			
	Wettkampf/Tempo	0				0				0				5				15			
	Intervall	0				0				5				10				10			
	Überdistanz	70				65				60				60				55			
	Vertikalintervall	5				10				10				0				0			
	Kraft	15				15				10				10				5			
	Wochenziffer	1	2	3	4	5	6	7	8	9	10	11	12	13	14	15	16	17	18	19	20
	Periodisierung (%) (F)	23	26	29	22	23	26	29	22	22	27	33	18	22	27	33	18	30	20	30	20
4	Trainingsstunden pro Woche (G)																				
5 Stunden pro Woche	Schnelligkeit (H)																				
	Ausdauer																				
	Wettkampf/Tempo																				
	Intervall																				
	Überdistanz																				
	Vertikalintervall																				
	Kraft																				

ARBEITSBLATT B.9, Fortsetzung

	4-Wochen-Zyklus	6				7				8				9			
	Trainingsetappe	Wettkampfetappe 1				Ruhe				Grundlagenetappe				Grundlagenetappe			
	Zahl der Wochen	21-24				25-28				29-32				33-36			
2	Zeiträume (B)																
	% der Jahresstunden (C)	7,5				5				7,5				7,5			
3	Trainingsstunden pro Zyklus (D)																
Prozent pro Zyklus	Schnelligkeit (E)	10				0				0				0			
	Ausdauer	5				40				10				10			
	Wettkampf/Tempo	15				0				0				0			
	Intervall	10				0				0				0			
	Überdistanz	55				60				70				70			
	Vertikalintervall	0				0				5				10			
	Kraft	5				0				15				10			
	Wochenziffer	21	22	23	24	25	26	27	28	29	30	31	32	33	34	35	36
	Periodisierung (%) (F)	30	20	30	20	25	25	25	25	23	26	29	22	23	26	29	22
4	Trainingsstunden pro Woche (G)																
5	Schnelligkeit (H)																
Stunden pro Woche	Ausdauer																
	Wettkampf/Tempo																
	Intervall																
	Überdistanz																
	Vertikalintervall																
	Kraft																

(wird fortgesetzt)

ARBEITSBLATT B.9, Fortsetzung

	4-Wochen-Zyklus	**10**				**11**				**12**				**13**			
	Trainingsetappe	Intensitätsetappe				Intensitätsetappe				Wettkampfetappe 2				Wettkampfetappe 2			
	Zahl der Wochen	**37-40**				**41-44**				**45-48**				**49-52**			
2	**Zeiträume (B)**																
	% der Jahresstunden (C)	8,5				9				7,5				7,5			
3	**Trainingsstunden pro Zyklus (D)**																
Prozent pro Zyklus	**Schnelligkeit (E)**	5				5				10				10			
	Ausdauer	10				10				10				10			
	Wettkampf/Tempo	10				10				15				15			
	Intervall	5				10				10				10			
	Überdistanz	60				60				55				55			
	Vertikalintervall	10				5				0				0			
	Kraft	0				0				0				0			
	Wochenziffer	**37**	**38**	**39**	**40**	**41**	**42**	**43**	**44**	**45**	**46**	**47**	**48**	**49**	**50**	**51**	**52**
	Periodisierung (%) (F)	30	20	30	20	30	20	30	20	30	20	30	20	25	25	25	25
4	**Trainingsstunden pro Woche (G)**																
5	**Schnelligkeit (H)**																
Stunden pro Woche	**Ausdauer**																
	Wettkampf/Tempo																
	Intervall																
	Überdistanz																
	Vertikalintervall																
	Kraft																

ARBEITSBLATT B.10: Zwei Wettkampfperioden pro Jahr – Skilanglauf, 10 bis 50 km, Wochen 1 bis 25; Radsport, Straßenrennen, Wochen 25 bis 52

Trainingsplan für das Jahr 19___ Name ______________ **1** Geplante Jahrestrainingsstunden (A) ______

4-Wochen-Zyklus	1				2				3				4				5			
Trainingsetappe	Grundlagenetappe				Grundlagenetappe				Intensitätsetappe				Intensitätsetappe				Wettkampfetappe 1			
Zahl der Wochen	**1-4**				**5-8**				**9-12**				**13-16**				**17-20**			
2 Zeiträume (B)																				
% der Jahresstunden (C)	7,5				7,5				8,5				9				7,5			
3 Trainingsstunden pro Zyklus (D)																				
[Prozent pro Zyklus] Schnelligkeit (E)	0				0				5				5				10			
Ausdauer	10				10				10				10				5			
Wettkampf/Tempo	0				0				0				5				15			
Intervall	0				0				5				10				10			
Überdistanz	70				65				60				60				55			
Vertikalintervall	5				10				10				0				0			
Kraft	15				15				10				10				5			
Wochenziffer	**1**	**2**	**3**	**4**	**5**	**6**	**7**	**8**	**9**	**10**	**11**	**12**	**13**	**14**	**15**	**16**	**17**	**18**	**19**	**20**
Periodisierung (%) (F)	23	26	29	22	23	26	29	22	22	27	33	18	22	27	33	18	30	20	30	20
4 Trainingsstunden pro Woche (G)																				
5 [Stunden pro Woche] Schnelligkeit (H)																				
Ausdauer																				
Wettkampf/Tempo																				
Intervall																				
Überdistanz																				
Vertikalintervall																				
Kraft																				

(wird fortgesetzt)

ARBEITSBLATT B.10, Fortsetzung

	4-Wochen-Zyklus	**6**				**7**				**8**				**9**			
	Trainingsetappe	Wettkampfetappe 1				Ruhe				Grundlagenetappe				Grundlagenetappe			
	Zahl der Wochen	**21-24**				**25-28**				**29-32**				**33-36**			
2	**Zeiträume (B)**																
	% der Jahresstunden (C)	7,5				5				7,5				7,5			
3	**Trainingsstunden pro Zyklus (D)**																
Prozent pro Zyklus	**Schnelligkeit (E)**	10				0				0				0			
	Ausdauer	5				40				10				10			
	Wettkampf/Tempo	15				0				0				0			
	Intervall	10				0				0				0			
	Überdistanz	55				60				70				70			
	Vertikalintervall	0				0				5				10			
	Kraft	5				0				15				10			
	Wochenziffer	**21**	**22**	**23**	**24**	**25**	**26**	**27**	**28**	**29**	**30**	**31**	**32**	**33**	**34**	**35**	**36**
	Periodisierung (%) (F)	30	20	30	20	25	25	25	25	23	26	29	22	23	26	29	22
4	**Trainingsstunden pro Woche (G)**																
5 Stunden pro Woche	**Schnelligkeit (H)**																
	Ausdauer																
	Wettkampf/Tempo																
	Intervall																
	Überdistanz																
	Vertikalintervall																
	Kraft																

ARBEITSBLATT B.10, Fortsetzung

	4-Wochen-Zyklus	10				11				12				13			
	Trainingsetappe	Intensitätsetappe				Intensitätsetappe				Wettkampfetappe 2				Wettkampfetappe 2			
	Zahl der Wochen	37-40				41-44				45-48				49-52			
2	Zeiträume (B)																
	% der Jahresstunden (C)	8,5				9				7,5				7,5			
3	Trainingsstunden pro Zyklus (D)																
Prozent pro Zyklus	Schnelligkeit (E)	5				5				10				10			
	Ausdauer	10				10				10				10			
	Wettkampf/Tempo	10				10				15				15			
	Intervall	5				10				10				10			
	Überdistanz	60				60				55				55			
	Vertikalintervall	10				5				0				0			
	Kraft	0				0				0				0			
	Wochenziffer	37	38	39	40	41	42	43	44	45	46	47	48	49	50	51	52
	Periodisierung (%) (F)	30	20	30	20	30	20	30	20	30	20	30	20	25	25	25	25
4	Trainingsstunden pro Woche (G)																
5	Schnelligkeit (H)																
Stunden pro Woche	Ausdauer																
	Wettkampf/Tempo																
	Intervall																
	Überdistanz																
	Vertikalintervall																
	Kraft																

ARBEITSBLATT B.11: Zwei Wettkampfperioden pro Jahr – Laufen, 10 km, Wochen 1 bis 24; Laufen, Marathon, Wochen 25 bis 52

Trainingsplan für das Jahr 19___ Name ______________ **1** Geplante Jahrestrainingsstunden (A) ______

4-Wochen-Zyklus	1				2				3				4				5			
Trainingsetappe	Grundlagenetappe				Grundlagenetappe				Intensitätsetappe				Intensitätsetappe				Wettkampfetappe 1			
Zahl der Wochen	1-4				5-8				9-12				13-16				17-20			
2 Zeiträume (B)																				
% der Jahresstunden (C)	7,5				7,5				8,5				9				7,5			
3 Trainingsstunden pro Zyklus (D)																				
Prozent pro Zyklus: Schnelligkeit (E)	0				0				5				5				10			
Ausdauer	10				10				10				10				10			
Wettkampf/Tempo	0				0				0				5				15			
Intervall	0				0				5				10				10			
Überdistanz	70				70				60				60				55			
Vertikalintervall	5				10				10				0				0			
Kraft	15				10				10				10				0			
Wochenziffer	1	2	3	4	5	6	7	8	9	10	11	12	13	14	15	16	17	18	19	20
Periodisierung (%) (F)	23	26	29	22	23	26	29	22	22	27	33	18	22	27	33	18	30	20	30	20
4 Trainingsstunden pro Woche (G)																				
5 **Stunden pro Woche:** Schnelligkeit (H)																				
Ausdauer																				
Wettkampf/Tempo																				
Intervall																				
Überdistanz																				
Vertikalintervall																				
Kraft																				

ARBEITSBLATT B.11, Fortsetzung

4-Wochen-Zyklus	6				7				8				9			
Trainingsetappe	Wettkampfetappe 1				Ruhe				Grundlagenetappe				Grundlagenetappe			
Zahl der Wochen	21-24				25-28				29-32				33-36			
2 Zeiträume (B)																
% der Jahresstunden (C)	7,5				5				7,5				7,5			
3 Trainingsstunden pro Zyklus (D)																
Prozent pro Zyklus																
Schnelligkeit (E)	10				0				0				0			
Ausdauer	10				40				10				10			
Wettkampf/Tempo	15				0				0				0			
Intervall	10				0				0				0			
Überdistanz	55				60				70				70			
Vertikalintervall	0				0				10				10			
Kraft	5				0				10				10			
Wochenziffer	21	22	23	24	25	26	27	28	29	30	31	32	33	34	35	36
Periodisierung (%) (F)	30	20	30	20	25	25	25	25	23	26	29	22	23	26	29	22
4 Trainingsstunden pro Woche (G)																
Stunden pro Woche																
5 Schnelligkeit (H)																
Ausdauer																
Wettkampf/Tempo																
Intervall																
Überdistanz																
Vertikalintervall																
Kraft																

(wird fortgesetzt)

ARBEITSBLATT B.11, Fortsetzung

	4-Wochen-Zyklus	**10**				**11**				**12**				**13**			
	Trainingsetappe	Intensitätsetappe				Intensitätsetappe				Wettkampfetappe 2				Wettkampfetappe 2			
	Zahl der Wochen	**37-40**				**41-44**				**45-48**				**49-52**			
2	**Zeiträume (B)**																
	% der Jahresstunden (C)	8,5				9				7,5				7,5			
3	**Trainingsstunden pro Zyklus (D)**																
Prozent pro Zyklus	**Schnelligkeit (E)**	5				5				10				10			
	Ausdauer	10				10				10				10			
	Wettkampf/Tempo	0				5				10				10			
	Intervall	10				10				10				10			
	Überdistanz	65				65				60				60			
	Vertikalintervall	5				0				0				0			
	Kraft	5				5				0				0			
	Wochenziffer	**37**	**38**	**39**	**40**	**41**	**42**	**43**	**44**	**45**	**46**	**47**	**48**	**49**	**50**	**51**	**52**
	Periodisierung (%) (F)	22	27	33	18	22	27	33	18	30	20	30	20	30	20	30	20
4	**Trainingsstunden pro Woche (G)**																
5	**Schnelligkeit (H)**																
Stunden pro Woche	**Ausdauer**																
	Wettkampf/Tempo																
	Intervall																
	Überdistanz																
	Vertikalintervall																
	Kraft																

ANHANG C

DIE DURCHFÜHRUNG SYSTEMATISCHER TRAININGSEINHEITEN FÜR AUSDAUER-SPORTARTEN

Es gibt viele Methoden der Absolvierung spezifischer Trainingskomponenten. Die Übersetzung des in diesem Buch vorgestellten Systems in die von Ihnen verwandte Trainingssprache ist relativ einfach. Sie werden aller Voraussicht nach imstande sein, den Charakter jeder systematischen Trainingseinheit Ihren persönlichen Erfahrungen und Bedürfnissen anzupassen. Falls Sie es wünschen, können Sie die Trainingseinheiten aus Ihrem eigenen Repertoire an Trainingstechniken zusammenmischen. Umfang und Intensität sind die kritischen Faktoren jeder Trainingskomponente. Solange Sie diese beiden Faktoren bei der Planung der einzelnen Komponenten berücksichtigen, wird die Trainingswirkung physiologisch positiv sein.

Die folgenden Beschreibungen jeder Komponente des in diesem Buch vorgestellten systematischen Trainings gehen auf die Effekte sowie die Methoden und Trainingsarten ein, die beim Training der einzelnen Komponenten zum Einsatz kommen. Die Beschreibungen basieren auf dem aktuellen physiologischen, trainingswissenschaftlichen und physiotherapeutischen Wissensstand hinsichtlich eines Trainings zum Erreichen der Topform. Lassen Sie Ihre eigenen Erfahrungen miteinfließen. Dieses Buch versteht sich nicht als alleswissender Führer. Es gibt viele Quellen, auf die Sie zusätzlich zurückgreifen können, um die Effektivität Ihres Trainings zu erhöhen.

Schnelligkeitstraining

Effekte

Schnelligkeitstraining dient der Verbesserung der Effektivität des neuromuskulären Systems hinsichtlich der Koordinierung muskulärer Feuerimpulse mit einer Frequenz, die über derjenigen bei Renntempo liegt. Das primäre Ziel ist die Verbesserung der Koordination und Beweglichkeit. Die anaerobe Energiebereitstellung und die Kapazität der FT-Muskelfasern werden ebenfalls erhöht. Unabhängig vom Trainingsinhalt kommt der Lockerheit, mit der das Schnelligkeitstraining absolviert wird, eine entscheidende Bedeutung zu. Es ist wichtig, daß Sie lernen, Ihre Geschwindigkeit „locker kommen zu lassen“, statt das Tempo mit kraftvollen Bewegungen zu erzwingen. Ihre Bewegungen müssen ökonomisch bleiben; jede Schnelligkeitstrainingseinheit sollte mit leichten, lockeren, aber trotzdem schnellen Bewegungen absolviert werden. Streben Sie danach, Ihre Muskeln zwar möglichst schnell, aber mit dem geringsten Energieaufwand zu bewegen.

Trainingsinhalt

Es ist am besten, die Wettkampfaktivität in den Mittelpunkt der Schnelligkeitstrainingseinheiten zu stellen. VORSICHT: Absolvieren Sie aus Gründen der Verletzungsprophylaxe kein Schnelligkeitstraining in der Disziplin Lauf, ehe Sie nicht eine gute Grundlage geschaffen haben bzw. etwa 30 km pro Woche laufen.

Schnelligkeitstrainingsarten

1. Antritte

Antritte werden nur im Rahmen von Überdistanzeinheiten eingesetzt. Treten Sie alle 10 bis 15 Minuten während dieser Trainingseinheiten an, und erhöhen Sie Ihre Geschwindigkeit allmählich, bis sie 10 bis 20 % schneller ist als Ihr höchstes Renntempo. Das Steigern der Geschwindigkeit sollte etwa 10 Sekunden dauern; die einmal erreichte Maximalgeschwindigkeit sollten Sie 6 bis 10 Sekunden halten. Fallen Sie danach wieder in Ihr ÜD-Tempo zurück. WICHTIG: Konzentrieren Sie sich auf entspannte Bewegungen. Ihre Intensität muß schwerpunktmäßig aerob bleiben. Versuchen Sie, Ihre Muskeln locker zu halten – nur so ist gewährleistet, daß ein motorischer Lernprozeß stattfindet. Antritte sollten nie mit harten Sprints verwechselt werden.

2. Steigerungen

Steigerungen werden als eigenständige Trainingseinheit absolviert. Suchen Sie sich nach einem 20- bis 40minütigen Aufwärmen einen Bahn- oder Straßenabschnitt von 200 m Länge (wenn Sie radfahren, sollte der Abschnitt 600 bis 800 m lang sein). Steigern Sie allmählich Ihre Geschwindigkeit über diese Strecke, und konzentrieren Sie sich dabei auf unverkrampfte, lockere Bewegungen. Sie sollten das Gefühl des Dahingleitens haben. Verlangsamen Sie am Ende der Strecke Ihre Geschwindigkeit und traben Sie, bis Ihre Herzfrequenz 120 erreicht hat. Dann starten Sie erneut. Wiederholen Sie dies so oft, bis die für die betreffende Trainingseinheit geplante Zeit vorüber ist. Laufen Sie sich anschließend 20 Minuten aus.

Versuchen Sie, Ihr Tempo über den 200-m-Abschnitt alle zwei bis drei Wochen um 1 bis 2 Sekunden zu steigern. Sie sollten kurz vor Beginn der Wettkampfsaison in der Lage sein, die 200 m mit einem Tempo zu absolvieren, das umgerechnet auf einen Kilometer 5 bis 10 Sekunden schneller ist als Ihr Wettkampftempo. Wenn Sie z.B. in diesem Jahr im Wettkampf einen 3-Minuten-Schnitt über 1000 m laufen wollen, sollten Sie bei diesen Steigerungen 34 Sekunden über 200 m laufen, was einem 1000-m-Tempo von 2:50 Minuten entspricht.

Zur Bestimmung des 200-m-Tempos:

Suchen Sie sich in Tabelle C.1 und C.2 ein Kilometerdurchschnittstempo, von dem Sie realistischerweise annehmen, daß Sie es in dieser Saison laufen können. Ziehen Sie 10 Sekunden von dieser Zeit ab, und Sie erhalten das korrigierte Tempo. Suchen Sie jetzt die diesem Tempo entsprechende 200-m-Zeit. Addieren Sie zu dieser Zeit alle zwei bis drei Wochen 1 bis 2 Sekunden hinzu, bis Ihrem Plan zufolge die ersten Schnelligkeitstrainingseinheiten anstehen.

Tabelle C.1:
Bestimmen des Tempos der Steigerungen für Läufer und Skilangläufer

Renntempo (min/km)	Trainingstempo (sec/200 m)
2:30	30
2:35	31
2:40	32
2:45	33
2:50	34
2:55	35
3:00	36
3:05	37
3:10	38
3:15	39
3:20	40
3:25	41
3:30	42
3:35	43
3:40	44
3:45	45
3:50	46
3:55	47
4:00	48
4:05	49
4:10	50
4:15	51
4:20	52
4:25	53
4:30	54
4:35	55
4:40	56
4:45	57
4:50	58
4:55	59
5:00	60

Tabelle C.2:

Bestimmen des Tempos der Steigerungen für Radsportler

Renntempo	Steigerungstempo – Sekunden/Distanz		
km/Std.	320 m	480 m	640m
24,0	48	72	96
24,8	46	70	93
25,6	45	68	90
26,4	44	65	87
27,2	42	64	85
28,0	41	62	82
28,8	40	60	80
29,6	39	58	78
30,4	38	57	76
31,2	37	55	74
32,0	36	54	72
32,8	35	53	70
33,6	34	51	69
34,4	33	50	67
35,2	33	49	65
36,0	32	48	64
36,8	31	47	63
37,6	31	46	61
38,4	30	45	60
39,2	29	44	59
40,0	29	43	58
40,8	28	42	56
41,6	28	42	55
42,4	27	41	54
43,2	27	40	53
44,0	26	39	52
44,8	26	39	51
45,6	25	38	51
46,4	25	37	50
47,2	24	37	50
48,0	24	36	48

3. Maximalsprints

Maximalsprints sind – wie der Name bereits andeutet – maximale Belastungen bei gleichzeitigem guten Laufstil. Maximalsprints werden nur in der Phase der Topform und in der Wettkampfperiode eingesetzt, um die Rekrutierung der FT-Fasern und die Funktion des anaeroben Energiesystems zu verbessern. Versuchen Sie auch hier, verkrampfte, gezwungene Bewegungen zu vermeiden. Absolvieren Sie diese Sprints auf normalem Wettkampfboden. Jedem Sprint von 15 Sekunden Dauer sollte eine aktive Erholungspause von 15 bis 60 Sekunden folgen. Am besten ist das Absolvieren von drei bis vier Sätzen von jeweils fünf bis zehn 15sekündigen Sprints, wobei die Pausen zwischen den einzelnen Sätzen mehrere Minuten lang sein sollten. Diesen Trainingseinheiten sollte ein 20- bis 40minütiges Aufwärmen vorangehen.

Maximalsprints sollten hohe Anforderungen stellen. Sie sind der letzte Schliff Ihres Trainings und helfen Ihnen, Ihre Topform acht bis zwölf Wochen beizubehalten, wenn Sie sie in der Wettkampfperiode einsetzen. Sie sollten mit einer Intensität der Stufe V absolviert werden. (Sie sollten sich bei der Kontrolle der Intensitätsstufe V hier auf Ihr subjektives Gefühl statt auf Ihre Herzfrequenz verlassen, denn die Herzfrequenz erreicht bei diesen Sprints nicht immer den Maximalwert.)

Tabelle C.3 gibt einen Überblick über die richtige Anwendung von Schnelligkeitstrainingseinheiten in jeder Trainingsetappe des Jahres

Etappe	Trainingsart	Intensität
Grundlagenetappe	Antritte	Stufe I
	Steigerungen	Stufe II
Intensitätsetappe	Antritte	Stufe I
	Steigerungen	Stufe II
Etappe der Topform	Antritte	Stufe I
	Maximalsprints	Stufe V
Wettkampfetappe	Antritte	Stufe I
	Maximalsprints	Stufe V

AUSDAUERTRAINING BZW. LOCKERES TRAINING ÜBER LANGE DISTANZEN

Effekt

Ausdauertrainingseinheiten haben eine mittlere Länge und sind von niedriger bis mittlerer Intensität. Sie dienen dem Auf- und Abwärmen sowie der abwechslungsreichen Trainingsgestaltung. Ausdauertraining ist sehr gut geeignet, einmal etwas neues auszuprobieren und die Routine zu durchbrechen: Probieren Sie einen neu eingerichteten Aerobic-Kurs, testen Sie ein Mountain-Bike, oder rudern Sie einmal zur Abwechslung. Vielleicht erweitern Sie auch auf diese Weise Ihren „Trainings-Horizont". Was auch immer Sie tun, absolvieren Sie diese Trainingsinhalte mit einer Intensität der Stufe II über die Gesamtdauer der Trainingseinheit.

Trainingsinhalt

Je näher die Wettkampfsaison rückt, desto sportartspezifischer sollte das Training werden. Dennoch sind auch jetzt noch durchaus andere Aktivitäten möglich. So ist es z.B. für eine Skilangläufer, der im Sommer viel läuft und radfährt, auch während der Skilanglaufsaison sinnvoll, ein- oder zweimal in der Woche diese Aktivitäten zu praktizieren. Auf diese Weise kann er vermeiden, daß es im Übergang vom Schnee- zum Sommertraining zu Überlastungssyndromen oder Verletzungen kommt.

Wettkampf-/Tempotraining

Effekt

Wettkampf- und Tempotrainingseinheiten sollen sowohl zu einem Trainingseffekt als auch zu Lernerfahrungen aus dem aktuellen Wettkampf führen. Entscheidend ist, daß man den Unterschied kennt zwischen Rennen mit maximalem Einsatz und Wettkampf- bzw. Tempotrainingseinheiten, die nur so hart sind, wie der aktuelle Fitneßgrad es zuläßt.

Trainingsinhalt

Im Mittelpunkt dieser Trainingseinheiten sollte idealerweise die Sportart stehen, die Sie auch im Wettkampf betreiben. Hin und wieder ist es jedoch auch erfrischend, auf andere Sportarten zurückzugreifen.

Wettkampf-/Tempotrainingsarten

1. Zeitkontrollbelastungen

Eine Zeitkontrollbelastung wird auf einer genau vermessenen Strecke möglichst exakt mit einer vorher festgelegten Intensität und in einer bestimmten Zeit absolviert (ideal ist ein Herzfrequenzkontrollgerät, das einen Speicher besitzt, so daß die gesamte Trainingseinheit später abgerufen werden kann). Das Entscheidene bei diesen Trainingseinheiten ist die Disziplin, die nötig ist, um die vorgeschriebene Intensität und Dauer zu erreichen bzw. beizubehalten. Absolvieren Sie diese Trainingseinheiten kontrolliert, und halten Sie den Streß gering. Konzentrieren Sie sich auf fließende Bewegungen, und hören Sie auf die Signale Ihres Körpers. Ich schlage vor, daß Sie im Abstand von zwei Wochen den gleichen vermessenen Kurs absolvieren und während der übrigen Woche eine andere Strecke laufen, wobei Sie sich schwerpunktmäßig auf Ihre Empfindungen konzentrieren statt auf die Leistung. Da die zeitliche Dauer dieser Einheiten (aufgrund der errechneten Jahresstunden) von Ihrem Plan diktiert wird, müssen Sie die abgemessene Strekke in einer festgelegten Zeit absolvieren.

Eine wöchentliche Zeitverbesserung über eine gegebene Strecke ist nicht der wichtigste Aspekt von Zeitkontrolläufen. Von großer Bedeutung sind vielmehr die Verbesserung der Effizienz, der Kontrolle und eines gleichmäßigen Tempos, und diese Ziele können erreicht werden, wenn Sie sich an die im Plan angegebene Zeit halten.

VORSICHT: Wettkampf-/Tempoeinheiten, die während früher Etappen im Training bereits mit maximalem Einsatz absolviert werden, bewirken nur ein schnelles Erfolgserlebnis, stören aber das Erreichen des geplanten Leistungshöhepunkts, falls überhaupt einer erreicht wird. Für Zeitkontrolläufe ist maximal eine Intensität der Stufe IV erlaubt. Versuchen Sie, kontrolliert zu laufen, und bleiben Sie unter Ihrem Schwellentempo.

2. Wettkämpfe

Erst während der Phase der Topform und der Wettkampfperiode sollten Sie einen echten Wettkampfeinsatz bringen. In diesen Phasen können Sie Rennen mit dem Ziel einer neuen persönlichen Bestzeit absolvieren. Das bis dahin absolvierte Trainingsprogramm hat Sie darauf vorbereitet, Ihr Bestes zu bringen.

Es kann sein, daß Sie während der Wettkampfperiode Ihren Plan modifizieren wollen, so daß Sie nur ein- oder zweimal innerhalb eines 4-Wochen-Zyklus einen Wettkampf bestreiten. Dies hängt von der Länge der Rennen ab. Sie können die dem Wettkampf-/Tempotraining innerhalb des gesamten 4-Wochen-Zyklus zugeordnete Zeit Ihren Bedürfnissen entsprechend korrigieren.

INTERVALLTRAINING

Effekt

Intervalltraining verlangt vom Körper, die arbeitenden Muskelzellen während kurzer Abschnitte relativ intensiver Belastungen mit Sauerstoff zu versorgen, ohne daß es zu einer allzu großen Laktatansammlung kommt. Beim Intervalltraining werden sowohl schnell- wie langsamzuckende Muskelfasern rekrutiert, wodurch es zu einer Verbesserung ihrer oxidativen Kapazität kommt.

Trainingsinhalt

Je näher die Wettkampfsaison rückt, desto sportartspezifischer sollte das Intervalltraining sein. Zu Beginn der Saison kann das Intervalltraining jedoch auch effektiv mit anderen Sportarten absolviert werde. Seien Sie jedoch vorsichtig, so daß Sie sich keine Verletzung zuziehen.

Intervalltrainingsarten

Es ist sinnvoll, von Woche zu Woche die Aktivität zu wechseln.

1. Fartlek

Fartlek wird oft auch Fahrtspiel genannt. Es handelt sich hierbei um eine Dauerbelastung von einer Länge, die der in Ihrem Plan dem Intervalltraining zugeordneten Zeit entspricht. Beim Fartlek werden je nach persönlicher Lust und Laune Intervalle mit höherem Lauftempo eingelegt. Es ist wichtig, daß Sie lernen, auf jedem Boden schnell zu laufen. Fartlek sollte in einer interessanten und abwechslungsreichen Umgebung absolviert werden.

Für das Fartlek gelten folgende Regeln: Die Länge der Tempoabschnitte soll im Verlaufe des Jahres allmählich erhöht werden. Zu Beginn sollten die Belastungsabschnitte nicht länger als 1 Minute sein, während sie in der Etappe der Topform bis zu 10 Minuten lang sein können. Steigern Sie die Länge jedes Belastungsintervalls alle ein bis zwei Wochen um etwa 30 Sekunden. An jeden Belastungsabschnitt sollte sich eine aktive Erholungsphase anschließen, die zu einem Absinken der Herzfrequenz auf 130 Schläge pro Minute führt. Das Fahrtspiel zeichnet sich durch unsystematische, spontane Intensitätssteigerungen aus, so daß Sie Ihren persönlichen Rhythmus und Ihr Tempo finden können. Entspannen Sie sich, und genießen Sie diese Form des Intervalltrainings. Intensitätsstufe IV darf nicht überschritten werden. Wärmen Sie sich vor dem Fartlek stets 20 Minuten auf.

2. Intervalle auf flachen, vermessenen Strecken

Diese Intervalle sollten auf einem flachen Loipenabschnitt, einer Laufbahn, einem ebenen Straßenabschnitt oder im Schwimmbad absolviert werden. Wie beim Fartlek ist es wichtig, die Länge jedes Intervalls alle ein bis zwei Wochen allmählich und systematisch um etwa 30 Sekunden zu steigern, bis jedes Intervall 6 bis 10 Minuten lang ist. Erholen Sie sich, bis Ihre Herzfrequenz unter 130 Schläge pro Minute gesunken ist. Diese Art von Intervalltraining ermöglicht Ihnen, eine bestimmte Distanz genau mit der vorher festgelegten Intensität (Intensitätsstufe IV) zu absolvieren und die Zeiten zu stoppen. Folglich ist es leichter für Sie, Ihren Fortschritt und Ihren konditionellen Stand zu überprüfen. Wärmen Sie sich auch vor diesem Training stets 20 Minuten auf.

VORSICHT: Bei allen Arten des Intervalltrainings muß strikt darauf geachtet werden, eine Intensität der Stufe IV, also leicht unterhalb der anaeroben Schwelle, beizubehalten. Beim oder nach dem Intervalltraining sollten Ihre Arme und Beine nicht überlastet bzw. übersäuert sein. Wenn dies doch der Fall ist, haben Sie zu hart trainiert, und Sie müssen die Trainingseinheit abbrechen und sich abwärmen. Form und Technik sind beim Intervalltraining sehr wichtig. Wenn entweder die Form oder die Technik während des Trainings „zusammenbrechen", ist dies ein Signal, die Trainingseinheit zu beenden. Ein Herzfrequenzkontrollgerät ist beim Intervalltraining eine große Hilfe.

ÜBERDISTANZTRAINING

Effekt

ÜD-Training steigert die Kapillardichte, verbessert die Fähigkeit, Fettsäuren zu mobilisieren und zu verbrennen, erhöht die Mitochondrienzahl und -effektivität und verbessert die Konzentration der oxidativen Enzyme in den Zellen. ÜD-Training schafft die Grundlage für alle anderen Trainingsarten. Es bereitet den Körper auf intensivere Belastungen in allen anderen Komponenten des systematischen Trainings vor. Darüber hinaus ist ÜD-Training sehr gut zur Verbesserung der Form und Technik geeignet.

Trainingsinhalt

Ich empfehle Ihnen, beim ÜD-Training auf eine Vielzahl von Aktivitäten zurückzugreifen. Skilaufen, Wandern, Laufen, Radfahren, Rudern und Schwimmen alleine oder in einer einzigen Trainingseinheit miteinander kombiniert führen allesamt zu einer erheblichen Verbesserung der Kondition. Auch hier sollte das Training umso sportartspezifischer werden, je näher die Wettkampfsaison rückt.

Überdistanztrainingsarten

Der wichtigste Faktor beim ÜD-Training ist die Zeitdauer, mit der Sie sich bei einer Intensität der Stufe I belasten. Diese Zeitdauer ist in Ihrem Trainingsplan festgelegt. Ihr Körper paßt sich in phyisiologischer Hinsicht an die langen Distanzen an. Was Ihre Psyche anbelangt, so gewinnen Sie an Disziplin, Härte und Selbstvertrauen. Gestalten Sie die ÜD-Einheiten so, daß sie locker sind und Spaß machen – Sie werden am Ende der Einheit schon müde genug sein. ÜD-Training kann als hochbelastend gelten. Es besteht die natürliche Tendenz, dieses Training für zu leicht zu halten. Achten Sie genau auf die Intensität; überschreiten Sie nicht die Intensitätsstufe I. Die Intensität des ÜD-Trainings sollte Ihnen förmlich Gewissensbisse bereiten. Auch für das ÜD-Training sind Hezfrequenzkontrollgeräte zu empfehlen, da sie Ihnen helfen, die richtige Intensität beizubehalten.

VERTIKALINTERVALLTRAINING ODER HÜGEL-INTERVALLTRAINING

Effekt

Vertikaltraining ist identisch mit Intervalltraining, mit dem lediglichen Unterschied, daß die Belastung bergan oder gegen einen erheblichen Widerstand, wie z.B. Gegenwind, erfolgt. Vertikaltraining sollte mit der Intensitätsstufe IV absolviert werden – exakt unterhalb der anaeroben Schwellenintensität, die zu schweren Beinen und einer Überlastung des Atemsystems führen würde. Vertikaltraining führt zur Verbesserung der aeroben Kapazität der Muskelfasern, die Sie einsetzen, um sich gegen die Schwerkraft nach vorne zu bewegen. Diese Muskeln leisten theoretisch ein Drittel der Arbeit, die sie während eines Rennens absolvieren.

Trainingsinhalt

Greifen Sie für dieses Training möglichst auf sportartspezifische Inhalte zurück. Wählen Sie unterschiedlich steile Hügel aus, um möglichst unterschiedliche Muskeln zu rekrutieren. Wenn es dort, wo Sie trainieren, keine Hügel gibt, suchen Sie einen Streckenabschnitt, auf dem überwiegend Gegenwind herrscht.

Arten des Vertikaltrainings

Wechseln Sie die Arten wöchentlich ab.

1. Allgemeines Vertikaltraining

Absolvieren Sie dieses Training in mäßig steilem Gelände mit einer Intensität der Stufe IV. Achten Sie auf Ihre Bewegungsform und -technik und versuchen Sie, den Anstieg möglichst ökonomisch zu bewältigen. Steigern Sie die Länge dieser Intervallbelastungen von 1 Minute zu Beginn auf 6 Minuten gegen Ende des Vertikaltrainings. Erholen Sie sich nach jeder Belastung, bis Ihr Puls vor Beginn des nächsten Belastungsintervalls eine Frequenz von 130 Schlägen pro Minute erreicht hat. Wärmen Sie sich vor diesem Training mindestens 20 Minuten auf.

2. Schrittsprünge

Schrittsprünge werden an sehr steilen Hügeln durchgeführt. Absolvieren Sie diese sehr anspruchsvollen Intervallbelastungen mit der Intensität der Stufe IV. Es handelt sich im Grunde um einen Sprint bergan mit sehr großer Schrittweite. Das Belastungsintervall sollte 1 Minute dauern, die Erholungspause sollte so lang sein, bis der Puls wieder unter 130 Schläge pro Minute gesunken ist. Wiederholen Sie diese Belastungen so lange, bis die vorgesehene Zeit vorüber ist.

3. Fartlek

Diese Trainingsform wird genauso absolviert wie Fartlek-Intervalle mit dem Unterschied, daß Sie bergan vollen Einsatz zeigen. Ein hügeliger Kurs ist folglich für diese Trainingsform unbedingt notwendig.

KRAFTTRAINING

Hinsichtlich des Krafttrainings existieren eine Vielzahl unterschiedlicher Meinungen und Methoden. Die folgenden Richtlinien sollen Ihnen einige Ideen zum Krafttraining geben. Dennoch ist es sehr zu empfehlen, daß Sie sich von kompetenter Seite beraten lassen, bevor Sie Ihr Krafttrainingsprogramm beginnen. Es ist in diesem Buch nicht möglich, die Vielfalt der Krafttrainingsmethoden erschöpfend zu behandeln. Seien Sie bei der Auswahl und Gestaltung Ihrer Übungen vorsichtig, und setzen Sie Ihren gesunden Menschenverstand ein.

Effekt

Krafttraining ist notwendig zur Aufrechterhaltung des muskulären Gleichgewichts und der Beweglichkeit sowie zur Verletzungsprophylaxe. Die Bauchmuskeln sollten besondere Berücksichtigung finden, so daß die Integrität der Muskulatur im Lendenwirbelsäulenbereich sowie die Körperhaltung erhalten bleiben.

Trainingsmethode

Die sportspezifische Kraft kann mittels vieler Geräte und Übungen entwickelt werden. Rollbretter, Gleitbretter, Gummischläuche, freie Hanteln sowie Krafttrainingsmaschinen, Plyometrie und körperbildende Übungen tun allesamt gute Dienste. Im folgenden werden einige Methoden des Krafttrainings vorgestellt.

VORSICHT: Wärmen Sie sich vor dem Krafttraining stets 10 bis 20 Minuten auf.

Krafttrainingsarten

Stellen Sie Ihr Krafttrainingsprogramm unter Berücksichtigung der unten stehenden Richtlinien selbst zusammen. Drei verschiedene Übungskomplexe werden empfohlen; diese sollten sich dem Plan gemäß abwechseln.

1. Rumpfkraft

A. Rollbrett (für den Skilanglauf). Die beste Methode ein Rollbrett zu gebrauchen, ist, sich so hinzustellen, daß sich das Brett oder die Bank zwischen den gespreizten Beinen befindet, wobei die Füße in „Steigbügeln" stehen. Wenn Ihnen diese Stellung nicht möglich ist, setzen Sie sich rittlings auf Ihr Rollbrett, und lassen Sie die Unterschenkel seitlich herunterbaumeln.

Es gibt viele Varianten des Rollbretttrainings. Die Anzahl der Wiederholungen pro Satz kann 25 bis über 100 betragen. Sie können den Winkel des Bretts verändern, um den Widerstand zu erhöhen oder zu steigern. Sie können auch die Breite des Zugseilansatzes variieren, um Ihre Muskeln leicht unterschiedlich zu belasten. Sie können mit großer Kraft, Schnellkraft und Schnelligkeit ziehen, oder Sie können langsam und ruhig ziehen. Es ist zu empfehlen, im Verlaufe der Woche zumindest jeweils eine der folgenden Übungen in Ihr Rollbretttraining aufzunehmen:

1. Leicht geneigtes Brett, 100 Wiederholungen mit langsamem Zug, 3 bis 5 Minuten Erholung. Wiederholung.

2. Mittelmäßig geneigtes Brett, 50 Wiederholungen mit schnelleren, rhythmischen Zügen, 2 Minuten Erholung. Wiederholung.
3. Steiles Brett, 25 Wiederholungen mit schnellen, kräftigen Zügen, 2 Minuten Erholung. Wiederholung.

B. Lifeline Gym, Exergenie, Gummischläuche. Diese Hilfsmittel sind sehr vielseitig einsetzbar und können zum Training vieler Rumpfmuskeln eingesetzt werden. Grundsätzlich können mit diesen Geräten die gleichen Übungen durchgeführt werden wie mit dem Rollbrett; es gelten auch die gleichen Trainingsprinzipien. Es besteht die Möglichkeit, Gummischläuche oder Lifeline Gyms mit unterschiedlichem Zugwiderstand einzusetzen. Diese Geräte sind auch deswegen empfehlenswert, weil Sie sie auf Reisen mitnehmen können.

C. Gymnastik-Circuit. Absolvieren Sie soviele Wiederholungen der im folgenden vorgestellten Circuitübungen wie möglich. Durchbrechen Sie jedoch keinesfalls die Schmerzschwelle. Legen Sie zwischen den Übungen 30 bis 60 Sekunden Pause ein. Wiederholen Sie den Circuit, wenn dies zeitlich möglich ist. Arbeiten Sie stets zuerst an Ihren schwachen Bereichen. Es macht mehr Spaß, wenn das Circuittraining mit Musik untermalt wird. Viele Sportler stellen ihre eigenen Musikbänder zusammen, wobei die Übungs- und Erholungsabschnitte durch die Musik entsprechend gekennzeichnet werden.

1. *Sit-ups mit gebeugten Knien.* Legen Sie sich auf Ihren Rücken. Die Knie sind gebeugt, die Füße stehen mit der gesamten Sohle auf dem Boden, Ihre Arme sind über der Brust gekreuzt, und Ihr Kinn liegt auf der Brust auf. Zählen Sie jeweils bis vier, bei zwei sollten Sie sich aufrichten und bei vier wieder in die Ausgangslage zurückkehren. Richten Sie sich nicht ruckartig oder mit Schwung auf – Sie könnten sich im Bereich der Lendenwirbelsäule verletzen.
2. *Rumpfeinrollen* (Bauchmuskel-Crunches). Wie Sit-ups mit gebeugten Knien, die Unterschenkel und Füße liegen auf einem Stuhl auf.
3. *Klimmzüge.* Greifen Sie eine über Ihrem Kopf befindliche waagerechte Stange, wobei Ihre Handflächen von Ihnen weg zeigen. Ziehen Sie sich bei eins hoch, und lassen Sie sich bei zwei wieder hinunter. Sie können diese Übung modifizieren, indem Sie einen Besenstil über zwei Stühle legen und sich mit gestrecktem Körper unter die Stange legen; ziehen Sie sich zur Stange hoch, wobei Sie Ihre Fersen auf dem Boden lassen.
4. *Arm-Dips.* Verwenden Sie – falls möglich – eine Dip-Stange. Wenn nicht, setzen Sie sich mit gestreckten Beinen und auf dem Boden aufliegenden Fersen zwischen zwei Stühle. Plazieren Sie Ihre Handflächen auf die

rechts und links neben Ihnen befindlichen Stuhlsitze. Drücken Sie sich bei eins hoch, indem Sie Ihre Arme strecken; lassen Sie sich bei zwei wieder sinken. Ihr Gesäß darf den Boden nicht berühren.

5. *Bein-Dips.* Verwenden Sie einen Stuhl, eine Treppenstufe oder einen Pfosten von etwa 45 cm Höhe; stellen Sie einen Fuß auf diesen Gegenstand; strecken Sie das betreffende Bein bei eins völlig durch, und steigen Sie bei zwei wieder hinab. Wiederholen Sie diese Bewegung mit dem anderen Bein. Absolvieren Sie mit jedem Bein abwechselnd bis zu 20 Wiederholungen.
6. *Skating-Schritt.* Absolvieren Sie auf weichem Untergrund in rascher Folge mit dem linken und rechten Bein abwechselnd seitliche Ausfallschritte, als ob Sie skilang- oder schlittschuhlaufen würden. Beugen Sie dabei leicht Ihren Oberkörper. Absolvieren Sie diese Übung über einen Zeitraum von 30 bis 60 Sekunden.
7. *Phantomstuhl* (Sitz mit dem Rücken gegen die Wand gelehnt). Setzen Sie sich mit dem Rücken gegen eine Wand, wobei Ihr Kniewinkel 90 Grad betragen sollte. Sie sollten von Ihren Beinen gehalten werden. Halten Sie diese Stellung so lange wie möglich, oder absolvieren Sie Wiederholungen von jeweils 1 Minute Dauer. Diese Übung ist gut geeignet zur Kräftigung der das Kniegelenk stabilisierenden Oberschenkelmuskeln.

D. Gewichttraining. Unabhängig davon, ob Sie mit freien Hanteln oder an Kraftmaschinen trainieren, sollten Sie sich in der richtigen Benutzung dieser Geräte sorgfältig unterweisen lassen. Da Ihr Interesse in der Ausbildung der Kraftausdauer und nicht der Muskelmasse liegt, müssen Sie Gewichte wählen, die Ihnen je Übung 15 bis 20 Wiederholungen ermöglichen. Ruhen Sie sich zwischen den Sätzen 30 bis 60 Sekunden aus. Wählen Sie möglichst sportartspezifische Übungen aus. Absolvieren Sie den Circuit so oft, wie es die im Plan festgelegte Zeit ermöglicht.

2. Beine

A. Plyometrische Übungen. Unter plyometrischen Übungen versteht man explosive Sprungübungen zur Verbesserung der Sprungkrafteigenschaften der Beinmuskulatur. Plyometrische Übungen müssen auf möglichst weichem Untergrund, wie z.B. Gras oder Erde, absolviert werden. Ziehen Sie gut stützende und dämpfende Sportschuhe an, z.B. qualitativ hochwertige Basketballschuhe. Erhöhen Sie die Anzahl der Wiederholungen nur allmählich, um eine Übersäuerung oder Verletzungen zu vermeiden. Es ist zu empfehlen, vor Aufnahme plyometrischer Übungen in das Trainingsprogramm eine gute Kraftgrundlage zu schaffen.

1. *Hopserlauf*. Springen Sie hoch in die Luft und weit vorwärts einen mäßig steilen Berg hinauf, wobei Sie auf dem Sprungfuß wieder landen und mit dem anderen Bein erneut abspringen. Absolvieren Sie pro Bein bis zu 15 Wiederholungen.
2. *Skating-Hopserlauf*. Springen Sie wie oben, aber bei gleichzeitiger Skatingbewegung entweder auf ebenem Untergrund oder eine leichte Steigung hinauf. Pausieren Sie kurz auf dem Landebein, um die Muskeln für den nächsten Sprung wieder aufzuladen. Absolvieren Sie pro Bein bis zu 15 Wiederholungen.
3. *Vertikalsprünge* (beidbeinig). Springen Sie aus dem Stand mit parallel nebeneinander gestellten Füßen und leicht gebeugten Knien so hoch wie möglich; landen Sie, laden Sie Ihre Muskeln auf, und springen Sie erneut. Absolvieren Sie bis zu 15 Wiederholungen pro Satz.
4. *Vertikalsprünge* (einbeinig). Die Übung entspricht den beidbeinigen Vertikalsprüngen, aber Sie springen jetzt mit einem Bein ab und landen auf dem anderen.

B. Gewichttraining. In der frühen Saison ist das traditionelle Gewichtheben als Krafttraining gut geeignet. Kniebeugen, Beindrücken, Beinstrecken, Bein-Curls, Ausfallschritte und Wadenheben sind gute Übungen, vorausgesetzt, Sie verwenden Gewichte, mit denen Sie 15 bis 20 Wiederholungen absolvieren können.

Vorschläge zum Einsatz mehrerer Übungskomplexe

Die folgenden Richtlinien basieren auf dem Krafttrainingsplan von Spitzensportlern, die von mir betreut werden. Sie können diese Übungskomplexe in die verschiedenen Kraftcircuits Ihres Programms einbauen.

Übungskomplex 1

Kombination gymnastischer und plyometrischer Übungen in einem Circuit. Bauchmuskelübungen sollten unbedingt enthalten sein. Dieser Circuit läßt sich gut durch ein selbst zusammengestelltes Musikband untermalen.

Übungskomplex 2

Gewichtcircuit, verwenden Sie freie Hanteln oder Nautilus-, Universal- oder andere Kraftmaschinen mit vergleichbarer Funktion. Absolvieren Sie den Circuit mit hohen Wiederholungzahlen und niedrigen Gewichten (15 bis 20 Wiederholungen bei gegebenem Gewicht). Steigern Sie das Gewicht nur, wenn Sie mühelos 20 Wiederholungen bewältigen.

Übungskomplex 3

Sportartspezifische Kraftübungen, wie Rollbrett- und Gleitbrettübungen, Doppelstockschub bergan und Exergenie für Skilangläufer. Bestimmen Sie sportartspezifische Übungen für Ihren Sport, und bauen Sie sie in Ihr Programm ein.

ANHANG D

SYSTEMATISCHES TRAININGSPROTOKOLL, TRAININGSBUCH UND LEISTUNGSDIAGRAMM

Woche #___ Tag / Zeit	1 A	1 B	2 A	2 B	3 A	3 B	4 A	4 B	5 A	5 B	6 A	6 B	7 A	7 B	Gesamt
Datum															
Schnelligkeit															
Ausdauer															
Wettkampf/Tempo															
Intervall															
Überdistanz															
Vertikalintervall															
Kraft															
Intensität (I – V)															
Radfahren															
Wandern															
Rudern															
Skilanglauf															
Schwimmen															
Laufen															
Andere															
Gefühl (1-5)															
Trainingsein. beendet J/N															
Morgenpuls															
Morgengewicht															
Schlafstunden															

Abbildung D.1: Systematisches Trainingsprotokoll

Tagebuch

Tag/Datum **Woche beginnend:** **Woche#**

1

2

3

4

5

6

7

Abbildung D.2: Systematisches Trainingsbuchformat

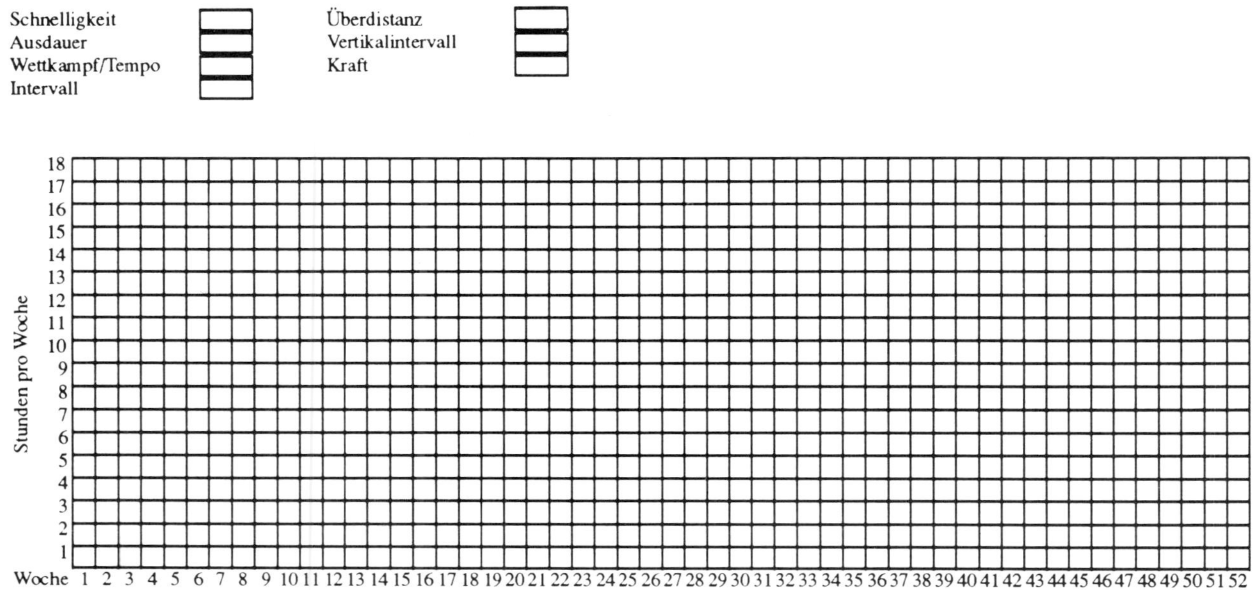

Abbildung D.3: Format eines Jahresleistungsdiagramms

ANHANG E

BESTIMMUNG DER LAKTATSCHWELLE MITTELS NICHT-INVASIVER METHODEN

Im Kapitel 5 zur Intensität erwähnte ich das Konzept des Trainings im Bereich der anaeroben Schwelle (AT) (synonym mit Laktatschwelle). Diesem Training entspricht die Intensitätsstufe IV auf der Herzfrequenz-Intensitätsskala. AT- oder Schwellentraining ist mittlerweile ein sehr populäres Trainingskonzept. Der für seine Technik der Schwellenbestimmung vielleicht bekannteste Wissenschaftler ist der italienische Arzt und Physiologie Francesco Conconi. Conconi hat eine nichtinvasive Methode (d.h. ohne Blutentnahme) zur Bestimmung der AT von Ausdauersportlern entwickelt.

Wie in Kapitel 5 beschrieben, sollte das Training der Intensitätsstufe 4 identisch sein mit AT-Training. Dies ist ein Training leicht unterhalb der Intensität, die eine Änderung der Ventilation von rhythmisch-tief zu flach-unregelmäßig bewirkt sowie zu einer Ermüdung der Beine und Arme und dem subjektiven Gefühl führt, bei einer nur geringfügigen Erhöhung der Intensität die Belastung abbrechen zu müssen. Es ist sehr wichtig, daß Sie ein Gefühl dafür entwickeln, wann Sie im Bereich der AT trainieren.

Das Absolvieren eines gewissen Prozentsatzes Ihres Gesamttrainingsumfangs im Bereich der anaeroben Schwelle bewirkt, daß Ihr Organismus sich an harte Intensitäten gewöhnt und Sie Ihre VO_2max verbessern. Am wichtigsten ist jedoch, den Prozentsatz zu erhöhen, zu dem Sie Ihre VO_2max effektiv ausnutzen können, bevor die hemmenden Auswirkungen einer Übersäuerung einsetzen. Mit anderen Worten: Sie verbessern Ihre Fähigkeit, ein hohes Tempo zu laufen bzw. zu fahren.

So führte einer meiner Läufer einmal ein kleines Experiment in einem 10-km-Rennen durch. Eine Woche vor dem Rennen stellten wir fest, daß seine anaerobe Schwelle bei einer Herzfrequenz von 172 Schlägen pro Minute lag. Dies hätte ihm eine Renngeschwindigkeit erlaubt, die einer Endzeit von knapp über 29 Minuten in diesem Rennen entsprochen hätte. Weil jedoch noch andere Weltklasseläufer am Start waren, entschloß er sich, von Anfang an bei der Führungsgruppe zu bleiben. Nach einem gründlichen Aufwärmprogramm lief er seinem Plan entsprechend auch von vorneherein in der Spitzengruppe mit. Die Konsequenzen blieben jedoch nicht aus. Da er sein Pulsfrequenzkontrollgerät trug, konnte er Herzfrequenz und Tempo speichern. Die erste Meile war sehr schnell, und seine Pulsfrequenz stieg rasch auf über 180 Schläge pro Minute. Nach der ersten Meile wußte er, daß er schon kämpfen mußte, um nur den Kontakt zur Spitzengruppe halten zu können, und sein Tempo wurde von Meile zu Meile um etwa 10 Sekunden langsamer. Er beendete das Rennen 2 1/2 Minuten hinter dem Sieger. Die Erklärung hierfür ist, daß er auf der ersten Meile mit einer Intensität oberhalb der anaeroben Schwelle lief und sein Körper dieses Tempo nicht verkraften konnte. Wenn er im Bereich seines bekannten AT-Tempos gelaufen wäre, hätte er über das gesamte Rennen eine leicht höhere Durchschnittsgeschwindigkeit halten können. Folglich hätte er besser abgeschnitten, als es tatsächlich der Fall gewesen war.

Sie mögen fragen: „Wie finde ich mein eigenes AT-Tempo oder meine AT-Herzfrequenz?“ Eine subjektive Methode ist, sich auf das Gefühl in den Beinen und Armen zu konzentrieren sowie auf den Atemrhythmus und das Gesamtkörperempfinden beim Absolvieren von Intervall- und Wettkampf-/Tempotraining. Versuchen Sie zu unterscheiden zwischen dem Gefühl, im aeroben Bereich zu bleiben, und dem Gefühl, über die Schwelle hinaus in die anaerobe Zone vorzudringen. Eine andere Methode ist der Conconi-Test, wie er von vielen Radfahrern, Läufern und Skilangläufern praktiziert wird. Dieser Test gibt Ihnen eine objektive Information über Ihre Schwellen-Herzfrequenz und Ihr Schwellen-Tempo neben all Ihren subjektiven physiologischen und psychologischen Indizien, die Ihnen sagen, daß Sie sich im Bereich der anaeroben Schwelle befinden.

Der Conconi-Test für Läufer, Skilangläufer und Triathleten

VORSICHT: Stellen Sie sicher, daß Sie sich in guter Gesundheit befinden, bevor Sie diesen Test durchführen.

Notwendige Ausrüstung

Sie benötigen ein zuverlässiges Herzfrequenzkontrollgerät (möglichst eines mit um die Brust geschnalltem Sender und am Handgelenk befestigtem Empfänger, denn diese Geräte sind sehr zuverlässig und genau) und zwei Assistenten. Einer dieser Assistenten muß mit einer Stoppuhr, einem Notizbuch, mehreren Kopien des Arbeitsblattes E.1 und einem Bleistift bewaffnet sein; der zweite Assistent sollte Sie auf einem Fahrrad mit einem Fahrradcomputer, der das Tempo in Stundenkilometern anzeigt, führen. Suchen Sie sich eine 200-m-Hallenbahn, deren Oberfläche so beschaffen ist, daß der Radfahrer bequem auf ihr fahren kann. Sie können den Test grundsätzlich auch auf einer Außenbahn absolvieren, aber hier ist mit Wind zu rechnen. Der Test muß jedoch bei völliger Windstille durchgeführt werden.

Messen und markieren Sie zunächst einen Streckenabschnitt von 50 m Länge (im Falle einer 400-m-Bahn müssen Sie zwei 50-m-Abschnitte, die genau 200 m auseinanderliegen, abmessen). Verwenden Sie Verkehrshütchen oder Fähnchen, um Anfang und Ende jedes 50-m-Abschnitts zu markieren, so daß der Assistent Sie von der Mitte der von der Bahn eingeschlossenen Fläche aus sehen kann.

Testbeginn

Sie laufen auf der Rundbahn hinter dem radfahrenden Assistenten her. Der Radfahrer muß auf jeder Runde ein gleichmäßiges Tempo fahren. Bei Beginn jeder neuen 200-m-Runde wird das Tempo um 1/2 Kilometer pro Stunde erhöht. Beginnen Sie den Test nach einem 20- bis 30minütigen Aufwärmprogramm, indem Sie dem Radfahrer in einem lockeren Tempo folgen. Zu Beginn sollte Ihre Herzfrequenz der Intensitätsstufe II entsprechen.

Nach jeder 200-m-Runde (markiert durch das zweite Verkehrshütchen auf dem 50-m-Abschnitt) erhöht der Radfahrer, wie oben bereits erwähnt, sein Tempo um 1/2 Kilometer pro Stunde und hält dieses neue Tempo über die gesamte Runde bei. (Erhöhen Sie Ihre Laufgeschwindigkeit um etwa 5 Sekunden pro Kilometer, wenn Sie den Test ohne Tempomacher absolvieren.)

Der zweite Assistent mißt die Zeit der jeweils letzten 50 m der 200-m-Abschnitte, so daß Ihre Laufgeschwindigkeit in Stundenkilometern errechnet werden kann. Wenn Sie das Gefühl haben, der Fahrradcomputer sei genau und Sie in gleichmäßigem Abstand hinter dem Rad bleiben, können Sie einfach die vom Fahrradcomputer angezeigte Geschwindigkeit, die der Fahrer dem aufzeichnenden Assistenten nach jeder Runde zuruft, festhalten. Jedesmal, wenn Sie das Ende der markierten 50 m erreichen, rufen Sie Ihrem Assistenten Ihre Herzfrequenz zu. Der Assistent notiert diesen Wert zusammen mit der Zeit für den betreffenden 50-m-Abschnitt. Setzen Sie dieses Muster fort, bis Sie glauben, die anaerobe Schwelle durchlaufen zu haben, und Ihre Herzfrequenz nicht mehr so schnell wie Ihre Laufgeschwindigkeit ansteigt. In diesem Stadium laufen Sie ziemlich schnell.

Der Conconi-Test für Radsportler

Nötige Ausrüstung

Wie beim Lauftest brauchen Sie ein Herzfrequenzkontrollgerät und einen Assistenten. Sie benötigen ebenfalls einen Fahrradcomputer, der die Geschwindigkeit und Tretfrequenz mißt. Idealerweise wird der Test auf einer Radrennbahn in der Halle durchgeführt. Aber Sie können den Test auch in einem geschlossenen Raum auf einem Wind-Trainer absolvieren.

Testbeginn

Fahren Sie die erste von insgesamt 10 bis 15 Runden, nachdem Sie sich 15 bis 30 Minuten aufgewärmt haben. Jede Runde sollte 300 bis 450 m lang sein. Wenn Sie einen Wind-Trainer benutzen, sollten Sie für jedes Intervall eine entsprechende Zeit (zwischen 30 und 40 Sekunden je 400 m) ansetzen. Sie sollten den gesamten

Test in einem relativ hohen Gang absolvieren und die Rennhaltung einnehmen. Halten Sie während jeder Runde eine konstante Geschwindigkeit. (Beginnen Sie mit einem Tempo von 15 km/h, falls Sie ein Anfänger sind.) Erhöhen Sie Ihre Geschwindigkeit pro Runde um 1,6 km/h, bis es Ihnen aufgrund von Erschöpfung nicht mehr möglich ist, den Test fortzusetzen. Wenn Sie am Ende jeder Runde an Ihrem Assistenten vorbeifahren, rufen Sie ihm Ihre Herzfrequenz zu, so daß er sie aufzeichnen kann.

Das Errechnen der anaeroben Schwelle

Nach dem praktischen Test werden die Daten analysiert und die anaerobe Schwelle bestimmt. Errechnen Sie Ihre Laufgeschwindigkeit anhand der pro 50-m-Abschnitt gemessenen Zeit (wenn Sie radgefahren sind, kennen Sie bereits die Zeit für jede Runde). Tragen Sie im Koordinatensystem des Arbeitsblatts E.1 Ihre Herzfrequenz auf der Vertikal- und Ihre Laufgeschwindigkeit auf der Horizontalachse ein. Wenn der Test planmäßig verlaufen ist, muß die Kurve gleichmäßig ansteigen bis zu dem Punkt, in dem Ihre Herzfrequenz nicht mehr linear zu Ihrer Laufgeschwindigkeit zunimmt. Die Geschwindigkeit in diesem Punkt, gekennzeichnet durch einen Kurvenknick, entspricht der Geschwindigkeit bei Erreichen der anaeroben Schwelle, wie in Abbildung E.1 dargestellt. Conconi nennt diesen Punkt V_d (Deflektionsgeschwindigkeit oder Deflektionspunkt) und betrachtet die Herzfrequenz und Geschwindigkeit in diesem Punkt als identisch mit der anaeroben Schwelle.

Interpretation der anaeroben Schwelle

Sie kennen zwar jetzt Ihre anaerobe Schwelle, aber wozu dient sie? Belastungen der Intensitätsstufe IV bzw. Schwellentraining sind Bestandteil jedes systematischen Trainingsplans. Jede Intervall, Vertikal- und Wettkampf-/Tempoeinheit sollte mit einer 5 bis 10 Schläge unter der Schwellenherzfrequenz liegenden Herzfrequenz absolviert werden. Im Verlaufe des Trainingsprozesses sollten Sie den Prozentanteil des Schwellentrainings allmählich erhöhen. Theoretisch müßte die anaerobe Schwelle hierbei steigen, d.h., Sie müßten Ihre VO_2max, die ebenfalls ansteigt, zu einem immer höheren Prozentsatz ausnutzen können. Ihre Geschwindigkeit im Bereich der anaeroben Schwelle wird ebenfalls ansteigen, wodurch Sie in die Lage versetzt werden, die gleiche Distanz mit identischer Belastungsintensität, aber in kürzerer Zeit zu bewältigen.

Ein Wort zur Vorsicht: Wenn Sie den Conconi-Test auf einer Bahn absolvieren und auf einer Seite der Bahn starken Gegenwind haben, ergibt sich eine

ARBEITSBLATT E.1:
Herzfrequenz- und Geschwindigkeitsverhalten beim Conconi-Test

Name Datum

Runde#	Herzfrequenz	Zeit (Sek./50 m)	Geschwindigkeit (km/Std.)
1			
2			
3			
4			
5			
6			
7			
8			
9			
10			
11			
12			
13			
14			
15			
16			
17			
18			

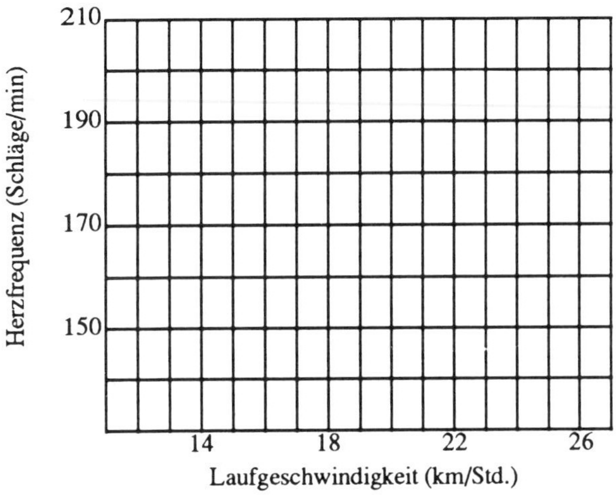

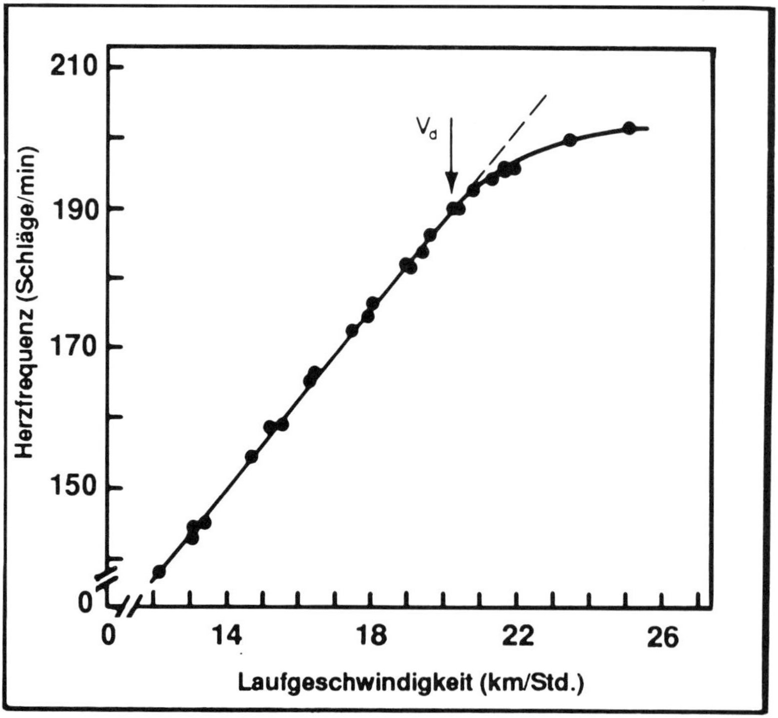

Abbildung E.1: Herzfrequenz- und Geschwindigkeitsverhalten beim Conconi-Test

ungleichmäßige Kurve. Stellen Sie ferner sicher, daß die alle 200 m erfolgende Tempoerhöhung systematisch ist – aus diesem Grund ist es so hilfreich, hinter einem Radfahrer mit Fahrradcomputer her zu laufen. Wenn Sie selbst das Tempo bestimmen, erhöhen Sie Ihre Geschwindigkeit von Runde zu Runde nur sehr leicht und gleichmäßig. Vergewissern Sie sich drittens, daß Ihr Assistent die Zeit exakt dann mißt, wenn Sie die Markierungen am Beginn und Ende jedes 50-m-Abschnitts passieren. Andernfalls erhalten Sie ungenaue Zeiten. Noch einmal: Der ideale Ort zur Absolvierung dieses Tests ist eine Hallenbahn.

Testhäufigkeit

Wie oft sollten Sie sich dem Conconi-Test unterziehen? Wenn die äußeren Umstände es zulassen, können Sie den Test alle zwei bis vier Wochen absolvieren, um Ihre anaerobe Schwelle während der Intensitätsetappe zu überprüfen. Wenn alles der Theorie und dem Plan entsprechend abläuft, wird Ihre anaerobe Schwelle allmählich ansteigen, und Sie werden imstande sein, Ihr Intervall-, Vertikal- und Wettkampf-/Tempotraining mit der jeweils neuen Schwellenherzfrequenz und dem neuen Tempo durchzuführen. Eine Abnahme Ihrer Schwellengeschwindigkeit und -herzfrequenz könnte ein Zeichen für ein Übertraining sein. Seien Sie jedoch nicht voreilig mit Schlußfolgerungen, sondern überprüfen Sie Ihr Trainingsprotokoll auf andere mögliche Streßsymptome.

Obwohl der Conconi-Test für viele Athleten ein sehr hilfreiches Mittel ist, wird dieser Test sehr kontrovers diskutiert. Dies trifft auch auf das Konzept der anaeroben Schwelle zu. Leistungsphysiologen müssen ihre diesbezüglichen Forschungen fortsetzen und neue Erkenntnisse liefern. Zwischenzeitlich kann ich Ihnen empfehlen, den Conconi-Test einmal auszuprobieren – oder sich zumindest während des Trainings auf die mit Erreichen der anaeroben Schwelle verbundenen Empfindungen zu konzentrieren. Denken Sie in jedem Fall daran, daß der wichtigste Aspekt des Trainings der Stufe IV darin besteht, hart zu trainieren, aber nicht so hart, daß die Belastung bereits frühzeitig anaerob wird.

QUELLENVERZEICHNIS

Anderson, R. (1980). *Stretching*. Bolinas, CA: Shelter Publications.

Asmussen, E., & Boje, O. (1960). Body temperature and capacity for work. *Acta Physiologica Scandinavica*, 49, 67.

Astrand, P.O., & Rodahl, K. (1977). *Textbook of work physiology*. New York: McCraw-Hill.

Barnard, R.J. (1973). Ischemic response to sudden strenuous exercise in healthy men. *Circulation*, 158, 936-942.

Bergstrom, J., Hermansen, L., Hultman, E., & Saltin, B. (1967). Diet, muscle glycogen and physical performance. *Acta Physiologica Scandinavica*, 71, 140-150.

Blom, P., Vaage, O., & Kardel, K. (1980). The effect of increasing glucose loads on the rate of glycogen resynthesis after prolonged exercise. *Acta Physiologica Scandinavica*, 108, C11.

Conconi, F., Ferrari, M., Ziglio, P.G., Droghetti, P., & Codeca, L. (1982). Determination of the anaerobic threshold by a noninvasive field test in runners. *Journal of Applied Physiology*, 52, 869-873.

Costill, D.L. (1979). *A scientific approach to distance running*. Los Altos, CA: Track and Field News Press.

deVries, H.A. (1959). Effects of various warm up procedures on 100-yard times of competitive swimmers. *Research Quarterly*, 30, 11-20.

Ellsworth, N.A., Hewitt, B.F., & Haskell, W.L. (1985). Nutrient intake of elite male and female Nordic skiers. *The Physician and Sportsmedicine*, 13, 79-92.

Fink, W. (1982). Fluid intake for maximizing athletic performance. In W. Haskell (Ed.), *Nutrition and Athletic Performance* (S. 76). Palo Alto, CA: Bull.

Gollnick, P.D. (1985). Metabolism of substrates: Energy substrate metabolism during exercise and as modified by training. *Federation Proceedings*, 44, 353-357.

Hogberg, P., & Ljunggren, O. (1947). Uppvarmningens inverkan pa lopprestationerna, *Svensk Idrott*, 40.

Holloszy, J., & Booth, F. (1976). Biochemical adaptations to endurance exercise in muscle. *Annual Review of Physiology*, 38, 273.

Karvonen, J. (1978). *Warming up and its physiological effects*. Unpublished doctoral dissertation, University of Oulu, Finnland.

Koivisto, V., Hendler, R., & Nadel, E. (1982). Influence of physical training on the fuel-hormone response to prolonged low intensity exercise. *Metabolism*, 31, 192.

Macaraeg, P. (1983). Influence of carbohydrate electrolyte ingestion on running endurance. In E.L. Fox (Ed.), *Nutrient utilization during exercise*, (S. 91-98). Columbus, OH: Ross Laboratories.

Orlick, T. (1986). *Psyching for sport*. Champaign, IL: Leisure Press.

Robinson, S. (1963). Temperature regulation in exercise. *Pediatrics*, 32, 691-702.

Shevciw, T. (1986, Februar). Regeneration alternatives in high performance sport. *Science Periodical on Research and Technology in Sport*, 1-8.

Sharkey, B. (1984). *Training for cross-country ski racing*. Champaign, IL: Human Kinetics.

Sherman, W.M., Costill, D.L., Fink, W.J., & Miller, J.M. (1981). Effects of exercise-diet manipulation on muscle glycogen and its subsequent utilization during performance. *International Journal of Sports Medicine*, 2, 1-15.

Yessis, M. (1986, Juli). Recovery. *Science Periodical on Research and Technology in Sport*, 2.

EMPFOHLENE LEKTÜRE

Åstrand, P.O., & Rodahl, K. (1977). *Textbook of work physiology.* New York: McCraw-Hill.

Bergh, U. (1981). *The physiology of cross-country ski racing*. Champaign, IL: Human Kinetics.

Brody, J. (1981). *Jane Brody's nutrition book.* New York: W.W. Norton.

Brody, J. (1985). *Jane Brody's good food book.* New York: W.W. Norton.

Costill, D.L. (1979). *A scientific approach to distance running.* Los Altos, CA: Track and Field News Press.

Orlick, T. (1986). *Psyching for sport*. Champaign, IL: Leisure Press.

Phaigh, R., & Perry, P. (1984). *Athletic massage.* New York: Simon and Schuster.

Sharkey, B. (1984). *Physiology of fitness.* Champaign, IL: Human Kinetics.

Sharkey, B. (1984). *Training for cross-country ski racing*. Champaign, IL: Human Kinetics.

Wilmore, J.H. (182). *Athletic training and physical fitness.* Boston: Allyn and Bacon.

Fragebogen für Ihr persönliches

TRAININGS-PROGRAMM

Name: ______________________ Vorname: ______________________
Straße: ________________ PLZ: ______ Ort: ______________________
Telefon: ______________ Telefax: ______________

Die Angaben Ihrer persönlichen Daten sind geschützt. Sie werden gelöscht, sobald sie für den Erhebungszweck nicht mehr erforderlich sind.

Alter: ______ Größe: ______cm Gewicht: ______kg

männlich ☐ weiblich ☐

Für welche Sportart möchten Sie ein persönliches Trainingsprogramm?
(Bitte nur eine Sportart ankreuzen)

☐ Langstreckenlauf ☐ Triathlon ☐ kurz ☐ lang ☐ Mountainbike
☐ Langstreckenschwimmen ☐ Duathlon ☐ kurz ☐ lang ☐ Straßenradfahren

Geben Sie für die angekreuzte Sportart Ihren derzeitigen Leistungsstand bei optimalen Strecken- und Klimabedingungen an!

Laufen (10 km): ______________________ Zeit
Schwimmen (400 m): ______________________ Zeit
Radfahren (40 km): ______________________ Zeit

Geben Sie für die angekreuzte Sportart den absolvierten Trainingsumfang des letzten Jahres an!

Laufen: ________________ km/Jahr oder ________________ h/Jahr
Schwimmen: ________________ km/Jahr oder ________________ h/Jahr
Radfahren: ________________ km/Jahr oder ________________ h/Jahr

Wieviel Stunden möchten Sie durchschnittlich in der Woche trainieren?

______________ Stunden pro Woche

Geben Sie Ihre morgendliche Ruhe-Herzfrequenz an!

_______ Ruhe-Hf (Schläge·pro min)

Geben Sie für die angekreuzte Sportart Ihre maximale Herzfrequenz an!
Voraussetzung für die Bestimmung der maximalen Herzfrequenz ist ein guter gesundheitlicher Zustand und daß aus ärztlicher Sicht keine Einwände bestehen.

Laufen (z.B. 1000 m maximal): ____________________ Schläge/min
Schwimmen (z.B. 200 m maximal): ____________________ Schläge/min
Radfahren / MTB (z.B. 2000 m maximal): ____________________ Schläge/min

In welcher Trainingsperiode sollen die gewünschten Programme zur Anwendung kommen?
☐ allgemeine Vorbereitung ☐ spezielle Vorbereitung ☐ Wettkampfphase

Wenn Sie sich auf einen bestimmten Wettkampf vorbereiten wollen, so geben Sie bitte Name, Ort und Termin des Wettkampfes an!

____

Zusatzfrage: Sofern bekannt, geben Sie Ihren Pulswert nach einer fünfminütigen Ausdauerbelastung im Laufen oder Radfahren (flach) an:

Lauf	v = 6 min/km	Lauf	v = 5 min/km	Lauf	v = 4 min/km
__________	Puls/min	__________	Puls/min	__________	Puls/min
Rad	v = 26 min/km	Rad	v = 30 min/km	Rad	v = 34 min/km
__________	Puls/min	__________	Puls/min	__________	Puls/min

Senden Sie den ausgefüllten Fragebogen zusammen mit einem Verrechnungsscheck über DM 40,- an folgende Adresse:

DER AUSDAUERPROFI

Im Wiesengrund 10
34225 Baunatal

☐ Senden Sie mir bitte Unterlagen aus dem *Dr. Loges sportsCARE*-Programm zu, oder wenden Sie sich direkt an Dr. Loges + Co GmbH:
Tel.: 04171-707-0; Fax: 04171-707100

☐ Senden Sie mir bitte Informationen über kabellose Herzfrequenz-Meßgeräte von Polar, oder wenden Sie sich direkt an Polar Electro GmbH:
Tel.: 06152-540767.7; Fax: 06152-53432

Geben Sie für die angekreuzte Sportart Ihre maximale Herzfrequenz an!
Voraussetzung für die Bestimmung der maximalen Herzfrequenz ist ein guter gesundheitlicher Zustand und daß aus ärztlicher Sicht keine Einwände bestehen.

Laufen (z.B. 1000 m maximal): ____________________ Schläge/min
Schwimmen (z.B. 200 m maximal): ____________________ Schläge/min
Radfahren / MTB (z.B. 2000 m maximal): __________________ Schläge/min

In welcher Trainingsperiode sollen die gewünschten Programme zur Anwendung kommen?
☐ allgemeine Vorbereitung ☐ spezielle Vorbereitung ☐ Wettkampfphase

Wenn Sie sich auf einen bestimmten Wettkampf vorbereiten wollen, so geben Sie bitte Name, Ort und Termin des Wettkampfes an!

____

Zusatzfrage: Sofern bekannt, geben Sie Ihren Pulswert nach einer fünfminütigen Ausdauerbelastung im Laufen oder Radfahren (flach) an:

Lauf	v = 6 min/km	Lauf	v = 5 min/km	Lauf	v = 4 min/km
__________	Puls/min	________	Puls/min	________	Puls/min
Rad	v = 26 min/km	Rad	v = 30 min/km	Rad	v = 34 min/km
__________	Puls/min	________	Puls/min	________	Puls/min

Senden Sie den ausgefüllten Fragebogen zusammen mit einem Verrechnungsscheck über DM 40,- an folgende Adresse:

DER AUSDAUERPROFI

Im Wiesengrund 10
34225 Baunatal

☐ Senden Sie mir bitte Unterlagen aus dem *Dr. Loges sportsCARE*-Programm zu, oder wenden Sie sich direkt an Dr. Loges + Co GmbH:
Tel.: 04171-707-0; Fax: 04171-707100

☐ Senden Sie mir bitte Informationen über kabellose Herzfrequenz-Meßgeräte von Polar, oder wenden Sie sich direkt an Polar Electro GmbH:
Tel.: 06152-540767.7; Fax: 06152-53432